정당은 어떻게 몰락하나?

영국 자유당의 역사

이 연구는 2009년 한국연구재단의 인문저술지원 사업의 지원을 받아 수행된 연구과제이다.
(과제번호 KRF-2009-812-B00012)

정당은 어떻게 몰락하나?
영국 자유당의 역사

강원택 지음

When A Party Falls

A History of the British Liberal Party

KANG Won-Taek

ORUEM Publishing House
Seoul, Korea
2014

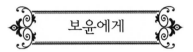

보윤에게

책을 펴내며

20세기 이후 영국 정치에서 아마도 가장 극적인 사건 중 하나가 바로 자유당의 몰락일 것이다. 자유당은 보수당과 함께 영국 의회 정치의 역사를 형성해 온 양대 정치 세력 중 하나였다. 자유당은 영국 역사상 최초의 수상으로 불리는 월폴(Walpole)을 배출했으며, 그레이(Grey), 글래드스턴(Gladstone), 애스퀴스(Asquith), 로이드 조지(Lloyd George) 등 걸출한 지도자들을 통해 영국 정치를 이끌어 왔다.

이와 같이 긴 시간 동안 영국 정치를 이끌어 온 자유당은 1920년대 후반에 접어들면서 노동당에게 그 자리를 내주고 소수당으로 몰락하게 되었다. 오늘날에도 자유당은 자유민주당(Liberal Democratic Party)이란 이름으로 존재하고는 있지만 더 이상 과거와 같은 영향력을 갖지 못한 채 정치적으로 주변화되었다.

주목할 점은 자유당의 몰락이 시간적으로 매우 급속하게 이뤄졌다는 것이다. 자유당은 서서히 그 힘을 잃어간 것이 아니라 매우 갑작스럽고 극적으로 몰락해 버렸다. 1906년 총선에서 자유당은 400석이라는 압도적 우위로 집권당이 되었다. 그 선거에서 보수당은 157석을 얻었고 새로이 결성된 노동당은 30석을 얻는 데 그쳤다. 당시 자유당 정부는 20세기에 들어선 영국 정부 가운데 가장 훌륭하고 건설적인 역할을 했다는 평가(Adelman 1995: iix)를 받았다. 더욱이 제1차 세계대전 발발로 인한 전시 연립정부 구성 이전까지 자유당은 계속해서 10년을 집권했다.

그러나 이러한 화려한 자유당의 시대는 얼마 지나지 않아 끝없이 추락하게 되었다. 1924년 총선에서 자유당은 겨우 40석을 얻었다. 이에 비해 보수당은 419석, 노동당은 151석을 얻었다. 1924년 총선 이후 영국 정치에서 보수당과 권력을 겨루는 주류 정당은 자유당이 아니라 노동당이 되었다. 자유당이라는 그토록 강력했던 정치세력은 불과 10년 남짓한 시간 사이에 급속하게 몰락해 갔던 것이다. 이 점이 바로 이 책에서 해답을 찾고 싶은 궁금증이었다.

자유당의 몰락이 더욱 흥미로운 까닭은 그것이 보수당의 정치적 생존과 뚜렷한 대조를 보이기 때문이다. 어떤 점에서 본다면 기존의 질서를 유지하고 지키려는 정치적 태도를 갖는 보수당이야말로 정치, 경제, 사회적 상황의 변화에 대해 보다 취약하다고 볼 수 있다. 실제로 보수당은 언제나 구(舊) 질서를 대표하는 정당이었으며 급격한 변화에 저항해 왔다.

반면 자유당은 보다 진보적인 입장을 취했고 영국 사회의 변화와 개혁을 주도해 왔다. 실제로 선거권의 확대 등 각종 정치 개혁법, 아일랜드의 독립, 상원의 개혁, 가톨릭 해방 등 시대적 흐름을 바꾼 핵심적인 정책들은 모두 자유당 정부 때 이뤄진 것들이다. 그러나 아이러니하게도 보수당은 정치적으로 살아남았고 자유당은 몰락했다. 보수당과 자유당의 엇갈린 운명은 정당의 생존과 몰락에 대한 의미심장한 교훈을 제시해 준다.

자유당의 몰락은 자유 민주주의 체제하에서 신뢰를 잃은 정치세력에 대한 정치적 책임성의 구현이라는 의미를 잘 보여주는 것이기도 하다. 유권자의 뜻을 제대로 반영하지 못하고 변화하는 시대적 가치에 제대로 대처하지 못하는 정치 세력은 경쟁에서 도태될 수밖에 없다. 즉 새로운 정치 세력이 대안으로 부상하는 것은, 정치적 책임성이나 정치적 반응성이라는 측면에서 볼 때 영국 정치가 건강하게 작동하고 있음을 보여주는 것이다. 마치 시장에서 경쟁력을 상실한 기업이 도태되고 혁신적 아이디어로 경쟁력을 갖춘 기업이 그 자리를 대신하게 되는 것과 같은 이치라고 할 수 있다.

이 책에서는 산업혁명 이후 노동계급의 등장이 '자연스럽게' 자유당의 몰락과 노동당의 부상(浮上)으로 이어졌다는 관점에 동의하지 않는다. 영국 사회에서 노동계급의 부상에서도 불구하고 이들은 애당초 자유당의 지지자들이었고 노동당의 출현 이후에도 상당 기간 동안 노동당의 적극적인 지지자들이 아니었다. 더욱이 보수당조차 노동계급 유권자들로부터 적지 않은 지지를 이끌어낼 수 있었다. 따라서 자유당의 몰락은 구조적으로 운명 지어졌던 것이라기보다는, 변화하는 정치적 환경에 스스로를 제대로 변화시키지 못했던 자유당 자체의 문제 때문이라는 것이 이 책의 주장이다. 자유당은 운명적으로 몰락한 것이 아니라 스스로 자멸의 길을 걸어갔다.

이 책은 2008년 출간한 『보수 정치는 어떻게 살아 남았나: 영국 보수당의 역사』의 후속 작업의 의미도 갖는다. 그 책에서는 보수당의 역사를 통해서 정치적 생존의 지혜를 찾아보고 싶었다면, 이 책에서는 그 정반대의 원인을 살펴보고 싶었다. 영국에서의 정치적 경험이지만 자유당의 몰락을 바라보며 갖는 이 책의 문제의식은 역시 한국 정당 정치에 대한 것이다.

민주화 이후 지역주의와 단순다수제 선거제도라는 강력한 제도적 방어막 뒤에서 폐쇄적인 독과점 구조를 형성하며 기득권을 유지해 오고 있는 한국의 거대 정당들. 그 정당들이 유권자의 높은 불신과 혐오, 무관심 속에서도 과연 정치적 생명력을 끈질기게 이어갈 수 있을지 궁금했다. 영국 자유당의 몰락을 되돌아보게 된 것은 바로 이러한 문제의식 때문이었다.

고통스러운 자기혁신을 통해 시대적 변화와 유권자의 요구에 제대로 대응하지 못하는 정치세력은 언제라도 쉽사리, 그리고 급속하게 몰락할 수 있다는 사실을 영국 자유당의 역사는 잘 보여주고 있다. 의회민주주의를 선도했던 영국의 정치사에서 글래드스턴과 같이 걸출한 정치지도자를 배출하기도 하였던 영국의 자유당. 그 자유당의 역사적 경험이 정치적 책임의 무거움과 정치적 평가의 엄중함을 오늘 우리 정치권에 일깨우는 계기가 될 수 있기를 기대해 본다.

이 책으로 도서출판 오름과 처음 인연을 맺게 되었다. 좋지 않은 출판 환경 속에서도 기꺼이 이 책의 출간을 맡아주신 부성옥 대표께 감사드린다.

역사를 다루는 일은 언제나 부담스럽다. 여러 가지 부족함과 실수가 책의 곳곳에 담겨져 있을 것 같아 걱정이 크다. 강호제현(江湖諸賢)의 질정(叱正)을 기대한다.

과거에서 한걸음도 벗어나지 못하는
답답한 한국 정치를 지켜보면서
2013년 12월

| 차례 |

휘그파의 출현   제 *1* 장

▌ 왕위배척법과 명예혁명

▌ 휘그와 토리

▌왕위배척법과 명예혁명

자유당의 역사를 살펴보기 위해서는 그 기원에 대한 이해가 필요하다. 자유당은 영국 보수당과 그 연원을 같이하고 있다(강원택 2008: 23-51). 영국 정당 정치의 기원은 내전(the Great Civil War)과 뒤이은 크롬웰(Oliver Cromwell)의 통치를 거치고 난 이후인 왕정복고(the Restoration) 시기로 거슬러 올라간다.

영국 내전은 1642년부터 1651년까지 왕당파(Royalists)와 의회파(Parliamentarians) 간의 무력 충돌을 빚은 정치적 대결을 지칭하는 것이다. 당시 국왕이었던 찰스 1세(Charles I)는 전쟁비용 마련과 종교 문제로 인해 의회와 잦은 충돌을 일으켰다. 찰스 1세는 1625년부터 1629년 사이에 의회를 세 차례나 해산했으며, 1629년 이후 11년간은 아예 의회를 열지 않고 일방적으로 지배했다. 그러나 의회의 동의 없이 왕실 재정을 충당하고자 한 탓에 국왕에 대한 불만이 높아졌다. 더욱이 국교인 성공회 교회 및 성직자의 권한과 권위를 강화하려 한 억압적인 종교정책으로 인해 청교도들과 프로테스탄트 교도들로부터 크나큰 반발을 샀다. 이러한 불만은 왕당파와 의회파 간의 내전으로 이어졌고 의회파의 승리로 끝이 나면서 결국 찰스 1세는 교수형에 처해졌다.

이후 영국은 공화정이 되었고 의회파 지도자인 크롬웰은 호국경(Lord Protector)이 되었다. 그러나 크롬웰의 사후 네덜란드에 망명 중이던 찰스 2세가 1660년 왕위에 오르면서 영국은 다시 군주정이 되었다. 찰스 2세와 의회 간 종교를 둘러싼 갈등 속에서 이후 영국 정당 정치를 형성하게 되는 휘그(Whig)와 토리(Tory)라는 의회 내 정파가 출현하게 되었다.

찰스 2세는 즉위 후 은밀하게 프랑스와 동맹을 맺고 영국의 가톨릭화(化)를 도모하고, 사촌인 프랑스의 루이 14세가 누리는 것과 같은 전제적 권력을 획득하고자 했다. 그러나 가톨릭교, 프랑스, 그리고 전제적 권력이야말로 당시의 영국인들이 가장 두려워하고 싫어한 것들이었다(나종일 · 송규범 2005: 468). 찰스 2세는 1670년 6월 비밀리에 프랑스와 도버 조약(Treaty of Dover)을 체결하여 재정 지원을 받는 대가로 프랑스 편에 가담하여 네덜란드를 침공하기로 합의했다. 그 조약 속에는 찰스 2세가 가톨릭으로 개종하고 이를 공표한다는 내용도 담겨 있었다. 이에 따라 영국과 네덜란드 간의 3차 전쟁(the Third Anglo-Dutch War)이 발발했다. 전쟁이 계속되면서 부족한 전비를 채우기 위해 찰스 2세는 의회에 지원을 요청했지만 거부당했다.

한편, 1672년 3월 찰스 2세는 관용령(Declaration of Indulgence)을 공표했다. 국교회인 성공회 교회(the Church of England)를 따르도록 강요하기 위한 형법의 집행을 유예하고 비(非)국교도와 가톨릭교도에게 그들의 종교의식을 허용하는 것이었다. 그러나 의회가 통과시킨 법령을 국왕이 자의적으로 변경할 수 없다는 의회의 강력한 반대에 맞서 관용령은 결국 취소되었다. 이처럼 찰스 2세와 의회 간의 갈등에는 가톨릭이라는 종교적인 문제가 깊게 간여되어 있었다.

찰스 2세는 왕비와의 사이에 자식이 없었기 때문에 동생인 요크 공작(Duke of York) 제임스(James)가 왕위 계승자가 되었다. 그런데 제임스가 1669년 가톨릭으로 개종하면서 문제가 생겨나기 시작했다. 의회는 국교인 성공회 교도가 아니라 가톨릭 신자가 국왕이 된다는 사실에 우려를 표했고, 이를 저지하기 위한 방안을 고민하기 시작했다. 의회는 1673년 심사법(Test Act)을 제정했는데, 이 법에서는 정부와 군(軍)에서 공직을 맡는 사람들은 반드시 국교회인 성공회 교회를 따라야 하고 가톨릭 교리에 대한 거부를 공개적으로 서약하도록 했다. 이 법의 제정 이후 왕위 계승자인 제임스가 심사법에 따른 서약을 거부하고 오히려 자신이 맡은 공직(Lord High Admiral)에서 사퇴하면서 그가 가톨릭교도라는 사실이 널리 알려지게 되었다.

| 제임스 2세

의회는 1679년 샤프츠베리 공작(1st Earl of Shaftesbury)의 주도하에 가톨릭 신자인 요크 공작의 국왕직 승계를 사실상 불가능하게 하는 왕위배척법(the Exclusion Bill)을 제정하려고 했다. 찰스 2세는 이러한 움직임에 대항하여 의회를 해산시켰다. 의회가 다시 개원한 이후에도 의회는 왕위배척법 제정을 다시

추진했고 그때마다 국왕은 의회를 해산했다.

왕위배척법 제정을 둘러싼 논란이 지속되면서, 이에 대한 의회의 입장 역시 두 갈래로 나눠졌다. 한쪽에서는 왕위배척법의 입법을 지지하면서 국왕에게 법안 처리를 위한 의회 소집을 청원한 이들이 존재했는데 이들은 '청원파(Petitioners)'라고 불렸다. 왕위배척법 제정에 반대하는 이들은 '혐오파(Abhorrers)'로 불렸는데 이들은 왕위 계승권의 파기될 수 없는 신성함을 강조했다. 이와 같이 제임스의 왕위 계승을 둘러싼 의회 내의 상이한 정치적 견해가 이후 영국 정당 정치의 중요한 두 흐름으로 발전되어 갔다. 왕위배척법 입법을 지지한 청원파는 이후 휘그파(the Whig)로, 그리고 혐오파는 토리파(the Tory)로 변화 · 발전해 갔다.

그러나 두 정파 모두 그 당시에는 정당이라고 부르기에는 조직, 이념, 결집력 등에서 매우 취약한 상태였다. 청원파와 혐오파 간의 입장 차이는 그 이전 내전까지 치닫게 된 왕당파와 의회파 간의 갈등과도 유사한 점을 보이지만, 내전 때와는 달리 기존 체제 · 제도를 부정하지 않는다는 점에서 중요한 차이를 갖고 있었다. 즉, 청원파는 왕위 계승에 대한 의회의 권리를 강조하였지만, 그럼에도 불구하고 이들 역시 국왕에 대한 충성심을 지니고 있었다(Jenks 1903: 27-28).

휘그파는 왕위배척법 통과를 위해 가두행진 및 교황의 형상에 대한 화형식 등 대중운동을 전개하지만 시간이 흐르면서 그 기세는 약화되었고 1681년 상원에서 왕위배척법이 최종적으로 부결되면서 결국 입법에는 실패하고 말았다. 한편 1683년 경마대회를 보고 돌아오는 찰스 2세와 요크 공을 암살하려는 이른바 라이 하우스 음모(Rye House Plot)가 탄로가 나서 휘그파의 여러 인사들이 투옥되고 처형되었다. 이런 과격한 음모는 오히려 대중의 큰 반발을 샀고 그 결과 휘그파의 세력은 크게 위축되었다.

찰스 2세가 세상을 떠난 뒤 제임스 2세는 결국 1685년 토리의 지지를 받아 왕위에 오르게 되었다. 그러나 휘그파가 우려했던 대로 그의 가톨릭 신앙은 즉위 후 심각한 정치적 갈등을 낳았다. 제임스 2세는 그동안 차별을 받아온 비국교도와 가톨릭교도에 대한 불리한 조치들을 완화시키려는 정책을 추진했다. 그러나 이는 성공회를 비국교화하려는 것으로 받아들여졌으며, 그 결과 토리파를 포함한 그의 지지자들까지 분노하게 만들었다. 1686년에는 의회의 법령을 폐지할 권한을 법원으로부터 확보하기 위해 그의 입장을 따르지 않는 판사들을 해임시키고 그 권한을 확보했다. 또한 가톨릭에 부정적인 설교를 한 성직자를 해임하도록 명령하기도 했다. 1687년 제임스는 찰스 2세가 시도했으나 실패했던 관용령을 선포하면서, 심사법과 성공회의 교리를 따르도록 강요하기 위한 비국교도에 대한 형법 규정을 폐지하고자 했다. 이런 친(親)가톨릭적인 종교 조치들은 토리, 휘그 구분 없이 제임스 2세에 대해 커다란 불만을 갖게 했다.

이런 상황에서 더욱 심각한 일이 생겨났다. 1688년 제임스 2세가 아들을 낳음으로써 왕위 계승의 순서가 달라지게 된 것이다. 그 이전까지는 제임스의 딸이며 오렌지 공 윌리엄(William of Orange)의 부인인 메리(Mary)가 왕위 계승자였다. 윌리엄과 메리는 개신교도였으며, 윌리엄은 프랑스의 강력한 가톨릭 국왕인 루이 14세에 대항하는 전투에도 여러 번 참여했다. 그러나 이제 왕자의 출생으로 왕위 계승 순서가 바뀌었고 이로써 제임스 2세 이후에도 영국을 가톨릭 국가로 변화시키려는 움직임이 계속될 가능성이 높아졌다.

토리파의 지도자들은 반대파인 휘그파와 힘을 합쳐 비밀리에 오렌지 공 윌리엄에게 군대를 이끌고 와서 영국을 침공해 달라는 요청을 했다. 윌리엄은 이러한 요청에 따라 1688년 11월 영국을 침공했다. 찰스 2세는 전투에서 패배하여 프랑스로 도망갔고, 1689년 2

월 윌리엄과 메리가 새 국왕으로 즉위했다. 1688년 영국의 명예혁명 (Glorious Revolution)은 이렇게 이뤄졌다.

명예혁명 이후 국왕은 더 이상 자의적으로 지배할 수 없게 되었고 의회는 국왕과 함께 통치 행위에 참여하게 되었다. 의회의 동의 없이 법률의 적용을 유보하거나 효력을 정지하는 것을 금지했다. 또한 국왕이 자의적으로 세금을 징수할 수 없도록 했으며, 가톨릭교도는 왕위를 계승할 수 없도록 공식화했다. 이런 내용이 권리장전(Bill of Rights)으로 선포되었다. 명예혁명과 함께 의회의 영향력이 강화되었고 의회 정치, 정당 정치가 본격적으로 발전하게 되었다.

▎휘그와 토리

윌리엄 3세 서거 이후 1702년 윌리엄의 처제이고 제임스의 차녀인 앤(Anne)이 뒤를 이었다. 앤 여왕 재임 초기에는 휘그파가 득세했지만, 1710년 선거에서는 토리파가 다수파로 등장하는 등 휘그와 토리 간의 정파적 경쟁도 가열되면서 정당 정치가 발전되어 갔다. 토리파는 지주 계급 중심으로 종교적으로는 국교회를 옹호하며 왕권 세습의 신성함을 중시했지만 대외 전쟁에 대해서는 소극적인 입장을 취했다. 이에 비해 휘그파는 왕권의 견제, 의회의 주도적 역할, 그리고 종교적 관용을 지지했다. 휘그파는 지주들뿐만 아니라 상업, 무역에 관련된 이들도 많았기 때문에 해외교역의 중요성을 강조했고 그런 만큼 외국과의 전쟁에도 적극적이었다.

앤 여왕 이후 1714년 하노버 선제후(選帝侯, Prince-elector) 조지 (George)가 왕위에 오르게 되었다. 조지 1세는 자신의 왕위 계승에 반대한 토리파를 불신했다. 토리파 내의 강경파들은 조지 1세의 왕위

| 월폴 수상

계승을 반대했을 뿐만 아니라 즉위 직후인 1715년 쫓겨난 제임스 2세의 아들 제임스 에드워드(the Old Pretender)와 결탁하여 잉글랜드와 스코틀랜드에서 봉기를 일으켰다. 이들 반란세력은 자코바이트(Jacobite)로 불렸는데, 그 명칭은 제임스의 라틴 이름 Jacobus에서 비롯된 것이다. 이들의 반란이 진압된 후 1760년까지 거의 반세기가량 휘그파가 권력을 장악하게 되었다.[1]

휘그파는 월폴(Robert Walpole)의 지도하에 안정적으로 통치해 왔다. 월폴은 1721년부터 1742년까지의 22년간 영국 정치를 지배했다.[2] 수상(Prime Minister)라는 명칭을 처음 쓰기 시작한 것도 월폴 때였다. 조지 1세는 영국보다 독일에 있는 그의 영지에 더 많은 신경을 쏟았으며 내각 회의에도 자주 참석하지 않았다. 자연히 이 무렵부터 통치 과정에서 국왕의 정치적 영향력이 약화되었고 내각의 권한은 점차 증대되었다. 월폴은 스페인과의 해전에서의 패배 및 그의 지도력에 대한 당내 불만의 고조로 1742년 수상직에서 물러났다. 월폴 이후에도 헨리 펠험(Henry Pelham), 뉴카슬 공작(Duke of Newcastle), 데본셔 공작(Duke of Devonshire) 등 휘그파가 계속해서 수상직을 이어받았다.

---

1) 휘그파는 자신들의 정치적 주도권을 강화하기 위해 1716년에는 의회의 임기를 이전의 3년에서 7년으로 연장했다. 이 법은 1911년 의회법에서 현행과 같은 5년으로 임기가 축소될 때까지 유지되었다.
2) 그의 반대파는 월폴의 장기 지배를 두고 그의 이름을 따서 Robinocracy라고 불렀다.

1760년 조지 2세가 세상을 떠나고 그의 손자가 20대 초반의 젊은 나이에 조지 3세로 즉위했다. 그는 자신의 가정교사였던 토리파 뷰트 백작(Earl of Bute)을 수상으로 임명했고, 이로써 휘그파의 오랜 지배는 종식을 고하게 되었다. 그렌빌(Grenville) 등 휘그파가 잠시 수상직을 맡기도 했지만, 이 시기에는 토리파 수상의 역할이 보다 두드러졌다. 1770년 노스 경(Lord North)이 수상으로 임명되면서 12년간 지배했는데 그의 재임 중 영국은 미국 식민지를 잃었다. 한편, 1783년 12월 24세의 나이로 소 피트(William Pitt the Younger)가 수상이 되었다. 소 피트는 1784년 의회를 해산하고 총선거를 실시했는데, 토리파는 폭스(Charles Fox)가 이끈 휘그파를 누르고 승리했으며, 이후 18년간 소 피트가 이끄는 토리의 지배가 계속되었다. 소 피트의 통치 기간 중 후일 영국 정치에 중요한 영향을 미치게 된 사건은 아일랜드의 통합이다.

아일랜드는 명목상 독립 국가였으나 실제로는 영국의 지배하에 있었다. 아일랜드는 연합왕국(the United Kingdom)에 적용되는 영국 법의 영향을 받고 있었고, 영국은 아일랜드 법률에 대한 거부권까지 갖고 있었다. 또한 아일랜드 내의 정치적 지배권은 영국 국왕에 충성하는 국교도 소수파에 집중되어 있었고, 대다수 인구를 점하는 가톨릭교도와 비국교도 개신교들은 불이익과 차별을 감수해야 했다. 이 때문에 아일랜드에서는 정치 참여와 종교적 평등에 대한 요구가 거셌는데 이런 와중에 발생한 1789년의 프랑스 혁명은 아일랜드를 더욱 자극했다.

이에 소 피트는 가톨릭교도들의 선거권을 인정하고 하급 관리나 배심원에 대한 임용 자격도 허용했지만, 하원 의원의 피선거권은 부여하지 않는 등 본질적인 부분은 손대지 않았다. 이러한 지지부진한 개혁 조치에 불만을 품은 아일랜드인들은 1798년 폭동을 일으켰으며 이들을 지원하기 위해 프랑스가 군대를 파견하기도 했다. 이 사건을 겪은 후 피트는 아일랜드를 연합왕국에 통합시키기로 결정하고 1800년 영국과 아일랜드를 모두 포함하는 연합왕국(the United Kingdom of Great Britain and Ireland)의 설립을 규정하는 연합왕국법(Act of Union)을 통과시켰다.

이로써 아일랜드의 독자적 의회는 폐지되었고, 대신 영국 하원에 100명, 상원에 4명의 주교와 28명의 귀족 대표라는 아일랜드 대표 의석을 제공했다. 문제는 이러한 조치에도 불구하고 아일랜드 인구의 대다수를 차지하는 가톨릭교도는 여전히 하원 의원 등 주요 공직을 담당하는 것을 허용하지 않았다는 점이다. 피트는 가톨릭 교도의 공직 참여를 허용하는 가톨릭 해방법(Catholic Emancipation Act)을 약속했고 실제로 이를 추진하려 했다. 그러나 국왕 조지 3세는 그것이 국교회 수호라는 자신에게 주어진 책무를 지키지 않는 것이라고 생각하여 반대했고 이에 피트는 사임했다.

가톨릭 해방법이 좌절되면서 아일랜드의 가톨릭교도들은 크게 분노했으며, 이는 이후 매우 오랜 기간 동안 영국 정치에 심각한 분란거리로 남아 있게 되었다. 피트 사임 후 헨리 애딩턴(Henry Addington)이 후임 수상이 되었지만 프랑스와 전쟁이 재개되면서 1804년 피트가 수상직에 복귀했다. 그러나 그는 1806년 세상을 떠났다. 소 피트 이후에도 토리파의 지배는 계속되었는데 1809년까지 포틀랜드 공작(Duke of Portland)이, 그 이후 1812년까지는 스펜서 퍼시벌(Spencer Percival)이, 그리고 1812년부터 1827년까지는 리버풀 경(Lord Liverpool)이 집권했다.

프랑스와의 전쟁 이후 영국 사회에서는 적지 않은 문제가 노정되기 시작했다. 전후(戰後) 불황과 경제적 어려움으로 노동자들의 불만이 터져 나오기 시작했다. 1811년에는 기계 파괴를 수반한 러다이트 운동(Luddite Movement)과 같은 격렬한 시위가 발생했다. 이러한 사건의 절정은 이른바 '피털루의 학살(Massacre of Peterloo)'이었다. 1819년 8월 16일 맨체스터 세인트 피터스 광장(St. Peter's Fields)에 당시 이름난 연설가였던 헨리 헌트(Henry Hunt)의 연설을 듣기 위해 수만 명의 군중들이 모여들었는데, 그 지역 치안판사가 이 집회를 강제 해산하도록 명령하면서 평화로웠던 집회가 아수라장으로 변했다. 경찰과의 충돌로 11명이 사망하고 수백 명이 부상을 당하는 사건이 발생했다. 이런 상황에 대응하여 리버풀 정부는 매우 억압적인 조치를 취했다.

한편, 리버풀 정부는 1815년 곡물법(Corn Law)을 제정했다. 1813년 하원위원회는 외국산 곡물의 수입을 국내산 곡물 가격이 쿼터[3]당 80실링(shillings)[4]이 될 때까지 금지할 것을 권고했다. 이는 상당히 비싼 가격이었다. 이런 조치는 당연히 지주에게 유리했지만 정해진 봉급 내에서 곡식을 사야 하는 도시 노동자들에게는 그만큼 불리한 법안이었다. 나폴레옹 전쟁 당시에는 프랑스의 해상봉쇄로 외국 곡물 수입 자체가 어려웠기 때문에 영국의 곡물 가격은 상승할 수밖에 없었다. 그러나 전쟁의 종식과 함께 외국 곡물의 자유로운 수입이 가능해지면서 곡물 가격은 점차 낮아지게 되었다. 이런 상황에서 토리파는 지주의 이익을 보호하기 위해 곡물법을 제정했던 것이다.

1827년 리버풀 수상이 건강상의 이유로 사임하자 이후 캐닝(George Canning), 고드리치(Viscount Goderich), 그리고 웰링턴(Duke of Wellington)이 차례로 수상직을 이어 받았다. 열 달 사이에 네 번이나 수상이 교체되었다. 이 무렵 아일랜드 가톨릭교도의 문제

---

3) 1쿼터는 480파운드(lb), 218.8 ㎏가량이다.
4) 당시 4파운드(£). 2010년 기준으로 202.25파운드, 우리 돈 35만 원 정도이다.

가 다시 심각해졌다. 1823년 다니엘 오코넬 (Daniel O'Connell)이 가톨릭협회(Catholic Association)를 결성하여 가톨릭교도의 정치적 해방을 요구하는 운동을 전개하기 시작했다. 오코넬은 1828년에는 아일랜드의 클레어(Clare) 지역의 하원 의원 보궐선거에 출마하여 국교도인 경쟁 후보를 제치고 당선되었다.

| 아일랜드 더블린에 있는 오코넬 동상

 그러나 당시에는 가톨릭교도는 하원 의원이 될 수 없다는 정치적 제약이 엄연히 존재하고 있었다. 1673년 제정된 심사법은 군과 행정 분야에서의 고위직에 가톨릭교도의 임용을 금하고 있었기 때문이다. 그러나 영국 정부가 심사법 규정을 고집하여 오코넬의 당선을 무효화도록 하는 것은 아일랜드에서의 폭동과 내전을 초래할 수도 있는 위험한 일이었다. 당시 웰링턴 내각에서 내무장관이었던 로버트 필 (Robert Peel)은 가톨릭 해방이 정치적으로 큰 부담이기는 하지만 아일랜드에서의 폭동 발발은 더욱 위험한 일이라고 주장하며 가톨릭 해방법을 밀고 나갔다.

 웰링턴 수상은 이 법안에 거세게 반대하는 상원과 국왕 조지 4세를 설득했고 1829년 마침내 가톨릭 해방법이 통과되었다. 이 법의 통과와 함께 이제 고위 관리 및 군 장교직에 가톨릭교도의 취임이 가능해졌다. 이러한 결정은 당연히 의회 내 토리파들의 격렬한 반대를 초래했지만 휘그파의 지지로 통과되었다. 가톨릭 해방법 처리 과정에서 보인 협력 관계로 인해 휘그파는 당내 입지가 곤란해진 웰링턴 수상이 자신들에게 연립정부 구성을 제안할 것으로 기대했지만 그런 일은 일어나지 않았고, 웰링턴 수상은 토리와 휘그 모두와 불편한 관계를 갖게 되었다.

사실 이 무렵까지 휘그파와 토리파 간의 정치적 입장의 차이는 그다지 뚜렷하지 않았다. 토리파나 휘그파 모두 상이한 철학과 사상에 기초한 정치 조직이라기보다는 정치인들 간의 친목 관계, 사교 클럽이나 가족 관계를 반영하는 것이었고 종종 특정 지도자와 동일시되기도 했다.

그 당시 의회 선거에서 의원의 당선 여부도 소속 정당과는 거의 관계가 없는 일이었다. 대부분의 선거구에서는 두 명의 의원을 선출했고 경쟁자 없이 당선되는 경우도 다반사였다. 선거 비용은 개인 재산이나 후원자의 지원에 의해 충당되었고 그런 능력이 없다면 출마 자체가 생각하기 어려운 일이었다. 투표권은 소수의 성인 남성에게만 부여되어 있었고, 지역마다 선거권을 가진 이들의 수나 자격에도 커다란 차이가 존재했다. 심지어 투표자가 10명이 안 되는 지역구도 있었다.

그러나 1800년대로 접어들면서 과거의 정치 형태로는 더 이상 지탱할 수 없게 되었다. 정치개혁에 대한 요구가 거세지면서 이제 보다 개방적이고 민주적인 형태로의 변화가 불가피하게 되었다. 그리고 정치개혁의 추진과 함께 휘그파와 토리파의 정치적 입장의 차이도 보다 분명해져 갔고 또 조직으로서의 정당의 특성도 강화되기 시작했다.

자유당과 개혁 정치　제2장

▌그레이 수상과 개혁법

19세기 초 대부분의 시간 동안 토리파가 계속해서 집권했지만 예기치 않은 일들로 정치적인 변화가 발생했다. 1830년 6월 조지 4세가 서거했고, 윌리엄 4세가 왕위에 올랐다. 국왕의 서거로 인해 의회를 해산하고 총선을 새로이 치러야 했다. 그 해 7월 선거에서 웰링턴이 이끄는 토리파가 승리했지만 웰링턴 내각을 지지하는 의원의 수가 예전보다 50명 가까이 줄어들었다.

그 무렵 휘그파를 결속시킨 것이 있었다면 그것은 정치개혁의 필요성이었다. '부패 선거구(rotten boroughs)'의 수를 줄이고 산업화된 도시 지역에 선거구를 증설하고 투표자의 수를 늘리는 일이 매우 시급한 과제로 떠올랐다. 이 때문에 1830년 총선에서 선거구 개혁은 매우 중요한 이슈였으며, 선거는 사실상 개혁법 처리를 둘러싼 국민투표와 같은 의미를 지니고 있었다(Lane 1974: 27). 당시의 카운티나 버로우의 대표자 선출 방식은 14세기 이후 큰 변화 없이 지속되고 있었다. 농촌 지역인 카운티(county)에서는 2명의 의원을 선출하고, 과

거부터 존재해 온 소수의 도시 버로우(borough)에서 나머지 의원들을 선출하는 방식이었다. 여전히 농촌 중심의 대표자 선출 방식이었던 것이다.

그러나 산업혁명의 결과 많은 인구가 유입되어 크게 성장한 상공업 중심 도시 지역에서 선출되는 의원은 거의 존재하지 않았다. 이처럼 1820년대 정치적 대표의 선출 방식은 시대착오적인 것이었다. 예컨대 월트셔(Wiltshire)지방 올드 사럼(Old Sarum)은 과거에는 번잡한 대성당이 있는 도시였지만, 근처인 솔즈베리(Salisbury)에 새로이 성당이 건설되고 발전해 가면서 당시에는 사람이 거의 살지 않는 곳으로 변해버렸다. 그렇지만 그 지역에서는 여전히 두 명의 의원을 선출하도록 되어 있었는데 이런 경우를 부패 선거구라고 불렀다. 부패 선거구에서는 귀족들이 자신의 아들이나 친구에게 의석을 주는 경우가 잦았고, 그들은 이로 인해 의회 내에서 보다 큰 영향력을 행사할 수 있었다.

또 다른 곳은 한 영주나 지주 개인의 영토가 바로 하나의 선거구가 되기도 했는데 이를 포켓 선거구(pocket boroughs)라고 불렀다. 당시에는 비밀선거가 아니었기 때문에 지주는 자신이 원하는 대로 투표하지 않는 거주민들을 쫓아낼 수도 있었다.[5] 부패 선거구나 포켓 선거구가 존재하는 반면, 북부 잉글랜드의 맨체스터나 미들란즈 지방의 버밍엄 같은 대도시는 산업화와 함께 인구가 크게 늘어났지만 이들을 대표하는 의원들은 아예 존재하지 않았다. 투표권은 여전히 매우 제한적이었고 그 자격 기준도 일정치 않았다.

그러나 산업혁명 이후 사회경제적으로 성장해 온 중산층들은 투표권을 원했으며 정치적 영향력을 행사하고 싶어했다. 북부 잉글랜드

---

5) http://en.m.wikipedia.org/wiki/Rotten_and_pocket_boroughs(검색일 2012.6.20).

지역 도시들에서는 그들의 대표를 선출하지 못한다는 불만이 저항으로 이어졌고, 버밍엄 정치 동맹(Birmingham Political Union)과 같은 각 지역의 정치 동맹은 개혁을 강력하게 요구했다. 런던, 브리스톨(Bristol), 바스(Bath) 등에서는 소요 사태까지 발생했다. 이제 개혁은 불가피한 것이었다.

1830년 총선 직후 야당이던 휘그파는 매우 온건한 방식으로 개혁의 문제를 제기했다. 그러나 토리파 수상인 웰링턴은 이에 대해 강경한 반대 의사를 나타내며 기존 체제를 유지하고자 했다. 휘그파는 정치개혁을 거부한 웰링턴의 태도에 격앙되었고, 가톨릭 해방 법안 제정을 주도한 데에 분노한 토리파 의원들도 웰링턴 내각의 실각을 원했다. 2주 뒤 웰링턴 내각은 하원에서 법안 통과에 실패하면서 사임했다.

웰링턴이 물러난 후 국왕은 휘그파의 그레이(Earl Grey)를 수상으로 임명했다. 그레이 내각의 출범과 함께 토리파의 장기집권이 끝이 났다. 그레이는 정치개혁의 추진을 가장 시급한 목표로 삼았다. 흥미로운 것은 정치개혁을 추진하려는 그의 내각에 귀족들이 대거 참여했다는 점이다. 더욱이 휘그파뿐만 아니라 고더리치 경(Lord Goderich) 같은 토리파 의원들도 참여했다. 정치개혁안을 담당할 책임자는 오래전부터 개혁을 주창해 온 러셀 경(Lord John Russell)이 임명되었다.

1831년 3월 러셀이 제출한 법안은 많은 사람들이 예상하던 것보다 훨씬 진전된 내용을 담고 있었다. 그는 60개 버로우의 선거구를 폐지하고, 또 다른 47개 선거구는 선출 의원의 수를 두 명에서 한 명으로 줄이고자 했다. 거기서 생겨나는 의석은 보다 인구 많은 곳, 특히 카운티 선거구(county constituencies)와 공업 도시 지역에 할당하고자 했다. 그러나 하원에서 토리파를 중심으로 개혁법에 대한 반대가 강하자 그레이 수상은 주저하는 국왕을 설득하여 의회를 해산하고 총선을 다시 치르기로 했다. 1831년 총선은 사실상 개혁법이라는 단일의 안건을 두고 진행되었다. 총선 결과 휘그파는 의회 내 압도적인 다수 의석을 차지하는 데 성공했다. 1831년 9월 휘그파가 장악한 하원에서는 개혁법이 찬성 345 대 반대 236으로 가결되었다. 그러나 토리파가 장악하고 있던 상원에서는 개혁법을 부결시켰다.

개혁법이 부결되면서 곳곳에서 시위와 폭동이 발생했다. 법안이 부결된 날 저녁 더비(Derby)에서는 폭동이 발생했고 군중들은 교도소를 습격해서 죄수들을 풀어주기도 했다. 노팅엄(Nottingham)에서는 뉴카슬 공작(Duke of Newcastle)의 자택에 방화를 하고 미틀턴 경(Lord Middleton)의 영지인 월라턴 홀(Wollaton Hall)을 습격하기도 했다. 브리스톨에서는 시위대가 도시를 사흘간 점령하기까지 했다. 이 밖에도 도셋(Dorcet), 레스터셔(Leicestershire), 서머셋(Somerset) 등에서도 격한 시위가 발생했다.

1831년 12월 그레이 수상은 세 번째로 다시 개혁법을 의회에 제출했다. 이 법안은 이듬해 3월 하원에서 압도적인 표 차이로 가결되었다. 다시 상원으로 개혁법이 회부되었다. 대중의 거센 반발을 목도했기 때문에 상원은 이번에는 이 법안을 부결시키기보다 핵심적인 조항을 수정하는 방식으로 이 법안을 처리하고자 했다. 그러나 이는 사실상 개혁법의 후퇴를 의미했다. 이러한 상원의 반대를 극복할 수 있는 길은 개혁법을 지지하는 상원 의원의 수를 늘리는 것이었다. 그 권한은 국왕 윌리엄 4세가 갖고 있었다. 그러나 개혁법에 부정적이었던 국왕은 그레이의 요구를 수용하기를 거부했다. 이에 따라 그레이는 수상직에서 물러났고, 윌리엄 4세는 토리파의 웰링턴 공작에게 내각 구성을 요청했다.

그러나 그레이의 사임과 함께 각지의 여론이 악화되었고 폭동의 우려도 높았으며 일부 시위대는 세금 납부 거부 움직임까지 보였다. 곳곳에서 항의 집회가 열리고 교회마다 경종을 울리고 공장에서는 작업이 중단되고 시 청사가 습격당하고 주교관이 약탈당하는 등의 광범위한 항의와 폭력이 전개되었다. 런던에서는 사회개혁가인 프랜시스 플레이스(Francis Place)가 잉글랜드 은행의 예금 인출 운동을 대대적으로 전개하면서 금융 위기라는 위협으로 지주와 귀족 세력을 압박했다(나종일 · 송규범 2005b: 613). 웰링턴은 온건한 개혁을 약속하며 내각 구성을 위해서 노력했으나 많은 이들이 그의 내각에 참여하기를 부담스러워했다. 결국 웰링턴은 내각 구성에 실패했다.

이제 국왕은 다시 그레이를 불러들일 수밖에 없었다. 그러나 그레이에게 정부를 맡긴다는 것은 그가 요구했던 개혁법에 우호적인 휘그파 상원 의원의 수가 토리파보다 우위에 놓일 만큼의 많은 상원 의원을 임명해야 한다는 것을 의미했다. 그것은 상원에서의 토리파의 장기 지배에 종식을 고하게 되는 것이었다. 국왕은, 그레이 내각에 알리지 않은 채, 개혁법에 대한 반대를 그만두도록 상원에 권했고 그렇지 않을 경우에 생겨날 수 있는 결과의 위험성에 대해서 알렸다. 상원의 토리파는 휘그파가 상원을 지배하도록 다수 의석을 허용하기보다는 차라리 개혁법을 통과시키기로 결정하였다. 1832년 4월 마침내 상원은 개혁법을 근소한 차이로 통과시켰다. 1832년 6월 마침내 역사적이라고 할 만한 개혁법(1832 Representation of the People Act, 혹은 Great Reform Act)이 의회를 통과하게 된 것이다.

개혁법의 통과와 함께 영국 정치는 봉건적 틀 속에서 벗어나 새로운 시대적 변화에 발맞춰 나아갈 수 있게 되었다. 오늘날과 비교한다면 여전히 '민주주의'라고 부를 정도까지의 진전은 아니었지만 이전과 비교할 때는 선거에 참여할 수 있는 사람들의 수가 크게 늘어났고,[6] 투표 자격도 이전에 비해 보다 동질적인 형태를 갖추게 되었다.

개혁법의 통과와 함께 대다수 '부패 선거구'와 '포켓 선거구'가 폐지되었고 이에 따라 주민이 거의 존재하지 않았던 곳에 할당되었던 많은 수의 의석이 사라지게 되면서 이는 인구가 증가한 대도시 지역으로 재분배되었다. 인구 2천 명 이하의 56개 선거구는 아예 폐지되었고, 31개의 2인 선거구는 선출 의원 수를 두 명에서 한 명으로 축소했다. 여기서 생겨난 의석은 인구가 증가한 도시 선거구에 배당되었고 67개의 새로운 선거구가 만들어졌다.

이 법이 통과됨에 따라 맨체스터, 버밍엄 등 43개 주요 공업도시에 처음으로 하원의석이 부여되었다. 과거에 연간 40실링 이상의 토지 임대 소득을 가진 이들(forty-shilling freeholders)에게만 허용되던 투표권의 기준도 완화되어, 농촌 지역인 카운티의 경우 일정한 소득 이상의 소규모 토지 소유자, 임차 농민 및 소상인들도 투표권을 갖게 되었다. 도시 지역인 버로우에서는 주택을 소유하고 있거나 연간 10파운드 이상의 집세를 내는 이들에게 투표권이 주어졌다.

여기서 알 수 있듯이 개혁법 통과와 함께 선거인의 수가 늘어나기는 했지만 여전히 높은 수준의 재산을 투표권 부여의 기준으로 삼았기 때문에 대다수 노동자들은 제외될 수밖에 없었다. 그만큼 개혁법의 효과는 대체로 제한적이고 온건한 것이었다. 폭동을 수반할 만큼 거센 사회적 요구에 따른 결과였지만 부유한 중산층에게 투표권을 부여하는 것 이상의 확대를 이뤄내지는 못한 셈이다.

지역 간 선거인의 차이도 여전히 존재했다. 버밍엄에는 349명의 유권자가 존재한 반면 리즈(Leeds)의 유권자 수는 4,772명이었는데 이들 두 지역의 선출의원 수는 동일했다(Morgan 1997: 505). 또한 여

---

6) 투표권을 가진 인구는 예전의 50만 명 이하에서 수준에서 이제는 81만 3,000명 규모로 증가했다(Norton 1996: 21).

성들은 투표권을 부여받지 못했다. 개혁법은 처음에는 잉글랜드와 웨일즈에만 국한되었지만, 스코틀랜드와 아일랜드에 적용할 유사한 법안이 곧 통과되었다. 스코틀랜드에서는 그 이전에는 단지 4,500명 정도만이 투표할 수 있었기 때문에 잉글랜드에 비해 개혁법의 효과는 더욱 크게 나타났다(Douglas 2005: 4).

1832년 말 총선에서 개혁법이 처음 적용되었다. 영국 내 401개 선거구 중 다수가 2인 선거구였고 일부는 3인 선거구였다. 단지 124개 선거구에서만이 경쟁 없이 선출되었다. 경쟁 없는 선거구의 수는 여전히 적다고 할 수 없지만, 예전에 비해서는 크게 줄어든 것이었다. 개혁법의 내용은 열렬하게 개혁을 주장했던 이들의 기대에는 미치지 못하는 것이지만, 그럼에도 불구하고 그 개혁은 현실적으로 상당한 변화를 이끌어 냈다. 포켓 선거구처럼 특정 개인이나 소수가 압도적 영향력을 행사하던 많은 지역구에서 개혁법 이후 이들의 영향력이 현저하게 약화되었고, 선거 경쟁은 보다 공적인 의미를 갖게 되었다. 더욱이 선거 승리를 위해서는 지역 주민의 여론에 신경을 쓰지 않을 수 없게 되었다.

분명한 한계가 있기는 하지만 개혁법은 무엇보다 변화의 물꼬를 텄고 추가적인 변화가 불가피하다는 사실도 일깨워줬다.

선거 결과는 휘그파의 압

| 그레이 수상

도적 승리였다. 이때부터 정치적으로 상이한 입장을 갖는 세 정파가 그 모습을 드러내게 되었다. 개혁법을 추진한 휘그파와, 이들보다 진전되고 광범위한 개혁을 요구하는 '급진파(Radicals),' 그리고 그 무렵 보수당이라고 불리기 시작한 토리파로 나뉘게 되었다. 보수당이라는 용어는 1830년대부터 사용하기 시작했는데 이는 단순한 명칭의 변경을 넘어서는 것이었다. 이제 보수당은 단순한 파벌적 속성을 넘어, 광범위한 변화를 추구하는 정파에 대립하는, 현상유지를 선호하는 정파라는 본질과 속성을 지닌 정당으로 변화해 왔던 것이다.

이 무렵 여러 해 동안 논의되어 온 여러 쟁점 이슈들도 처리되었다. 1833년 노예제가 대영제국 전역에 걸쳐 폐지되었고 이를 위한 상당한 재정적 보상이 노예 주인에게 지급되었다. 같은 해 고용 조건을 규정하는 공장법(Factory Act)이 제정되었고, 1834년에는 빈민법(Poor Law)이 개정되었으며, 1835년에는 정치적 책임을 갖는 지방정부 구성을 규정한 지방정부법(Municipal Corporation Act)이 제정되었다. 이와 함께 영국 정치는 보다 근대적인 형태로 변모해 가게 되었다.

▌휘그파에서 자유당으로

1834년 그레이 수상은 정치에서 물러나기로 결정했다. 윌리엄 4세는 그 후임으로 멜버른 자작(Viscount Melbourne)을 임명했다. 그는 1832년 개혁법에 반대할 만큼 보수적이었다. 국왕은 그레이의 후임으로 휘그파 중에서 '가장 덜 나쁜 선택(least bad choice)'[7]을 한 것

7) https://www.gov.uk/government/history/past-prime-ministers/william-lamb-2nd-

이다. 그럼에도 불구하고 휘그파의 개혁성을 싫어한 국왕은 그 해 11월 멜버른 수상을 전격 해임하고 토리파의 로버트 필(Robert Peel)을 수상으로 임명했다. 그러나 토리파가 1835년 1월 선거에서 다수의석을 차지하지 못하면서 그 해 4월 멜버른은 다시 수상에 복귀하게 되었다. 국왕이 의회 다수파의 의사와 무관하게 수상을 해임한 것은 이것이 마지막이었다. 멜버른은 필에게 수상직을 넘겨준 5개월의 기간을 빼고 7년간 집권했다.

1837년 국왕 윌리엄 4세의 서거와 빅토리아 여왕의 즉위로 인해 다시 총선이 실시되었다. 그 총선에서 휘그파는 344석을 얻어 314석의 보수당에 앞섰지만, 이전 선거에 비해서는 의석이 크게 줄어들었다. 보수당은 이전보다 41석을 더 얻었다. 이러한 보수당의 약진은 계속 이어져 4년 후인 1841년 총선에서 보수당은 마침내 압도적 다수 의석을 차지했다. 보수당의 로버트 필은 두 번째로 다시 수상이 되었다. 필은 수상직과 함께 재무장관직도 동시에 맡았다. 1842년 예산 편성 당시 필은 부족해진 재정 수입을 높이기 위해 수백 가지의 간접세를 없애 버리고 대신 정부 수입의 재원으로 소득세를 도입했다. 19세기의 소득세는 상대적으로 여유 있는 사람들만이 납부했기 때문에 간접세를 줄이는 대신 소득세를 도입한 것은 가진 자들에게 더 큰 부담을 지우는 것이었다.

한편, 개혁법의 한계에 대한 반발로 의회 외부에서 대규모 정치운동이 발생했다. 바로 차티즘(Chartism)이었다. 이는 1832년 개혁법에 대한 가장 강하고 직접적인 반발로 노동계급 다수에게 투표권을 부여하지 못한 개혁의 한계에 대한 불만의 표출이었다. 차티즘이라는 이름이 유래하게 된 '인민 헌장(People's Charter)'은 여섯 개 항목

viscount-melbourne(검색일 2012. 7. 5).

| 차티즘(Chartism) 운동을 통한 대중의 저항

을 포함하고 있었는데, 1) 동일한 규모의 선거구 획정, 2) 매년 새로운 의회의 구성, 3) 비밀 투표의 실시, 4) 의회 진출 위한 재산 요건 폐지, 5) 의회 의원에 대한 세비 지급, 6) 21세 이상 성인 남성에 대한 보통 선거권이 그것이었다. 이들의 주장은 커다란 대중적 관심을 끌어냈고 자신들의 요구에 대한 청원 서명을 모아서 이를 의회에 제출했다. 이들은 1839년, 1842년, 1848년 세 차례 대규모 집회와 행진을 조직해 내었지만 마지막 집회 이후 차티즘은 서서히 쇠퇴해 갔다. 그러나 인민 헌장에 담았던 주장들은 그 이후에도 계속해서 대중들에게 상당한 정치적 영향력을 미쳤으며, 그들의 주장 가운데 매년 새로운 의회를 구성하자는 요구를 제외하면 후일 모두 정치적으로 수용되었다.

차티즘에 이어 두 번째로 등장한 강력한 대중운동은 1838년 설립된 반곡물법연맹(Anti-Corn Laws League)[8]이었다. 반곡물법연맹은 뛰어난 연설가이고 조직가인 리차드 콥든(Richard Cobden)에 의해 주도되었다. 반곡물법연맹은 곡물법의 폐지뿐만 아니라 한 걸음 더 나아가 자유교역 체제의 수립를 원했다. 1815년 제정된 곡물법(Importation Act 1815)은 쿼터당 4파운드 이하 가격의 밀의 수입을 금지한 것이었다. 곡물법은 영국 사회 내 농업의 이익, 지주의 이익을 보호하기 위한 것이었지만, 오랫동안 영국 사회의 지배계급이었고 의회 내 다수 세력이었던 지주들과 도시 지역을 중심으로 새로이 성장한 상공업자들 간의 갈등을 불러올 수밖에 없었다. 지주들은 높은 곡가를 유지하고 싶어 하지만, 반대로 상공업자들, 특히 산업 자본가들은 노동자에 대한 낮은 임금을 유지하기 위해서는 곡물가격이 비싸서는 결코 안 되었던 것이다. 반곡물법연맹의 목표는 곡물법의 완전한 철폐였다. 사실 빵이 대다수 노동계급 생활비의 많은 부분을 차지하고 있는 상황에서 밀의 가격을 높게 유지하는 것은 거의 굶주림을 강요하는 일이었기 때문에 사회적으로 매우 심각한 문제였다. 곡물법이 식량 가격을 높여왔기 때문에 즉각적으로 폐기되어야 한다는 주장에 대해 노동자들 사이에서 점차 공감대가 높아갔고, 빵값 때문에 임금 상승에 대한 부담을 가져야 하는 산업 고용주들도 이에 공감했다.

사실 곡물법 제정 이후 법안 폐지에 대한 청원이나 권고가 계속되었지만 모두 거부되었다. 곡물의 수입 기준가격은 법안 제정 이후 다소 조정이 되어 왔지만 곡물법은 변함없이 유지되었다. 휘그파 의원

---

8) 영국의 *The Economist* 잡지는 1843년 9월 반곡물연맹의 도움으로 제임스 윌슨(James Wilson)에 의해 창립되었는데 그의 사위였던 월터 배조트(Walter Bagehot)가 이 잡지의 첫 편집인이 되었다. 배조트는 *English Constitution*이라는 영국의 헌정체제에 대한 유명한 책을 썼다. 오늘날 *Economist*의 영국 정치 평론란의 제목은 "Bagehot"이다.

찰스 펠험 빌리어스(Charles Pelham Villiers)는 1837년부터 1845년까지 매년 곡물법 폐지 법안을 제출했다. 1842년 곡물법 폐지에 반대하는 의원 수는 303명이었는데, 1845년에 이르면 그 수가 132명으로 줄어들었다.[9] 1840년에는 수입 관세에 대한 하원위원회에서 빌리어스 주재로 곡물법의 효과를 조사한 보고서가 발간되었는데 수만 권의 복사본이 반곡물법연맹에 의해 팸플릿 형태로 출간되어 배포되었고 신문, 잡지 등에도 게재되었다. 이런 와중인 1841년 보수당의 로버트 필이 수상이 되었고, 반곡물법연맹의 리차드 콥든도 의회에 진출하게 되었다.

1845년 후반 곡물법을 둘러싼 주변 환경에 변화가 생겼다. 아일랜드에 기근이 발생했고 영국에서도 곡물이 부족해졌다. 1845년 감자 농사의 흉작으로 인한 '아일랜드 대기근(the Great Irish Famine)'[10]은 가히 가공할 만한 수준이었다. 전체 인구 8명 중 한 명꼴로 굶주림 끝에 사망했으며 수많은 인구가 외국으로 빠져 나갔다. 이러한 아일랜드의 기근은 상대적으로 영국 정치에는 별 영향을 주지 않았지만, 많은 사람들은 영국에서 유사한 일이 발생할 수도 있다는 점을 우려하게 되었다. 이런 분위기는 반곡물법연맹에게 유리하게 작용했다. 우선 야당인 휘그파의 다수가 곡물법 폐지로 돌아섰고 보수당 수상인 로버트 필도 같은 견해를 갖게 되었다. 필은 과거에는 곡물법의 폐지에 반대해 왔지만 1840년대에 들어서면서 다른 견해를 갖게 되었

---

9) https://en.wikipedia.org/wiki/Corn_Laws#Repeal(검색일 2012. 8. 10).
10) 아일랜드에서는 1845년부터 1852년 사이에 엄청난 기근이 발생했다. 이 기간 동안 약 100만 명이 굶어죽었고 또 다른 100만 명 이상이 굶주림을 피해 외국으로 빠져나가면서 아일랜드의 인구의 20~25%가 줄어들었다. 기근의 원인은 인구의 3분의 1 이상이 주식으로 의존하던 감자가 전염병인 마름병으로 흉작을 기록했기 때문이다. 아일랜드 대기근은 정치적으로도 큰 영향을 미쳤는데 이후 아일랜드인들이 연합왕국으로부터의 독립을 추구하는 중요한 계기를 마련했다.

다.[11] 앞서 언급한 대로 필이 소득세를 도입했던 것은 일차적으로는 정부 재정을 늘리기 위한 것이었다. 이와 마찬가지로 영국이 외국 시장을 개척하고 국내 공업의 경쟁력을 강화하기 위해서는 값싼 곡물의 수입을 허용함으로써 보다 큰 경쟁력을 갖도록 하는 일이 필요한 것이었다. 이를 위해서는 곡물법을 반드시 폐지해야만 했다. 아일랜드의 대기근도 그가 곡물법 폐지가 필요하다는 점을 확신하는 데 영향을 주었다.

그러나 대다수 보수당 의원들은 그 법률의 폐지가 지주의 이익을 해칠 것을 우려하며 반대했다. 1844년에는 곡물법 폐지에 반대하는 중앙농업보호협회(CAPS: Central Agricultural Protection Society)[12]가 리치몬드 공작(Duke of Richmond)에 의해 설립되었다. 필은 1846년 초 곡물법 폐지를 위한 의회 개원을 결정했지만, 스탠리 경은 이에 반대하며 내각에서 사퇴했다. 그러자 필은 그 다음날 수상직에서 사임했다. 엘리자베스 여왕은 러셀 경을 수상으로 지명했지만 그는 조각에 실패했고 필은 수상직을 유지할 수 있었다. 1846년 1월 27일 필은 세 시간에 걸친 연설을 통해 곡물법은 3년간의 점진적 관세 축소를 통해 1849년 2월 1일부 쿼터당 1실링의 관세 수준으로 곡물법이 폐지될 것임을 밝혔다. 이에 대해 가장 강력한 비판을 제기한 이들은 보수당의 벤저민 디즈레일리(Benjamin Disraeli)와 조지 벤딩크(Lord George Bendinck) 경이었다. 그러나 이들의 반대에도 불구하고 1846년 5월 15일 마침내 곡물법 폐지 법안이 하원에서 보수당 내 필의 지지자들과 휘그파, 급진파 의원들의 지지에 의해 327 대 229로 통과되

---

11) 필은 1837년부터 1845년까지는 곡물법 폐지에 계속해서 반대표를 던졌다. 1846년이 되어서야 필은 처음으로 곡물법 폐지에 찬성표를 던졌다.
12) 당시에는 Anti-League로도 불렸다.

었다. 상원에서도 웰링턴 공작이 적극적으로 의원들을 설득하여 통과시켰다. 마침내 곡물법이 폐지된 것이다. 개혁법 제정이 근대 산업사회를 향한 영국의 정치적 대응이었다면 곡물법 폐지는 이를 향한 경제적 대응이었다.

그러나 법안 통과 이후 필 내각에 제출한 또 다른 법안인 아일랜드 강제법 (Irish Coercion Bill)은 292 대 219로 하원에서 부결되었다. 6월 29일 필은 이 법

| 1920년 펀치(Punch) 잡지에 실린 로버트 필 만평

안의 부결에 따라 사임을 결정했고, 의회에서의 마지막 연설에서 곡물법의 폐지를 반곡물연맹을 이끈 리처드 콥든의 공으로 돌렸다. 필이 물러난 이후 러셀이 이끄는 휘그파가 집권하게 되었다.

그러나 곡물법 폐지의 정치적 후유증은 매우 컸다. 우선 곡물법 폐지 논란은 보수당을 분열시켰다. 이 사안에 대해 보수주의자들이 느끼는 분노는 과거 가톨릭 해방을 추진했을 때보다 더욱 오래 이어졌고 더욱 강력했다. 그 결과 곡물법 파동은 정치적 재편으로 이어졌다. 곡물법 파동을 거치면서 폐지에 반대하는 이들이 보수당으로, 그리고 이를 지지했던 필의 지지파와 휘그파, 그리고 급진파는 자유당으로 결집하였다. 이들은 모두 자유무역 정책이 반드시 지켜져야 하고 확대되어야 한다는 데 대해 의견을 같이 했다. 그러나 그 당시에

는 이들 간의 결집을 영속적이고 강력한 결합이기보다는 정치적 편의에 따른 일시적인 것으로 생각하고 있었다. 자유당으로 옮긴 보수당 내 로버트 필의 지지파(Peelites) 중에는 후일 수상이 되는 애버딘 백작(Earl of Aberdeen)과 글래드스턴(William Ewart Gladstone)이 포함되어 있었다. 곡물법 폐지 과정에서 드러난 지주와 상공업자 간, 보호주의와 자유교역주의 간, 농업과 상공업 간의 정치적 갈등과 분열이 보수당과 자유당이라는 양당적 경쟁으로 마침내 귀결되었다. 이제 영국 정치는 보다 근대적인 특성을 갖게 되었다.

1852년 12월 새로이 규합된 이들 자유당 세력이 처음으로 집권하게 되었는데, 두 번째 필 내각에서 외무장관을 역임한 애버딘 백작(the 4th Earl of Aberdeen)이 수상직을 맡았다. 그는 필 지지파들의 리더였다. 애버딘의 수상 취임은 특별한 의미를 지닌다. 그가 수상으로 선택된 것은 그가 휘그파가 아니라 필의 지지파라는 사실과 관련이 있기 때문이다. 휘그파와 급진파는 보호주의로 되돌아가고 싶어 하는 보수당에 맞서 자유 무역을 주창하기 위해서는 필 지지 세력의 항구적인 도움이 필요했던 것이다(Douglas 2005: 8-9).

새로운 내각의 구성도 인상적이었다. 13명의 내각 각료 중 5명이 필 지지파였는데, 그중에는 재무장관직을 맡은 윌리엄 글래드스턴(William E. Gladstone)도 포함되어 있었다. 휘그파가 내각 중 다수를 차지했고, 러셀은 외무장관이 되었다. 내무장관은 파머스턴(the 3rd Viscount Palmerston)[13]이 맡았고, 급진파에서는 윌리엄 몰스워스(Sir William Molesworth)가 내각에 참여했다. 곡물법 폐지에 앞장섰던 콥든이나 그를 도왔던 존 브라이트(John Bright)는 각료직을 차지하지 못했다. 전반적으로 볼 때 이 내각은 '자질을 갖춘 이들의 내각

---

13) 그의 이름은 Henry John Temple이다.

(Ministry of All the Talents)'(Douglas 2005: 9)이라는 평가를 받을 만했다. 특히 1853년 재무장관 글래드스턴의 예산 정책은 매우 인상적이었는데, 100개가 넘는 품목을 과세 대상에서 제외했다. 이러한 예산 책정은 노동계급에게 특히 도움을 주는 것이었다. 또한 개인 재산과 부동산에 대한 상속세를 확대하기로 하면서 토지 소유 계급의 경제적, 사회적 장악력을 점차 완화시켜나가고자 했다.

강력하면서도 안정적으로 추진되어 온 자유당 내각의 정책은 1854년 3월 러시아에 대항하는 크리미아 전쟁에 영국이 개입되면서 곧 궤도를 이탈하게 되었다. 파머스턴 등 강경파의 주장이 애버딘 수상의 초기의 소극적인 태도를 바꾸어 놓았다. 평화주의자였던 콥든은 전쟁 기간 내내 이에 대한 강한 반대로 여론의 비난을 받았다. 내각 내에서 가장 인상적인 모습을 보인 것은 재무장관인 글래드스턴이었다. 글래드스턴은 전쟁에 소요되는 자금을 차입하는 편리한 방법 대신 소득세를 일시적으로 올리는 방식으로 전비를 충당해 냈다. 애버딘 수상은 영국을 전쟁으로 끌고 갔을 뿐만 아니라 전쟁을 효과적으로 이끌지도 못했다. 많은 비판 속에 결국 애버딘은 수상직에서 물러났고 얼마 지나지 않아 정치에서 완전히 은퇴했다.

뒤이어 파머스턴이 새로이 내각을 구성하게 되었다. 파머스턴은 많은 부분에서 자유주의적이라고 부르기 어려웠으며 급진적인 것은 더더욱 아니었다. 그는 자유당으로 옮긴 보수당 출신이었다. 그래서 그에 대한 평가는 '국내정책에서는 보수당, 대외정책에서는 자유당(a Conservative at home and a Liberal abroad)'(Ridley 1970: 587) 같다는 평가를 받는다. 왕실 및 법과 질서에 대한 강조, 더 이상의 개혁정책에 대한 반대가 파머스턴 정부의 주요한 국내 정책이었다. 대외적으로는 영국의 국가 이익을 위해서는 포함외교(gunboat diplomacy)도 불사하는 입장을 취했다. 중국과의 제2차 아편전쟁이 발생한 것도 그의 첫 내각 기간 중인 1856년이었다. 그러나 파머스턴은 1858년 한 법안에 대한 의회 표결에서 패배하여 수상직에서 물러나고 보수당의 더비 경(Lord Derby)이 수상이 되었다.

이 무렵 추가적인 의회 및 선거 개혁에 대한 요구가 여러 곳에서 터져 나오기 시작했다. 이에 대해 보수당의 지도자 더비 경이나 휘그파의 파머스턴 모두 그다지 큰 열정을 보이지 않았다. 더욱이 1832년 개혁법으로부터 보다 진전된 변화를 언제, 어떻게 추진할 것인가에 대해서 두 정당 모두 뚜렷한 입장을 갖지 못했다. 소수파로 집권한 보수당 더비 내각은 오래가지 못했고 1859년 총선이 실시되었다. 선거 결과는 '자유당'이라고 공공연하게 불리게 된 정파가 의회 내 다수파가 되었다.

선거 직후인 1859년 6월 6일 런던의 '윌리스 룸즈(Willis's Rooms)'에서 자유당 의원들의 모임이 열렸다. 그 당시에는 이 모임을 자유당 창당의 계기로 생각하지 않았고 '다양한 유형의' 자유당 의원들이 서로 협력하고 내각을 구성하는 방안을 모색하기 위해 모임을 갖는 것으로 생각했다. 그러나 오늘날에는 이 회합을 자유당 창당의 공식적 기원으로 받아들여지고 있다. '자유당'으로 간주될 수 있는 356명의 의원 중에서 274명이 출석했다. 그러나 글래드스턴과 콥든은 그 자리에 참석하지 않았다.

모임의 토론은 대체로 하팅톤 후작(the Marquis of Hartington)에 의해 주도되었다. 모두로부터 인정받는 지도자는 존재하지 않았지만, 한동안 서로 관계가 좋지 않았던 파머스턴과 러셀은 각각 누가 지도자가 되든 따르겠다는 뜻을 비쳤다. 급진파인 존 브라이트(John Bright) 역시 자유당 정부를 지원할 태세가 되어 있다고 표명했지만, 파머스턴의 대외 정책에 대해서는 너무 호전적이라고 비판했다. 이처럼 몇몇 사안에 대해 이견이 존재하지 않았던 것은 아니지만, 그

| 2013년 1월 Liberal Democratic History Group에서 런던의 Almack House에 설치한 자유당 창당에 대한 명판

　모임에서는 보수당의 더비 정부를 실각시키고 대신 자유당 정부를 구성해야 하며 이를 위해 힘을 합하기로 의견을 모았다.

　얼마 지나지 않아 보수당 내각은 의회 내 신임투표에서 패배하면서 더비 수상은 사임했다. 그러나 파머스턴이나 러셀 중 누가 자유당 정부의 수상이 될 것인가는 여전히 분명치 않았다. 이 문제를 해결하는 것은 서로에게 어려운 일이었다. 두 사람 모두에게 그다지 호의적이지 않았던 빅토리아 여왕은 그렌빌 백작(Earl Greville)에게 이 문제를 해결해 달라고 청했다. 그렌빌은 파머스턴이 보다 폭넓은 대중적 지지를 받는 것으로 평가했고 그의 권고에 따라 파머스턴이 다시 내각을 이끌게 되었다. 러셀은 외무장관이 되었고 글래드스턴은 파머스턴 1차 내각 때와 마찬가지로 재무장관직을 맡았다. 파머스턴과 러셀 모두 콥든을 설득하여 무역위원회 위원장(President of the Board of Trade)을 맡아주도록 요청했으나 그는 끝내 거절했다. 그러나 콥든은 내각 각료는 아니었지만 정부의 지원하에 통상 교역에 관해 프랑스와의 협상을 담당하고 있었다. 1860년 시작된 그 협상은 양국 간 상호 관세의 축소를 요구하는 것이었다.

글래드스턴은 같은 해 자신의 또 다른 대단히 의미있는 예산안을 내 놓았다. 그것은 부분적으로는 콥든과 프랑스의 쉐바이에 간 조약(the Cobden-Chevalier Treaty)을 지원하기 위한 것이었지만 실제 내용은 그 정도를 훨씬 뛰어넘는 것이었다. 1859년 초 419개의 관세가 존재했지만, 그중 대다수를 폐지했고 부족한 세수는 직접세인 소득세 인상으로 충당하기로 했다. 이제 48개 항목만이 여전히 관세 부과 대상으로 남아 있게 되었다. 목재와 곡물에 남아 있는 일부 관세를 제외하면 보호관세이든 차별관세이든 보호주의 무역의 속성을 지닌 것은 거의 남아 있지 않게 되었다. 자유당 정부는 자유무역의 방향으로 또 다른 중요한 진전을 이뤘던 것이다.

1860년 예산안에서 글래드스턴이 폐지한 관세 항목 중에는 종이에 대한 관세 부가가 포함되어 있었다. 종이에 대한 관세 철폐 제안은 다른 재정 법안과 별도의 법으로 제안되었다. 종이 수입에 대한 관세는 출판물 가격을 높이는 것이었고 특히 가난한 노동계급이 새로운 사상과 지식을 얻는 것을 어렵게 만들었다. 책과 다른 출판물의 가격에 영향을 미치는 종이 수입에 대한 관세 철폐는 하원에서 근소한 차이로 통과되었지만, 보수당이 압도적 다수를 차지한 상원에서는 더비 경의 주도하에 종이에 대한 관세 폐지 제안을 거부하기로 결정했다. 상원이 재정 등 돈과 관련된 법안(a money bill)을 거부한 것은 대단히 드문 경우였기 때문에 이러한 상원의 결정은 많은 이들을 분노하게 했다. 글래드스턴은 이를 "지식에 대한 과세(Tax upon Knowledge)"라고 비판했다. 글래드스턴은 상원의 반대를 피하기 위해서 이듬해에는 재정 관련 법안을 모두 하나로 병합한 법안 형태로 예산안을 제출하였다. 이제 상원은 그 해의 재정 법안에 대해 감히 저지할 수 없었다. 이러한 과정을 거쳐 1860년대 초의 영국에서는 자유무역의 제도적 환경이 대체로 마련되었다. 이후에는 누가 집권하든 이러한 자유무역의 추세를 되돌리기를 원치 않았으며, 또 그것이 가능하리라고 생각한 사람도 많지 않았다.

재정적인 문제와 몇몇 중요한 법적 개혁을 제외하면 파머스턴의 두 번째 내각은 그다지 커다란 업적을 남기지 못했다. 파머스턴 때의 자유당은 본질적으로 의회 내부만의 정당이었고, 전국에서 원외에 존재하는 '자신을 자유당원이라고 간주하는' 이들을 사실상 대표하지 못했다. 자유당 의원의 절반은 토지 소유자이거나 개인적인 소득을 갖는 부유층이었다. 사실 1832년의 개혁이나 1846년의 곡물법 폐지에도 불구하고 정부는 여전히 대체로 전통적인 토지 소유자들의 수중에 놓여 있었던 것이었다. 1859년 파머스턴의 2차 내각이 출범했을 때, 그 구성을 두고 "3명의 공작(dukes), 또 다른 공작의 동생, 5명의 다른 귀족과 그 자제들, 그리고 3명의 토지 재산을 가진 준남작(Baronets)"의 모임이라는 평가까지 받았다(Watts 2002: 65).

파머스턴은 생애 마지막까지 높은 인기와 권위를 유지했지만[14] 그는 줄곧 개혁에는 부정적인 입장을 취하고 있었고 지주 계급의 이익을 대변하는 보수적인 입장을 가졌다. 파머스턴의 뒤를 이어 73세의 러셀이 수상이 되었다. 그 당시 그는 노령이었고 백작이었다. 그러나 1832년 개혁법의 핵심 설계자였던 러셀에게 개혁은 오랫동안 그의 중요한 정치적 관심사였고 이번에도 한 걸음 더 진전된 개혁법을 추진하고자 했다. 결국 2차 개혁법이 의회에 제출되었다. 러셀은 작위를 받고 상원으로 옮겼기 때문에 재무장관이었던 글래드스턴이 하원

---

14) 파머스턴은 1865년 수상으로 재직 중 서거했다.

에서 법안 통과의 책임을 졌다.

그러나 개혁 법안은 이번에도 의회에서 어려움을 겪게 되었는 데 그러한 반대파의 핵심은 다름 아닌 자유당의 로버트 로위(Robert Rowe)였다. 그는 곧 반대파를 규합하였는데, 이들은 성경에 나오는 사울 왕 시대의 다윗과 '불만을 가진 모든 이들'이 도피한 동굴 이름 에 빗대어 아둘람파(Adullamites)라는 별명을 갖게 되었다. 개혁법은 2차 독회까지는 간신히 통과되었지만, 마지막 단계에서 다시 자유당 내부의 분열로 결국 부결되었다. 이에 내각은 사임을 결정했다. 더비 경이 새로운 보수당 정부를 구성했다.

그러나 보수당 정부는 이전 자유당 정부가 직면했던 문제에서 쉽 게 벗어날 수 없었다. 개혁은 그 시대의 요구였다. 1866년 7월 런던의 하이드 파크에서 발생한 심각한 폭동은 개혁의 수용을 주저하는 이 들에게 개혁법을 거부하는 것이 더 위험할 수 있다는 사실을 일깨워 주었다. 노동계급이 주도하는 개혁연맹(Reform League)은 맨체스터, 글래스고 등지에서 수십만 명이 참석하는 집회를 열고 보통 선거권 을 요구했다. 이들은 그 이전의 차티즘에 비해서는 덜 과격했지만 대 중들에게 매우 큰 영향을 끼치고 있었다. 이들은 1866년 7월 런던의 하이드 파크에서도 집회를 개최했다. 경찰이 집회를 금지하려 했지 만 너무나 많은 수의 군중들이 저지를 뚫고 모여 들었고 경찰과 대치 했다. 이러한 대중의 저항은 자유당은 물론 보수당 정치인들에게도 노동계급의 정치적 요구를 이제는 더 이상 무시할 수 없게 되었다는 사실을 깨닫게 했다.

보수당 내각의 재무장관이었던 디즈레일리에 의해 1867년 3월 새 로운 개혁법이 의회에 제출되었다. 처음에 보수당의 법안은 전임 자 유당 내각의 그것보다 소극적인 것이었다. 이 때문에 의회에서 자유 당의 글래드스턴이 토론을 통해 이를 크게 비판하였는데, 디즈레일리는 야당의 비판을 수용하여 과감한 개혁 법안을 제출했다. 그러나 전임 자유당 내각처럼 보수당 정부 역시 당 내부의 반발로 인해 적지 않은 어려움을 겪었다. 그러나 이번에는 보수당의 디즈레일리와 자유당의 글래드스턴이 각 당의 내부 반발을 잘 조절해 냈다.

1867년 제2차 개혁법(Second Reform Act)이 마침내 통과되었다. 이 법으로 인해 인구가 밀집한 도시 지역에 유리하도록 의회 의석이 재배정되었다. 도시에 거주하는 대부분의 성인 남성에게 투표권이 부여되었다. 그러나 보다 중요한 특징은 버로우 선거구에서의 '가구별 선거권(Household Franchise)'의 도입이었다. 이 조치로 대부분의 도시 가구주들은 주인이든 세입자든 상관없이 투표권을 부여받을 수 있게 되었고 숙련 노동자들도 대부분 투표권을 갖게 되었다 (Steinbach 2012: 47). 그 결과 많은 선거구에서 노동계급이 선거인구 중 다수를 차지하게 되었다. 투표권을 지닌 유권자의 수는 140만에서 250만으로 늘어났다. 전체 남성 중 약 1/3 정도가 투표하게 된 것이다. 1867년 제2차 개혁법 역시 우선적으로는 잉글랜드와 웨일즈 지역에만 해당되는 것이었는데, 스코틀랜드와 아일랜드에서는 비슷한 내용이 이듬해인 1868년에 적용되었다.

자유당 내 아둘람파뿐만 아니라 보수당의 적지 않은 의원들이 이러한 개혁 추진에 대해 불만을 가졌다. 보수당의 이런 분노는 이전의 곡물법이나 가톨릭 해방 때의 분노와 유사한 것이었다. 그러나 이제 영국 사회는 대중선거권에 기초한 보다 근대적인 정치로 옮겨가게 되었다. 1차 개혁법이 구 질서의 종말의 시작이라면, 2차 개혁법은 새로운 질서의 시작이었다. 새로운 정치 환경에 대응하기 위한 변화가 요구되었고 그것은 정당 조직의 발전으로 이어졌다. 휘그파 그레이 수상이 시작한 정치개혁으로 인한 변화의 흐름에 보수당 역시 거부할 수 없었다. 정치개혁은 산업혁명으로 크게 변모한 영국 사회의 불가피한 선택이었다.

▍정당 정치의 발전

제2차 개혁법 제정은 정당 발전이라는 측면에서 매우 중요하고 흥미로운 계기를 마련했다. 이 무렵부터 조직으로서의 정당이 유권자들 사이에 본격적으로 뿌리를 내리기 시작했다. 유권자의 수가 크게 늘어나면서 다양한 유권자에게 표를 호소해야 하는 필요에 대응하여 정당의 구조와 조직이 전반적으로 크게 발전해 갔다.

한 정당의 변화는 다른 정당의 변화를 촉발했다. 오늘날의 시각에서 볼 때, 당시 영국이 완전한 민주주의를 구현하고 있었다고 평가할 수는 없지만 적어도 소수의 영향력 있는 인물에 의존해서 지지를 얻어낼 수 있는 상황으로부터는 근본적인 변화가 생겨났던 것이다. 1832년 1차 개혁법 이전에는 후보자들이 대체로 선거운동원(an election agent)을 두었는데, 이들의 역할은 여러 가지 수단을 동원해서 잠재적 지지자들이 투표장에 가도록 권유하는 것이었다. 그러나 선거가 끝이 나고 나면 이와 같은 선거 조직은 금방 해산되었다.

그러나 1832년 개혁법은 매년 유권자 등록을 하도록 규정하고 있었고 등록부에 기재된 이들만이 투표할 수 있었다. 처음에는 선거 등록을 위해서는 1실링의 비용이 필요했는데 얼마 지나지 않아 이 규정은 곧 폐지되었다. 그런데 유권자들이 선거를 위해 매년 등록하도록 한 규정은 지지자들이 빠짐없이 선거 등록을 하도록 챙기고 관리하는 지구당 조직의 발전으로 이어졌다. 이런 지구당 조직은 지역 내 지지도가 그다지 강하지 않은 곳에서 보다 적극적으로 설립이 추진되었다. 더욱이 총선이 예상치 못한 짧은 시간 내에 실시되는 일이 빈번해짐에 따라서 정당들은 상시적으로 선거를 준비해야 하는 입장이 되었고 그에 따라 지역 조직의 활동은 보다 활성화될 수밖에 없었다. 이러한 변화는 지역의 정치 조직이 항구적인 속성을 갖는 지방의 당 조직으로 발전해 가는 초기의 모습을 잘 보여주고 있다.

곡물법을 둘러싼 갈등이 치열했던 시기에는 반곡물법연맹에서 그 자체의 등록 지원 기구를 설립하여 자유무역을 지지하는 이들이 선거 등록을 하도록 이끌었다. 또한 곡물법 폐지에 반대했던 중앙농업보호협회(CAPS) 역시 사실상 지방의 보수당 조직을 대신하는 역할을 담당했다. 시간이 흐름에 따라 그러한 지방 조직은 보다 복잡한 선거운동 조직으로 발전해 갔으며, 1867년 2차 개혁법은 이러한 발전을 더욱 가속화시켰다. 지방 정치 조직은 정치적 입장을 정하지 못한 유권자들을 설득하는 것에 그치지 않고, 지지자들을 조직적으로 묶어내고 필요한 경우 투표장으로 나가도록 적극적으로 이끌었다. 이처럼 지역 수준에서 정당 정치의 발전이 이뤄지고 있었다.

한편, 중앙 정치에서도 변화가 발생했다. 예전에는 내각의 형성과 실각이 의원들 개인 수준의 문제에 가까웠다면, 이제는 어느 정당이 의회의 다수파가 되고 또 정부를 구성하느냐 하는 것에 많은 사람들이 큰 관심을 갖게 되었다. 또한 과거의 정치운동이 차티스트 운동이든 반곡물법연맹이든 특정 이슈에 집중한 일시적 조직의 성격이 강했다면, 이제 정당이 다루는 이슈는 보다 전국적이고 보편성을 갖는 것이 되었다.

조직의 영속성도 이전보다 강화되었다. 1860년대가 되면 일시적 선거운동 조직이 아닌 항구적인 조직으로서 정당의 존재는 정치 활동의 중심이 되었으며 이는 지방에서도 마찬가지였다. 정당 발전의 역사에서 볼 때 여전히 초기 단계에 머물러 있었지만, 정당이 의회 내의 엘리트 간의 결합이라는 제한적 수준에서 벗어나 유권자들과의 항구적 연계의 기반을 마련하고, 정당 내부의 정체성과 기율이 만들어져 가는 모습도 보여주었다.

이러한 변화와 함께 정당의 중앙당 조직도 등장했다. 1832년 보수당은 개혁법 패배 이후 당의 활동을 논의하고 조정하기 위한 조직으로 칼톤 클럽(Carlton Club)을 설립했는데, 중앙당과 유사한 기능을 수행했다. 이는 또한 보수당 의원들 간 사교 클럽의 역할도 담당했다. 5년 후 자유당 역시 유사한 조직을 설립했는데 그 이름은 개혁 클럽(Reform Club)이었다. 개혁 클럽은 1836년 자유당 원내총무(Whip)였던 에드워드 엘리스(Edward Ellice)의 주도에 의해 설립되었다. 그는 1832년 개혁법 통과에 큰 열정을 지니고 있었고 개혁 클럽이 그 법안이 담고 있는 자유롭고 개혁적인 사상의 중심이 되기를 원했다. 그 이전에 존재해 온 브룩스 클럽(Brooks's Club)은 휘그파 귀족들 간의 폐쇄적 모임으로 새 인물의 충원이 가능하지 않았다. 이 때문에 '영국의 개혁가들의 사회적 교류(the social intercourse of the reformers of the United Kingdom)'를 증진하려는 목적에서 보다 자유롭고 개방적인 개혁 클럽이 만들어지게 되었다.[15] 이 클럽은 상하 양원 의원들을 모두 포함했는데 단지 의원들만의 사교모임은 아니었다. 지방의 당 지지자들은 런던의 클럽에 가서 정당 지도자들이나 클럽 관계자들과 후보자 등록의 방법이나 후보자의 선정에 대한 문제점을 논의하기도 했다.

중앙 정치 조직의 성장을 자극한 또 다른 흥미로운 요인은 '외부 거주 투표자(outvoters)'의 문제였다(Douglas 2005: 17). 이들은 투표하도록 되어 있는 장소에 거주하지 않고 여러 가지 이유로 외부에 머물러 있는 유권자들로, 전체 유권자의 15% 정도를 차지했다. 선거 경

---

15) http://en.wikipedia.org/wiki/Reform_Club#History(검색일 2013. 3. 12).

쟁이 박빙인 경우에는 정당의 입장에서는 외부에 머물러 있는 지지자들이 투표에 참여하도록 하는 일은 매우 중요한 것이었다. 따라서 외부지역으로 나간 지지자들이 투표 장소로 돌아와서 투표를 하도록 넉넉한 여행 경비를 주기도 했다. 그러나 1858년에 선거법이 개정되어 기차표와 같은 운송 수단 제공 이외의 방식은 허용되지 않았다. 각 지역구에서는 해당 지역의 외부 거주 투표자에만 관심을 쓸 수밖에 없었기 때문에, 전체적인 조율의 역할은 중앙당이 담당할 수밖에 없는 일이었다.

1860년 2월, 이후 자유당 중앙협의회(Liberal Central Association)로 불리게 되는, 자유당 유권자등록협회(Liberal Registration Association)가 당시 자유당 원내총무였던 헨리 브랜드(Sir Henry Brand)의 주도 하에 설립되었다. 이 조직은 유권자 등록, 외부 거주 유권자의 투표 독려 방안, 후보자의 선정, 자금 사정이 넉넉지 않은 후보자에 대한 자금 지원과 같은 여러 가지 사안을 다루게 되었다. 또한 지역구 간의 연합체인 자유당협의회(constituency Liberal Associations)가 설립되기 시작했다. 이러한 당 조직은 부유한 당원들로부터 상당한 자금 지원을 이끌어 냈다.

이 무렵 정당의 발전을 이끈 다른 요소들도 적지 않았다. 1860년대 후반이 되면 교통의 발전이 가히 혁명적이라고 할 만큼 급속하게 이뤄져 지역 간 장거리의 철도망이 연결되었다. 이제 정치인과 정치조직은 예전에는 생각할 수 없을 만큼 쉽고 빠르게 각 지역의 중심도시에 다가갈 수 있게 되었다. 일반 유권자들 역시 유명한 정치인의 연설을 듣기 위해 제법 먼 거리까지 여행할 수 있게 되었다. 더욱이 다수 유권자들이 글을 읽을 수 있게 되었다. 초등 교육을 의무적으로 하도록 한 법안은 1830년대가 되어서야 통과되지만 대다수의 성인들은 그보다 훨씬 이전에 글을 읽을 수 있었다.

한편 저널리즘은 이처럼 확대되는 시장에 빠르게 적응해 갔다. 1836년 신문에 대한 세금 부과액이 낮춰졌고, 1855년에는 신문에 대한 과세가 아예 폐지되었다. 이로 인해 신문은 그다지 부유하지 않은 이들도 사볼 수 있는 것이 되었다. 유명한 잡지였던 펀치(Punch)는 1841년에 창간되었고 1860년대가 되면 보수적인 성격의 주디(Judy)와 같은 많은 경쟁지도 출현하게 되었다. 이 모든 것이 여러 사회 영역에서 정치에 대한 관심을 자극했다(Douglas 2005: 18). 이제 본격적으로 정당이 정치 활동의 중심이 되었다.

글래드스턴의 시대   제3장

　보수당 내각의 수상인 더비 경은 지병으로 고생하고 있었고 결국 1868년 2월 수상직에서 물러났다. 디즈레일리가 그 뒤를 이었다. 디즈레일리의 첫 내각의 짧은 기간 동안 보수당은 의회 내 다수파를 형성한 자유당과 공존했다. 1868년 11월 의회가 해산되었다. 새로운 선거법에 의한 유권자 등록이 끝이 난 후 이전에 비해 엄청나게 확대된 유권자들을 대상으로 총선거가 실시되었다.

　선거 결과 자유당이 보수당에 비해 100석 이상을 더 차지하는 압도적 다수 의석을 얻었다. 자유당은 387석을 얻었고 보수당은 271석을 얻었다. 자유당은 스코틀랜드에서 압승을 했으며, 아일랜드와 웨일즈에서도 상당한 의석을 차지했다. 그러나 잉글랜드 지방의 많은 시골 지역(county)에서 자유당에 대한 지지는 상대적으로 약했다. 잘 알려진 철학자 존 스튜어트 밀(John Stuart Mill)도 웨스트민스터 선거구에서 패배했다. 그 이전 의회에서 자유당 하원 의원이었던 밀은 아일랜드에서의 광범위한 토지 개혁을 주창했고, 여성에게 투표권을 부여해야 한다고 주장한 첫 의원이었다. 이는 당시로서는 매우 급진적인 주장이었다. 전체적으로 볼 때 잉글랜드에서 자유당의 우위는 상대적으로 크지 않았지만, 새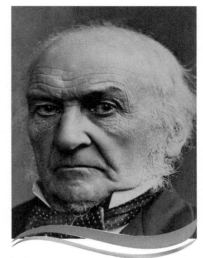
로이 선거권이 부여된 도시 지
역에서는 좋은 결과를 얻었다.

　1868년 총선은 11월 17일부
터 12월 7일까지 몇 주에 걸쳐
실시되었는데 새로운 의회가
개회되기 전 디즈레일리는 수
상직에서 사임했다. 이때 이후
집권당의 패배가 분명하다고
판단될 때 수상이 사임하는 전
례가 만들어졌다. 러셀이 수상
직을 맡을 수도 있었지만 그는
고령으로 은퇴를 원했다. 마

| 윌리엄 글래드스턴

침내 글래드스턴이 수상직을 맡기로 하였고, 그는 1868년 12월 3일 수
상직에 올랐다. 그리고 1894년 수상직에서 물러날 때까지 모두 네 차례
자유당 내각을 이끌었다. 토리 출신으로 곡물법 폐지 파동 이후 다른
필 지지파들과 함께 자유당을 규합한 글래드스턴은 시대적 과제에 정
면으로 다가서는 신념의 정치인이었다. 이 시기 자유당은 글래드스턴
이라는 걸출한 지도자와 함께 발전해 갔다.

▌글래드스턴 첫 내각에서의 개혁 정책

　당시 종교는 여전히 정치적으로 중요하고 폭발성이 있는 사안이
었다. 교회는 단지 일요일에 모여 예배를 드리는 곳만은 아니었고 평
상시에도 다양한 종류의 회합이 교회 내에서 이뤄지고 있었다. 그래

서 교회는 사회적인 교류와 접촉의 매우 중요한 매개체였다. 그런데 잉글랜드, 스코틀랜드, 아일랜드의 국교회는 법적·경제적으로 많은 특권을 누리고 있었고 이러한 특권은 당연하게 비국교도인들의 불만의 대상이 되었다. 국교회 신자가 아닌 경우에는 정치적으로 불이익을 받았는데, 1828년이 되어서야 심사법 등 관련 법이 폐지되면서 비국교도들도 투표할 수 있는 자격이 부여되었다.

그러나 종교에 따른 여전히 많은 제약이 존재했다. 이는 국교도와 비국교도 간 심각한 갈등의 요인이 되었다. 예컨대, 비국교도들에게까지도 교회세(Church rates)를 거둬 이 재원으로 국교도 교회만을 지원했으며, 반면 비국교 교회는 스스로 재정을 책임져야 했기 때문에 교회세에 대해 비국교도들의 불만이 매우 컸다. 1868년이 되어서야 강제적인 교회세 징수를 폐지하는 법안(the Compulsory Church Rates Abolition Act)이 통과되었다.

잉글랜드에서 가톨릭 신자들은 아일랜드 이주민들이 몰려 있는 몇몇 곳을 제외하고는 상대적으로 많지 않았기 때문에, 잉글랜드 내의 종교적 분열은 잉글랜드 국교회와 다양한 종류의 비국교도파들 간에 이뤄졌다. 비국교도들은 도시 지역, 노동계급 중에서 특별히 많았기 때문에 이러한 종교적 갈등은 사회적 의미도 함께 내포하고 있었다. 1867년 2차 개혁법에서 도시의 노동계급 가구주에게 투표권을 허용하면서 이제 비국교도들이 관심을 갖는 이슈가 이제 정치적으로 전면에 등장할 수 있는 가능성이 높아졌다. 이와 대조적으로 국교회인 성공회는 잉글랜드의 농촌지역과 도시의 부유한 지역에 신자가 많았다. 이 무렵부터 성공회와 보수당, 그리고 비국교도들과 자유당 간의 연계가 점점 더 강화되었다. 웨일즈에서는 잉글랜드 국교회가 확립되어 있었지만 이 지역에서 비국교도의 비율은 잉글랜드보다 훨씬 높았다. 여러 종류의 비국교파는 1830년대 이후 특히 웨일즈의 고유어를 사용하는 지역에서 빠르게 증가했다. 스코틀랜드에서는 장로교가 다른 어떤 비국교도파보다 압도적으로 많았다. 물론 일부 지역에서는 가톨릭이 다수이기도 했고 또 다른 지역에서는 잉글랜드 국교회와 관행이 유사한 감리교도가 다수이기도 했다.

그런데 아일랜드에서 종교를 둘러싼 갈등이 더욱 심각했던 것은 종교적인 차이가 대체로 신분적인 차이와 연계되어 있었기 때문이었다. 아일랜드에서 종교적 갈등은 종교적 문제이면서 동시에 민족 갈등의 문제이기도 했다. 12세기에 잉글랜드가 아일랜드를 복속시킨 이래 산업화되고 경제적으로 부유하며 국교도가 주류인 잉글랜드와, 농업 중심의 가난하고 가톨릭교도가 대다수인 아일랜드의 관계는 껄끄러울 수밖에 없었다.

앞에서 언급한 대로, 1801년 영국은 아일랜드의 자체 의회를 폐지하고 직접적인 통제력을 강화할 목적으로 브리튼과 아일랜드 연합왕국을 만들었다. 사실상 잉글랜드는 아일랜드에 대해 지배적인 입장에 놓여 있었던 것이다. 그런데 아일랜드 문제가 복잡했던 것은 아일랜드 내부에서의 종교적 차이도 심각했기 때문이다. 아일랜드 전체로 볼 때 농민들은 압도적으로 가톨릭이었던데 비해 상층 계급의 거의 대다수는 프로테스탄트였는데 특히 영국 본토로부터의 이주민이 많았던 얼스터(Ulster) 지방에서 그 정도가 심했다.

제임스 1세 때 아일랜드에 국교회를 수립하려는 시도에 반대하여 아일랜드 북부 지방에 봉기가 일어났을 때, 영국 정부는 얼스터 지역의 모든 토지를 몰수하고 이 지역에 대한 체계적인 식민 활동을 추진했다. 그 결과 1609년까지 얼스터의 6개 주에서 토착 아일랜드인들은 정당한 보상도 받지 못한 채 쫓겨났고, 그 토지는 대규모 단위로 분할되어 잉글랜드와 스코틀랜드의 식민 사업가들에게 분배되었다 (나종일·송규범 2005a).

이처럼 아일랜드에서 프로테스탄트는 사회적으로 매우 우월적인 위치에 있었다. 그러나 프로테스탄트는 한 부류만은 아니었다. 아일랜드 남부와 얼스터의 일부 지역에서는 아일랜드 국교회(Church of Ireland) 신자가 많았지만 북동부 지역에서는 대체로 장로교가 강했다. 19세기에 접어들면서 종교와 정치가 접합되기 시작하는데 가톨릭 신자들 사이에서는 아일랜드 독립에 대한 요구가 점차 강해지기 시작한 반면, 아일랜드 국교도들은 잉글랜드 국교회와의 통합에 대해 심각하게 고민하기 시작했다. 비국교도들은 정치적으로 보다 쉽게 수용될 수 있었지만 아일랜드의 대다수를 차지하는 가톨릭교도들만은 여전히 정치적으로 신뢰를 받지 못했다(Steinbach 2012: 39).

19세기에 들어 아일랜드 독립을 위한 최초의 본격적인 시도가 나타나게 되었다. 그 지도자는, 앞서 살펴본 대로, 다니엘 오코넬이었다. 그는 1823년 아일랜드 선거제도 개정과 교회 개혁, 소작농에 대한 권리를 주창했고, 1830년대에 들어서는 아예 연합왕국법의 폐지(the Repeal of the Act of Union)를 주장하는 운동을 전개했다. 1828년 심사법 폐지, 그리고 이듬해 휘그파 웰링턴 공작 주도로 통과된 가톨릭 해방법(the Roman Catholic Relief Act 1829) 제정은 이와 같은 아일랜드에서의 저항과 깊은 관련을 지니는 것이었다. 이로 인해 대학을 제외한 모든 공직과 의회에 가톨릭 신자, 그리고 비국교도가 모두 참여할 수 있게 되었다. 1828년 당시의 심사법 규정을 무시하고 보궐선거에 출마하여 당선된 오코넬과 같은 인물이 웨스트민스터 의회에 진출하는 것도 이제 법적으로 허용된 것이다.

아일랜드의 대기근 이후인 1858년 아일랜드 민족주의자들의 단체인 아일랜드공화형제단(IRB: Irish Republican Brotherhood)이 폭력적 방법에 의해 아일랜드의 독립을 성취한다는 목표하에 설립되었다. 이 조직은 피니언즈(*Fenians*)라고도 불렸다. 처음에는 기근을 피해 아일랜드를 떠나 미국 등에 정착한 이들로부터 시작되었고 아일랜드와 잉글랜드에서 폭력적 저항 행동을 벌였다. 이들은 1867년 더블린을 포함한 아일랜드에서 봉기를 일으켰고, 이후 런던에서의 폭탄 테러나 맨체스터에서의 죄수 수송 차량에 대한 공격 등 일련의 공세를 취했지만 모두 진압되었다. 이들의 좌절에도 불구하고 그들이 내걸었던 명분은 아일랜드에서 중요한 정치적 유산으로 남았다. 이와 함께 1860년대부터 아일랜드 문제는 영국에서 정치적 갈등을 일으키는 매우 심각한 이슈가 되었다. 보수당이 브리튼과 아일랜드 간의 연합 왕국을 강조했다면, 자유당은 아일랜드의 자치, 독립(Home Rule)을 지지했다.

글래드스턴은 수상이 되기 전부터 아일랜드 자치의 정치적 중요성을 잘 인식하고 있었다. '아일랜드 문제(the Irish Question)'는 그의 일생동안 중요한 문제로 남아 있었으며, 그가 세상을 떠난 후에도 영국 정치에 계속해서 상당한 영향을 미쳤다. 1868년 총선에서는 아일랜드의 국교회 문제에 대해 많은 논란이 있었다. 글래드스턴은 아일랜드 국교회의 폐지(Deestablishment of the Irish Church)를 강하게 주장했다.

아일랜드 국교회는 잉글랜드 성공회의 아일랜드 판이라고 할 수 있지만, 거의 대부분의 아일랜드인들은 영국 국왕이 수장인 아일랜드 국교회가 아니라 로마 교황청의 영향 하에 있는 가톨릭신자였다. 그러나 법적으로는 아일랜드 국교회가 공식적인 교회였기 때문에 아일랜드 사람들은 아일랜드 국교회에 교회세라는 이름의 세금을 내야 했다. 이처럼 실제로 신도의 수는 무척 적었지만 아일랜드 교회는 국가로부터 적지 않은 재정적 지원을 받았다.

이런 상황에서 글래드스턴은 아일랜드 국교회를 폐지하도록 보수당 정부에 압력을 가한 것이다. 아일랜드에서는 아일랜드 국교회의 특권 폐지에 대한 찬성 여론이 당연히 매우 높았고, 그 결과 이런 정책적 입장을 취하는 자유당에 대한 지지가 높아졌다. 선거에서 많은 자유당 소속 후보들이 아일랜드에서 당선되었다. 수상이 된 이후인 1869년 글래드스턴은 아일랜드 국교회의 특권 폐지에 관한 법안을 의회에 제출했다. 이에 대한 찬반 논쟁은 격렬했지만 이 법안은 하원뿐만 아니라 상원에서도 통과되었다. 이로써 아일랜드 국교회는 특권이 폐지된 자율적 기구가 되었다. 아일랜드 국교회가 지니고 있던 토지의 대부분은 소작농에게 처분되었고 구입한 이들은 장기간 할부 형태로 이 비용을 갚아나가도록 했다. 이러한 처분 방식은 이후 아일랜드에서 토지 배분에 있어 매우 중요한 선례가 되었다.

1870년 글래드스턴은 아일랜드 문제에 대한 두 번째 법안으로 관심을 옮겼다. 그것은 아일랜드 토지법(Irish Land Act)의 입법 문제였다. 당시 아일랜드와 잉글랜드 간에는 토지 관계에 있어서 매우 커다란 차이가 존재했다. 잉글랜드에서 지주들은 소작농들과 같이 그들의 영지에서 살고 같은 언어를 사용하고 같은 교회에 다녔다. 그러나 아일랜드에서 지주들은 소작농들과 다른 종교를 믿고 다른 언어를 사용했으며 그 지역에 살지 않았다. 아일랜드에서는 부재(不在)지주가 많았던 것이었다.

그들은 런던이나 더블린 혹은 다른 지역에 거주했으며 관리인을 두었고, 소작인의 생활에 대한 관심보다 최대한의 소작료를 얻기를 원했다. 그 지역에 거주하지 않는 만큼 이들 지주들은 단기적인 이해관계가 보다 중요했다. 토지가 있는 지역의 변화나 발전의 문제를 두고 소작인들과 지주가 이해관계를 같이하기는 어려웠던 것이다. 더욱이 소작인에게 불리한 점은 소작인이 자의적으로 토지 개량 작업을 한다면 그것은 법적으로 소작 관계의 해지를 의미하는 것이었다. 생산량 증대를 위한 토지 개량이 사실상 금지되어 있기 때문에 아일랜드에서는 농업이 발전할 수 없었고 기상조건 등으로 인한 흉작에 매우 취약한 상황이 되었다.

글래드스턴은 이런 문제를 해결하기 위해 토지법을 개혁하고자 한 것이었다. 아일랜드 토지법의 중요한 규정은 이른바 브라이트 조항 (Bright Clauses)으로 알려진 것이다. 이전의 아일랜드 국교회를 폐지하는 법안을 마련할 때 브라이트가 제안한 토지 매입 방식으로, 지주와 소작인이 모두 경작지의 매매에 동의하는 경우 정부는 그 가격의 2/3까지 먼저 대금을 지주에게 지급하고 구매자는 35년간 이자와 함께 원금을 갚도록 하는 방안이었다. 그러나 아일랜드 토지법은 실제로는 500건 이하만이 실제로 성사되어 사실상 실패했고 많은 이들을 실망시켰다. 아일랜드 소작인들은 토지 개량에 대한 보상을 받을 수 있어 좋기는 했지만 소작에 대한 보다 안전한 조치를 기대했던 것이다. 소작농들은 소작료를 합의한 기간 내에 모두 지불했고 다른 모든 계약이 이행되었다면, 매년 정기적으로 소작 조건을 재협상하도록 해야 한다고 주장했지만 자유당 정부는 이를 거부했고 이는 이후 자유당에 상당한 정치적 부담으로 작용했다.

1870년에는 교육법이 입법화되었는데 여기에는 포스터(W. E. Foster)의 역할이 컸다. 포스터는 형편이 어려운 가운데 성장하여 거부(巨富)가 된 인물이다. 교육법 이전까지 부유층과 중산층 자녀들은 사적으로 교육을 받을 수 있었지만 인구 대다수에 대한 교육은 엉망이었다. 당시 자선 재단에서 운영하는 두 종류의 학교가 일반인들을 대상으로 교육을 실시했는데 하나는 영국 국교회에서 운영하는 것이었고, 또 다른 하나는 비국교파에서 운영하는 것이었다. 이들 학교는 1830년대 이래 공공 기금의 지원을 받았다. 그러나 이 밖의 학교들은 이와 같은 공공 재원의 지원을 받지 못했고 따라서 교육의 수준도 매우 낮았다. 교육제도를 개선시키고 합리화해야 한다는 데 대한 관심과 우려가 높아졌지만 여러 해 동안 해결되지 않은 채 남아 있었던 것이다.

1870년 2월 포스터가 제출한 교육법은 기존의 보육 시설을 이용하여 5세에서 12세까지의 학생들에 대한 보편적인 초등학교 교육 시스템을 갖추고자 하는 것이었다. 카운티는 교육구로 분리되었다. 지역에 학교를 위한 공간이 충분치 않은 경우에는 선출된 학교위원회(school board)가 그 문제를 해결하는 권한을 갖도록 했다. 남성뿐만 아니라 여성도 학교위원회 선거에 출마하고 투표할 수 있도록 했다. 모두 그런 것은 아니었지만 일부 지역에서는 학교위원회 선거에서 비밀투표가 행해지기도 했다. 재산이 있는 부모는 교육비를 지불하도록 했지만 가난한 학생들의 교육비는 무료로 했다. 학교위원회는 교육세(education rates)의 형태로 기금을 마련할 수 있도록 했으며, 학교에 학생을 보내지 않은 부모에 대해서는 제재를 가할 수 있는 권한도 부여했다.

처음에 이 법안은 좋은 반응을 얻었지만 곧 반대가 제기되었다. 반대의 이유는 부분적으로는 재정과 관련된 것이었지만 보다 중요한 원인은 종교 교육과 관련된 것이었다. 여전히 종교는 당시에 중요한 정치적, 사회적 쟁점이었다. 많은 비국교도들은 성공회 교회의 원리와 교리를 가르치는 교회 학교에 대한 재정적 지원이라는 점에 반발했다. 많은 논쟁이 있은 후에 기존의 종교 단체에 의해 운영되어 온 학교들은 그들의 교리에 따라 가르칠 수 있도록 했고, 학교위원회에서 관리하는 학교들은 특정 종파에 치우치지 않는 종교 교육을 할 수 있도록 했다. 그리고 '양심 조항(Conscience Clause)'을 포함시켜 종교 교육에 반대하는 부모는 그들의 자녀가 해당 교육을 받지 않을 수 있도록 했다. 이런 조정을 거쳐 마침내 법안이 통과되었다.

1872년 4월 3일 보수당의 디즈레일리는 맨체스터에서 행한 연설에서 글래드스턴 정부를 '고갈된 화산(exhausted volcanoes)'이라고 비판했는데(Douglas 2005: 26) 이는 그 무렵 글래드스턴 정부의 인기가 하락해 가는 조짐을 잘 지적한 것이었다. 1872년에 아일랜드를 제외한 영국 전역에서 모두 20번의 보궐선거가 실시되었는데 자유당은 그중 다섯 곳을 보수당에게 의석을 빼앗겼다. 문제는 아일랜드였는데 6번의 보궐선거가 모두 자유당 의석에서 실시되었는데 그중 한 곳은 보수당에게 빼앗겼고 나머지 네 곳은 이제 아일랜드 자치당(Home Rule)으로 불리는 정파에게 넘어갔다. 아일랜드 독립 운동이 새로운 현상은 아니었지만 이제는 예전과 전혀 다른 모습을 갖추며 정치적으로 매우 중요한 세력으로 등장했다.

1870년 아이삭 버트(Isaac Butt)가 아일랜드 자치정부협의회(The Irish Home Government Association)를 설립했는데, 그 활동 목표는 폐지된 아일랜드 의회의 복원이었다. 이 시기에 아일랜드 자치권 확보를 위한 정치운동이 강력하게 등장하게 된 요인은 크게 두 가지로 살펴볼 수 있다. 아일랜드 소작농들은 아일랜드 토지법의 제한적 효과에 크게 실망했고, 1860년대의 폭력적 저항 운동이었던 피니언즈 처리 문제도 아일랜드 주민들에게 많은 불만을 갖게 했다. 처음에 이들의 테러는 아일랜드에서 큰 지지를 얻지 못했으나 이들에 대한 가혹한 처벌로 인해 오히려 이들에 대한 폭넓은 동정심을 유발시켰다. 버트는 피니언즈들을 대변하는 변호사로 명성을 얻었고 적극적으로 이들을 변호했으나 이들에 대한 사면이나 무죄를 얻어내지는 못했다. 1870년대 초 아일랜드 자치당은 아일랜드에서 자유당, 보수당 지지층을 파고들었고, 이는 특히 이 지역에서 지지세가 강했던 자유당에 보다 큰 타격을 주었다. 버트는 1871년 자유당 의석이었던 리메릭 시(Limerick city)의 보궐선거에서 당선되어 웨스트민스터 의회에 진출했다.

자유당 정부의 정치적 어려움은 이후에도 계속되었다. 1871년 자유당 정부는 브리튼 내의 옥스퍼드, 케임브리지 대학 입학 자격 조건을 비국교도에게까지 확대하는 조치를 취했다. 그 이전까지는 입학을 위해서는 종교적 심사를 거쳐야 했기 때문에 국교도가 아닌 이들이 고등교육을 받는 것은 불가능했다. 1873년 아일랜드 더블린의 트리니티 칼리지(Trinity College)에 대해서 유사한 조치를 취하자는 견해가 한 자유당 의원에 의해 제기되었다. 많은 공감을 얻었지만 내각의 반대로 성사되지 못했다. 그 이후 글래드스턴이 직접 이 사안을 관장하며 아일랜드 교육 개혁안을 제출했는데 적지 않은 개신교도들이 가톨릭에 대해 너무 많은 양보를 했다고 비판했고 이 법안은 두 번째 독회에서 287 대 284로 패배했다.

이런 상황에서 글래드스턴은 사의를 표명했지만 디즈레일리는 지금 당장 그 자리를 대신하려고 하지 않았다. 디즈레일리는 자유당 정부가 조금 더 유지되면 유지될수록 자유당의 상황은 더욱 어려워질 것으로 보았다. 글래드스턴 역시 의회를 해산하고 새로운 총선을 치를 수 있었지만 그러지 않았고 수상직을 유지해 나갔다. 1873년 여름 자유당 트레벨리안(G. O. Trevelyan)이 1867년 개혁법에서 도시 지역 거주자를 대상으로 한 선거권 확대 조치와 유사한 방식을 농촌 거주자들에게로까지 확대하자는 제안을 냈다. 이는 정부안은 아니었지만 글래드스턴은 개인적으로 이 제안에 찬성했다. 그러나 이 제안은 자유당 내각 내부의 갈등을 유발했으며 립폰 경(Lord Ripon)은 이에 반발하며 각료직을 사임했다. 한편 또 다른 정책적 실수가 글래드스턴 내각을 어렵게 했다. 재무장관이던 로위(Robert Lowe)가 재정 수입을 위해 성냥 한 상자당 1/2페니의 세금을 물리겠다는 제안(tax of a halfpenny a box on Lucifer matches)을 했다가 여론의 거센 반발에 부딪혀 철회할 수밖에 없었다.[16] 글래드스턴은 그를 설득하여 내무장관으로 자리를 옮기게 하고 자신이 재무장관직을 겸임했다.

그런데 당시의 정치적 관행은 의원이 장관직을 맡게 되면 일단 의원직에서 물러나고 그 자리를 보궐선거를 통해 정치적 신임을 다시 묻도록 하는 것이었다. 물론 각료직을 맡은 의원이 그 선거에 출마하는 것이 일반적이었다. 명확하지 않았던 것은 기존에 각료직을 맡고 있는 이가 추가로 각료 자리를 더 맡을 때도 마찬가지의 관행이 적용되느냐 하는 것이었다.

글래드스턴이 로위의 재무장관직을 겸임하게 되었기 때문이다. 글래드스턴의 의석은 그리니치(Greenwich)인데 자유당의 지지가 아주 강한 곳은 아니었다. 만약 여기서 보궐선거를 치러야 하고 만약 수상이 그 선거에서 패배하게 된다면 그것은 자유당 정부에 치명적인 타격이 될 것이었다. 다행히 각료직 교체가 의회가 열리지 않는 8월이었기 때문에 의회가 열리기까지는 몇 달의 시간 여유는 있었다. 그리니치 건이 결정적 요인은 아니었지만, 1874년 1월 글래드스턴은 여러 가지 정황을 고려하여 동료 각료들과 논의 끝에 의회를 해산하고 새로이 총선을 치르기로 결정했다.

첫 임기 동안 글래드스턴 적지 않은 개혁을 성취했다. 강제적인 교회세를 폐지했고, 1870년에는 교육법을 개혁했으며, 1871년 옥스퍼드 및 케임브리지 대학 입학에 종교적 차별을 철폐하여 가톨릭과 비국교도들의 입학이 가능하도록 했다. 1870년에는 경쟁적인 공무원 임용 제도를 도입하여 중산층계급이 공무원으로 진출할 수 있도록 했으며, 1871년 노조법(the Trade Union Act 1871)제정으로 노조의 권한 강화를 인정했다. 1872년에는 비밀투표법을 상원의 반대를 물리치고 입법화했고, 1872년 공중보건법(the Public Health Act 1872)을

---

16) http://en.wikipedia.org/wiki/Robert_Lowe(검색일 2012. 10. 17).

제정하여 공공보건의 책임을 지방정부에 부여토록 하였다. 그러나 자유당의 인기는 그다지 높지 않았다. 총선을 치르기로 결정하기는 했지만 보수당의 디즈레일리가 예상한 것처럼 자유당의 승리 가능성은 그리 높지 않았다.

▎보수당 디즈레일리 시대의 자유당

1874년 총선에서 자유당은 대패했다. 보수당은 350석을 차지했고 자유당은 242석을 얻는 데 그쳤다. 아일랜드 자치당(Home Rule)은 60석을 얻었다. 20여 년 만에 보수당은 단독으로 과반 의석을 얻는 대승을 거두었다. 1874년 선거에서 주목할 만한 또 다른 사건은 노동계급 출신 두 명이 자유당 소속으로 의원에 당선되었다는 점이다. 이들은 노동자대표연맹(Labour Representation League)소속으로 그중

| 보수당 수상 벤자민 디즈레일리

한 명은 전국 광부 연합회(the Miners' National Association) 의장이었던 알렉산더 맥도널드(Alexander Macdonald)이고, 또 다른 한 명 역시 광부 출신이었던 토마스 버트(Thomas Burt)였다.

그러나 1874년 총선이 장기적으로 영국 정치에 미친 보다 중요한 영향은 60석의 의석이 아일랜드 자치당으로 가게 되었다는 것이다. 아일랜드에 주어진 103석 가운데 아일랜드 자치당은 60석, 보수당은 33석, 그리고 자유당은 단지 10석을 얻는 데 그쳤다. 아이삭 버트가 이끄는 아일랜드 자치당의 독자성과 영향력이 커졌고 자유당이 이들과 어떤 관계를 설정하느냐 하는 것이 향후 집권 및 정책 추진 과정에서 매우 중요한 문제로 부각되었다. 60명의 자치당 의원 중 절반 정도는 사실상 자유당원으로 간주해도 될 만한 이들이었다. 따라서 아일랜드 자치당의 출현에도 불구하고 이 정당 소속 대다수 의원들은 당장은 글래드스턴의 지지 세력으로 간주될 수 있었다. 그렇다고 해도 아일랜드 자치당의 등장은 아일랜드에서의 변화된 정치적 정서를 반영하고 있는 것이었다.

1868년 총선까지만 해도 아일랜드의 불만과 좌절감이 자유당을 통해 연합왕국(United Kingdom) 내에서 궁극적으로 해결될 수 있을 것으로 보았지만, 6년이 지난 후에는 대다수 아일랜드 주민들은 자치 정부의 방식으로 그 문제를 해결해야 한다고 생각하게 된 것이다. 이후 아일랜드 내에서 프로테스탄트의 거주 지역에서는 보수당이, 그리고 가톨릭 거주 지역에서는 아일랜드 자치당이 압도적인 지지를 확보하게 되었다. 그 사이에서 자유당의 입지는 상대적으로 좁아지게 되었다. 1874년 2월 보수당의 디즈레일리는 그의 두 번째 정부를 출범시키게 된다.

비록 보수당이었지만 디즈레일리 정부는 그 이전의 글래드스턴 정부의 정책 기조로부터 큰 변화를 추구하지 않았다. 디즈레일리 정부의 재무장관인 스태포드 노스코트 경(Sir Stafford Northcote)은 그의 예산안에서 1874년 총선에서 글래드스턴이 공약했던 것과 같이 소득세를 낮췄는데, 이는 과거 필 정부가 1842년 소득세를 재도입한 이래 가장 낮은 비율이었다. 또한 교역 정책도 자유무역의 방향으로 추진되었고 이에 따라 설탕에 대한 관세가 폐지되었다. 사회개혁 역시 적극적으로 추진되었다. 보수당이라고 해도 시대적 요구에 귀 기울이고 있다는 사실을 잘 보여주었다. 이 시기는 디즈레일리의 시대였다(이에 대해서는 강원택 2008: 71-93 참조).

글래드스턴은 1874년 말 상원의 자유당 지도자이고 과거 자신의 내각에서 외무장관을 지낸 그랜빌 경(Lord Granville)에게 당수직에서 물러나겠다는 뜻을 표했다. 1874년 총선 직후에 이어 두 번째 사의 표명이었다. 세 명의 후보가 글래드스턴의 뒤를 잇기 위한 당수경쟁에 참여했다. 하팅톤 후작(the Marquis of Hartington), 포스터, 그리고 조지 고센(George Goschen) 이었다. 이 중 고센은 얼마 지나지 않아 스스로 물러났고, 경쟁은 하팅톤과 포스터 양자 간에 이뤄졌다. 그러나 결국 하팅톤으로 단일화되었고 1875년 2월 3일 자유당 의원들은 런던의 개혁 클럽(Reform Club)에 모여 하팅톤을 새로운 당 지도자로 선출했다. 글래드스턴이 원내, 원외 무관하게 모든 자유당의 지도자로 인정받았던 반면, 하팅톤은 의원들 사이에서 선출한 원내 대표적인 특성이 강했다. 더욱이 당시 수상은 상원에서 작위를 가진 이들이 많았기 때문에, 만약 자유당이 권력을 다시 잡는다고 해도 하팅톤이 아니라 상원의 그랜빌 경이 수상이 될 수도 있었다.

1875년 무렵까지 보수당은 일련의 개혁 법안을 쏟아냈다. 1875년 11월 팔 몰 가제트(Pall Mall Gazette)의 편집장 프레데릭 그린우드(Frederick Greenwood)가 이집트 총독(Khedive) 이스마일 파샤(Ismail Pasha)가 금전적 어려움으로 수에즈 운하에 대한 자신의 주식 177,000 주를 급히 팔고 싶어 한다는 소식을 더비 백작에게 전해왔다. 당시 수에즈 운하 주식은 모두 40만 주로 프랑스 자본가들이 과반수를 차지하고 있었는데, 이집트 총독은 44%의 주식을 보유하고 있었다. 더비 백작은 큰 흥미를 보이지 않았으나 디즈레일리는 수에즈 운하는 인도로 가는 중요한 통로이므로 이를 영국이 이에 대한 지분을 소유하는 것은 국가 이익에 매우 중요하다고 판단했다. 그러나 당시 의회는 휴회 중이었고 시간은 매우 촉박했다. 디즈레일리는 거부였던 로스차일드(Rothschild)에게 정부 보증으로 400만 파운드를 빌려 수에즈 운하의 소유권을 구매할 수 있었다(Maurois 1936: 284-5). 이 결정으로 디즈레일리와 보수당에 대한 대중적 인기는 올라갔으나 정치적으로는 상당한 논란을 초래했다.

한편 빅토리아 여왕의 두터운 신임을 받았던 디즈레일리는 왕실칭호법(Royal Titles Act 1876)을 제정하여 1876년 5월 1일 여왕을 '인도 여제(Empress of India)'로 봉헌했다. 인도 황제 혹은 여제라는 칭호는 그 이전까지 인도 무굴 왕조에서 사용되던 것이었다. 그러나 동인도회사에 의해 무굴 왕조가 무너진 이후에는 사용되지 않던 것이었다. 영국이 1858년 인도정부법(the Government of India Act 1858) 제정을 통해 동인도회사를 대신하여 오늘날의 인도, 파키스탄, 방글라데시를 포함한 이 지역을 공식적으로 합병한 이후 18년 만에 영국 여왕은 인도의 여제라는 칭호까지 갖게 된 것이었다. 그러나 빅토리아 여왕을 인도의 여제로 옹립한 것은 군주제의 역할 축소를 모색하던 자유당으로서는 탐탁지 않은 결정이었고 당내에서 상당한 비판이 제기되었다. 결국 디즈레일리의 의지는 관철되었지만 빅토리아 여왕은 자유당의 반응에 언짢아했고 자유당과 여왕의 관계는 자연히 소원해졌다.

중앙 정치는 보수당의 디즈레일리가 주도하고 있었지만 지방정치에서는 자유당이 이 기간 중 의미 있는 성과를 거두었다. 공업도시인 버밍엄은 자유당의 당세가 강한 곳인데 이곳에서 새로운 정치적 실험이 시도되었다. 버밍엄 자유당원들은 지방 정부 선출을 위한 선거에 출마하는 후보에게 정당 '티켓'을 처음을 부여했다.

그 결과는 대성공이었고 자유당은 버밍엄 지방정부(council)를 장악했다. 1873년 조세프 체임벌린(Joseph Chamberlain)이 시장으로 선출되었다. 체임벌린은 성공한 기업가로 시장이 된 이후에는 슬럼을 정비하고 위생 상태를 개선하고 도로를 포장하는 등 대규모 공공 사업을 전개하여 전국적으로 주목을 받았다. 버밍엄 자유당은 그들의 활동 영역을 확대하여 교육과 자선단체 등에까지 활동 영역을 넓혔다.

체임벌린은 대단히 유능한 조직가인 버밍엄 자유당 지부(the Birmingham Liberal Association)의 책임자였던 프란시스 쉬나드호스트(Francis Schnadhorst)와 긴밀하게 협력했다. 버밍엄 자유당 지

| 조세프 체임벌린

부는 선거권이 있건 없건 간에 버밍엄의 모든 거주자들에게 당의 문호를 개방하고 참여를 허용했다. 일 년에 1실링의 회비를 책정했지만 강제적인 것은 아니었고 회비를 낼 수 없거나 내고 싶어 하지 않는 이들도 당지부의 목표에 공감을 표하는 경우 회원이 될 수 있도록 했다. 보수당의 충성스러운 당원이 아닌 이상 버밍엄의 미래에 간여하고 싶어 하는 이들은 모두 자유당 지부에 참여할 수 있도록 한 것이다. 이렇게 해서 이른바 '600인의 자유당원(Liberal 600)'으로 불렸던 594명의 대표기구를 만들어낼 수 있었다.

이러한 버밍엄 자유당의 경험은 다른 지역의 자유당으로까지 전파되기 시작했고 이 때문에 쉬나드호스트와 체임벌린은 여러 지역을 빈번하게 방문해야 했다. 때때로 지방 자유당의 기득권들과 이러한 코커스 조직이 서로 갈등을 빚는 경우도 있었지만, 1874년 총선 이후 맨체스터(Manchester), 리즈(Leeds), 쉐필드(Sheffield) 등의 도시 지역에서는 지역 대의기구의 수립이기보다는 선거 패배를 극복하고 당 조직을 재건한다는 보다 현실적인 목적하에 이러한 움직임이 계속되었다. 이후 비정파적 기구와 자유당 조직 간의 연계가 마련되는데, 예컨대 종교 학교에 지방교육세 지원을 강하게 반대해 온 전국교육연맹(the National Educational League)이 그 대표적인 사례이다.

이외에도 자유당과 관계를 맺은 몇몇 다른 단일 이슈 압력집단이 존재했다. 체임벌린은 그들에게 버밍엄 자유당 지부와 같은 대표 기구를 갖춘 지방 자유당 조직을 한데 모아 전국적 조직을 건설해야 한다고 역설했다. 그리고 그 결과로 1877년 5월 주로 잉글랜드 지역의 도시 행정단위인 93개 버로우에서 온 대표자들이 버밍엄에 모여 체임벌린의 리더십하에 전국자유당연맹(NLF: National Liberal Federation)을 설립했다.

한편, 자유당 지도자인 하팅톤은 이 모임에 초대되었으나 이 조직과 거리를 두고 싶어 했다. 체임벌린은 대신 글래드스턴을 초청했다. 글래드스턴은 이에 응했고 3만이 넘는 군중들 앞에서 연설했다. 글래드스턴의 존재감은 전국자유당연맹에 당내에서 준(準)공식적 지위를 부여하는 정도의 영향력을 발휘했다.

그런데 전국자유당연맹은 그 이전에 자유당중앙협의회(Liberal Central Association)의 기치하에 세워진 보다 오래된 자유당 조직들과 마찰을 빚을 우려가 존재했다. 이들 조직은 지방에서 당 활동에 참여, 봉사, 헌신해온 개인들의 조직이었다. 이 때문에 어느 곳에서는 전국자유당연맹을 당을 위해 가장 바람직한 조직으로 간주한 반면, 다른 곳에서는 상당한 의구심을 갖고 바라보았다. 체스터(Chester)에서는 타협적인 모습도 나타났다. 300명의 코커스 대표자를 선정하는데 이 가운데 200명은 민주적인 방식으로 하위단위 조직(ward association)에서 선출하고, 나머지 100명은 전통적인 지방 엘리트 중에서 선정하기로 했다. 이런 합의 이후 다음 총선에서 체스터의 두 석을 모두 자유당이 차지하는 성과를 거두기도 했다. 그러나 전반적으로는 버밍엄 모델이 도시 지역 자유당 조직의 모델이 되었다.

시간이 흐르면서 차기 총선에서 자유당의 승리의 가능성이 점차 높아졌다. 전국자유당연맹은 조직화되지 못한 지지자들을 결집시키기 위해서 애썼다. 이들은 특정 정파에 속하거나 선호하는 구체적 이슈를 가지고 있기보다는, 대부분의 자유당원들이 동의할 수 있는 자유당의 일반적인 원리, 원칙을 강조했고 그로 인해 평당원들의 지지와 단합을 이끌어 낼 수 있었다.

▌글래드스턴의 두 번째 내각

보수당의 디즈레일리는 국내정치에서는 대체로 안정적이었지만 대외 관계에서는 어려움을 겪었다. 1987년에는 줄루랜드(Zululand)에 진격한 영국군이 이산들와나(Isandhlwana)에서 커다란 희생자를 냈고, 1879년에는 아프가니스탄 카불에 거주하던 영국인들이 아프간 군의 습격으로 많은 희생자를 냈다. 이런 사건들은 모두 집권당에 대한 비판으로 이어졌다. 한편 보수당 정부하에서 공공 지출과 세금이 모두 증가했다. 소득세가 인상되었고 경제적인 침체가 심해졌다. 잉글랜드와 아일랜드에서 농업 생산에서도 침체가 계속되었다. 도시 노동자들은 수입 곡물에 의존할 수 있었지만 농촌 지역은 피폐되었다.

카불 사건 이후 얼마 지나지 않아 글래드스턴은 스코틀랜드 에딘버러 부근의 미들로디안(Midlothian) 선거구에 출마하겠다는 의향을 밝혔다. 그 선거구는 전통적으로 보수당이 강한 곳이었다. 1868년 자유당이 그 지역 의석을 빼앗기는 했지만 1874년 다시 보수당에게 의석을 잃은 곳이었다. 선거 운동을 통해 글래드스턴은 디즈레일리 정부에 비판을 가했다. 그의 비판은 무모한 재정 지출, 그리고 무엇보다 공세적 외교, 제국주의 정책에 대한 것이었다. 글래드스턴은 지역구에 출마했지만 지역구에 한정된 것이 아니라 전국의 유권자 전체를 대상으로 직접적인 호소를 취하는 방식을 처음으로 시도했다.

1880년 초가 되면서 보수당에 대한 정치적 지지의 회복 기미가 나타났다. 보수당은 보궐선거에서 리버풀의 의석을 어려움 속에서 유지할 수 있었고, 런던에서는 사우스워크(Southwalk) 지역의 자유당 의석을 빼앗아 오기까지 했다. 이런 분위기에 고무되어 디즈레일리는 의회를 전격적으로 해산하고 새로운 총선을 실시하기로 결정했다. 1880년 3월 총선이 실시되었다. 디즈레일리는 아일랜드 총독(Lord Lieutenant of Ireland)인 말보러 공작(the Duke of Marlborough)에게 보낸 공개편지 형식으로 일종의 선거 공약을 발표했다. 그 서한을 통해 디즈레일리는 연합왕국의 중요성을 강조하고 아일랜드 자치에 반대하는 입장을 밝혔다. 디즈레일리는 선거 이슈로 아일랜드 문제를 들고 나온 것이다. 이렇게 된 데에는 지난 6년간의 여러 사건과 관련이 있다.

1874년 선출된 아일랜드 자치당 의원들은 매우 폭넓은 정치적 견해를 대표하고 있었다. 한쪽의 극단적 입장은 영국으로부터 완전히 떨어져 나온 아일랜드의 독립 공화국을 원하고 있었다. 또 다른 쪽의 의원들은 여전히 자유당의 영향력하에 놓여 있었는데 그 무렵까지는 이들이 다수였다. 그러나 1875년 하팅톤은 아일랜드 자치당과 자유당 간의 분리를 보다 분명하게 했다. 아일랜드 자치 운동의 초기 제창자였고 기존 의회 질서에 순응했던 버트는 비판의 대상이 되었다. 1875년 4월 젊은 프로테스탄트 지주였던 찰스 스튜어트 파넬(Charles Stewart Panrnell)이 카운티 미스(County Meath)에서의 보궐선거에서 승리하여 의회에 진출했다. 그 다음해 파넬은 아일랜드 문제에 대한 관심을 높이기 위해 의도적으로 기존의 의회 절차를 무시하거나 이를 교묘히 정치적으로 이용하려는 공세적 자치 운동의 지도자가 되었다. 당시에 '방해자(obstructionists)'로 불린 이들은 이런 방식으로 일상적인 의회 활동을 방해하려고 했다. 아일랜드 자치당 대다수 의원들은 이러한 전술에 크게 충격을 받았고 1877년에는 파넬과 버트 사이에 심각한 이견이 생겨났다.

1879년 5월 버트가 세상을 떠났다. 그의 후계자인 윌리엄 쇼(William Shaw)는 원래 자유당 의원이었고 그다지 주목을 받지 못했던 인물이었다. 버트가 세상을 떠난 후 아일랜드에서는 1879년 농업에서의 침체와 함께 아일랜드 지주와 소작인 간의 관계가 매우 악화되었고 잔인한 '토지 전쟁(land war)이 전개되었다(Douglas 2005: 42-473). 소작인들은 토지 관련 법규정을 개정하기를 원했고, 이를 관철하기 위해 소작료 거부를 포함한 다양한 형태의 폭력적인 농민 저항이 전개되었다. 그해 10월 파넬은 아일랜드 전국토지연맹(the

| 찰스 스튜어트 파넬

National Land League of Ireland)의 의장으로 선출되었고 이에 따라 그 자신이 직접 농민 저항 운동을 지휘하기 시작했다. 1880년 총선 무렵 '토지 전쟁'은 매우 심각한 상황으로 전개되었다.

1880년 총선 결과는 1874년의 총선 결과를 뒤집어 놓은 것과 같았다. 자유당은 242석에서 352석으로 의석이 크게 늘어난 반면, 350석을 가졌던 보수당은 237석으로 의석이 크게 줄어들었다. 아일랜드 자치당은 60석에서 63석으로 다소 늘어났다. 자유당이 단독으로 분명한 과반 의석을 확보한 것이다. 당내 공식적 직함을 갖고 있지 않았지만 선거 과정에서 글래드스턴 개인의 영향력은 매우 컸다. 1860년대부터 그는 자유당 내에서 비교할 수 없는 강력한 권위와 지위를 유지하고 있었다. 그의 영향력은 단지 정책적인 것에 그치지 않고 도덕적, 규범적인 것에도 미쳤다. 적지 않은 유권자들이 그가 옳다고 생각하는 명분에 의해 그의 지도력을 따르기를 원했던 것이다. 글래드스턴은 총선 유세에서 모두 15차례 연설을 했다. 당을 이끌었던 하팅턴 역시 열성적으로 선거운동을 펼쳤다. 이와 함께 체임벌린의 자유당 지방 조직 역시 1880년 총선 대승에 중요한 기여를 했다.

디즈레일리는 즉각 사임하려 했으나 빅토리아 여왕이 외유 중이었고, 다른 한편으로는 자유당 내에 누구를 후임 수상으로 할 것인가에 대한 이견이 존재했다. 당시 당의 공식적인 지도자는 하팅턴이었지만, 언론에서는 그랜빌을 유력한 수상 후보로 보고 있었다. 여왕이 돌아오자 디즈레일리는 사임했고, 여왕은 관례대로 전임 수상의 권고에 따라 하팅턴에게 내각 수립을 청했다. 그러나 하팅턴은 곧 글래드스턴이 없는 자유당 정부 구성을 생각할 수 없다는 사실을 깨달았다. 하팅턴과 그랜빌은 여왕에게 글래드스턴을 수상으로 임명해 줄 것을 청했다. 여왕은 개인적으로 글래드스턴을 탐탁지 않게 여겼지만 그를 수상으로 임명했다. 1880년 4월 23일 글래드스턴이 다시 수상직으로 복귀했다.

글래드스턴의 새 정부에서는 1874년 내각이 대체로 복원되었다. 글래드스턴은 이번에도 수상과 재무장관직을 겸했다. 12명의 내각 각료 중 5명이 백작, 공작이 한 명, 후작이 한 명이었다. 그러나 세 명의 신임 각료는 향후 영국 정치에서 중요한 역할을 하게 된다. 글래드스턴은 보다 젊은 급진파들을 내각에 불러들였는데 이 중 체임벌린은 무역부 장관(Presidency of the Board of Trade)으로 임명되었다. 또 다른 두 명은 스펜서 백작(Earl of Spencer)과 윌리엄 하코트 경(Sir William Harcourt)이었다. 하코트는 내무장관이 되었는데 후일 재무장관직도 역임하게 되었다. 고셴은 내각에서 제외되었다. 1877년 하팅턴은 가구별 선거권 부여를 도시뿐만 아니라 농촌 지역에까지 확대하자고 주장했을 때 고센은 그 주장에 반대했다. 새로운 내각이 그러한 개혁을 입법화하려는 뜻을 밝혔기 때문에 고센은 내각 참여를 거절했다.

글래드스턴의 두 번째 내각이 수립되었을 때 자유당은 파머스턴이 15년 전 이끌었을 때와는 뚜렷하게 변화되어 있었다. 자유당 정부는 선거권 확대를 추진했고 대외정책에 대해서도 파머스턴 때와는 전혀 다른 색채를 강하게 띠었다. 체임벌린, 찰스 딜케 경(Sir Charles Dilke), 존 몰리(John Morley), 포스터, 하코트 경, 존 브라이트, 그리고 애스퀴스(H. H. Asquith) 등이 그들의 급진적 견해에도 불구하고 글래드스턴의 내각에 참여했다. 그리고 향후 자유당 정부는 이들을 제외하고는 생각하기 어렵게 되었다(Pugh 1982: 24). 글래드스턴의 2차 내각은 노조의 법적 지위의 향상, 노동시간의 단축, 슬럼 정비와 같은 사회 입법에도 많은 관심을 보였다.

1880년 글래드스턴의 내각은 외부 상황의 변화에 크게 영향을 받았다. 무엇보다 역시 아일랜드 문제였다. 1880년 5월 아일랜드 자치당 의원들이 아일랜드 더블린에 모여 자신들의 의회 대표를 새로이 선출했다. 윌리엄 쇼(William Shaw)는 다시 대표가 되고 싶어 했지만 파넬에게 근소한 차이로 패배했다. 아일랜드 자치당 의원들은 온건파 대신 완고한 저항자를 새 지도자로 선출했다. 파넬은 또한 이미 토지연맹의 대표자이기도 했다. 이제 농민 운동과 아일랜드 자치당의 의회 활동이 결합될 수 있게 되었다.

토지연맹은 '세 가지 F(three Fs)'로 알려진 주된 요구를 내걸고 있었다. 하나는 소작 기간의 지속(Fixity of Tenure)으로 소작인이 소작료를 내고 다른 계약 조건을 준수하는 경우에는 소작을 그만두게 하지 못한다는 것, 두 번째는 무료 매각(Free Sale)으로 소작계약이 끝이 나는 경우에 소작인은 그가 토지를 개량한 부분에 대한 권한을 갖는다는 것, 세 번째는 공정한 소작료(Fair Rent)로 지주와 소작인 간 소작료에 대한 이견이 존재하는 경우 '공정한' 소작료 책정에 대한 논의가 필요하다는 것이었다. 당시 아일랜드의 농촌에서의 상황은 1879년의 흉작으로 인해 매우 어려웠다. 무엇보다 소작료를 내지 못해 소작계약이 해지되고 쫓겨난 소작인들이 증가하면서 사회적 불안감이 증대되고 있었다. 이들은 대개 자발적이라기보다 물리적 강제에 의해 쫓겨나는 경우가 많아서 반발이 심했으며 따라서 질서를 유지하는데도 어려움이 커졌다.

이에 따라 영국 정부는 우선 침해보상법(Compensation for Disturbance Bill)을 제정해서, 소작료를 내지 못해 쫓겨난 소작인들의 피해를 보상해 주고자 했다. 이 법안의 입법 과정은 당내의 반발이 커서 어려움이 적지 않았는데 두 번째 독회에서는 20명의 자유당 의원이 반대표를, 또 다른 50명은 기권하기도 했다. 난관을 겪은 후 최종적으로 하원에서 통과되었지만 상원에서는 큰 표 차이로 부결되었다. 결국 이 법안은 실패로 끝이 났다.

이 법안의 부결로 아일랜드에서의 동요는 더욱 심각해졌다. 토지연맹은 경작하는 소작인은 어느 정도가 공정한 소작료인지 스스로 결정할 수 있도록 해야 한다고 주장했다. 토지 주인에게 내야 할 소작료의 규모를 소작인이 제안했을 때 이를 거부당한다면 아무것도 내지 않아야 한다고까지 선동했다. 파넬의 지원하에 토지연맹은 그들의 지시를 거부하는 이들은 그에 상응하는 대가를 지불해야 할 것이라고 위협했다. 실제로 토지연맹의 뜻을 거스르는 이들은 건초더미나 가축 등 재산에 피해를 입거나 소작인이 살해되는 경우까지 발생했다. 토지연맹의 영향력이 확대되면서 가입을 거부하거나 소작인이 쫓겨난 농장에 대신 들어가 일하는 것조차 사실상 불가능해졌다. 아일랜드에서의 질서는 급격히 붕괴되어 갔다.

영국 정부에서는 강제진압법(Coercion Acts)을 제정해서 아일랜드 치안 당국이 재판 없이 범법자를 구금할 수 있도록 하는 것을 포함한 특별 권한을 부여했다. 이 법은 일정 기간 동안만 효력을 발휘할 수 있도록 하는 법이었는데, 1880년 자유당이 권력을 잡았을 때도 여전히 발효 중이었다. 이 법은 곧 만료가 되었지만 자유당 정부는 이를 연장하지 않고 폐기시켰다. 그러나 1881년 초 아일랜드성 장관(Chief Secretary of Ireland)인 포스터는 지역 내 질서회복을 위해서는 이 법을 복원해야 한다는 강한 압력을 받았다. 포스터는 개인적으로 이 법안의 재도입에 대해 매우 불편해 했고 아일랜드 출신 의원들도 법안의 제정을 반대했지만 결국 강제진압법은 의회를 통과했다.

이 법안이 통과된 후 아일랜드에서의 어려움을 완화시키기 위해 글래드스턴은 새로운 아일랜드 토지법(Irish Land Bill)을 제안했다. 이 법안은 아일랜드 토지연맹이 주장해 온 '세 가지 F'를 모두 실현하자는 것이었다. 소작료를 둘러싼 분쟁이 생겨나면 법원에서 그 금액을 결정해 주도록 했다. 그리고 그 결정은 15년간 유효하도록 했다. 또한 정부가 토지 소유주로부터의 토지 구입 가격의 3/4을 먼저 지급하도록 하고 장기간에 걸쳐 소작인이 이를 갚아 나갈 수 있도록 했다. 처음에 이 법안에 대해서 여러 가지 논란이 많았지만 결국 하원을 통과하였다. 그리고 그 다음 달 상원에서도 마침내 이 법안이 가결되었다. 아일랜드의 사태를 진정시키기 위해서는 다른 방도가 없었던 것이다. 그러나 이 법안에 반발하여 아길 공작(Duke of Argyll), 그리고 개혁파 수상이었던 그레이 백작의 아들, 그리고 북부 요크셔의 대토지 소유주였던 제틀랜드 백작(Earl of Zetland)이 자유당을 떠나 보수당으로 옮겼다. 그러나 이 무렵 더비 경(Lord Derby)은 보수당에서 자유당으로 이적했다.

아일랜드 토지법의 통과에도 불구하고 아일랜드에서의 소요는 금방 줄어들지 않았다. 1881년 10월 자유당 정부는 강제진압법 조항을 적용하여 파넬과 토지연맹 지도부를 체포했다. 그전까지 이들은 토지소유주에 대한 소작료 지불을 거부하라고 촉구해 왔었고, 이후 토지연맹은 곧 불법단체로 규정되었다. 그렇지만 이들의 소작료 지불 거부 운동도 그다지 성공적이지는 못했다. 글래드스턴의 승인하에 영국 정부와 토지연맹 간의 협상이 시작되었다. 체임벌린이 양측의 입장을 중재하는 역할을 담당했다. 타협이 이뤄졌고 파넬이 투옥된 감옥이 위치한 지역의 이름을 따서 '킬마인함 협상(Treaty of Kilmainham)'으로 알려지게 되었다. 협상 결과 토지연맹 지도부의 대다수가 석방되었고 정부는 소작료가 밀린 소작인의 부담을 경감시켜 주도록 하는 법안을 제정하기로 했다. 또한 아일랜드 정치인들은 폭력을 자제하도록 노력하고 토지법이 제대로 효과를 발휘하도록 지원하기로 했다.

그러나 이러한 타협은 내각 내부에서는 상당한 정치적 논란을 일으켰다. 아일랜드성 장관이었던 포스터는 이에 반발하여 사임했다. 그의 후임은 프레데릭 카벤디시 경(Lord Frederick Cavendish)이었다. 그러나 그가 아일랜드에 도착한 며칠 뒤 그와 그의 비서는 '인빈시블즈(Invincibles)'라고 불리는 테러리스트 집단에 의해 살해되었다. 이 사건이 주는 충격은 컸다. 영국 정부와 아일랜드 정치 지도자들은 '킬마인함 합의'를 실행에 옮기는 것이 중요하다는 사실을 다시 깨달았다. 소작료 경감 법안(the Arrears Bill)은 그해 말 의회에서 격론을 일으켰지만 영국 정부나 아일랜드 주민 입장에서 대체로 수용할 만한 형태로 통과되었다.

오랜 기간의 토지 전쟁은 아일랜드에서의 독립 운동과 영국 정치에 상당한 영향을 미쳤다. 파넬은 오코넬 이후 처음으로 아일랜드에서 누구도 대적할 수 없는 권위와 명성을 얻게 되었다. 1882년 가을 아일랜드 자치당은 파넬의 지도하에 아일랜드 전국연맹(the Irish National League)으로 재편했다. 이와 함께 그 조직은 느슨한 개인들의 결합이 아니라 기율이 갖춰진 군대와 같은 조직의 특성을 갖기 시작했다. 이와 함께 아일랜드의 혼란도 어느 정도 가라앉았다.

글래드스턴이 비콘스필디즘(Beaconsfieldism)이라고 칭한 디즈레일리의 외교 정책으로부터의 변화도 그의 두 번째 내각 시기에 나타났다. 1881년 봄까지 영국군은 아프가니스탄의 대부분의 지역에서 철수했다. 그러나 아프가니스탄과는 달리 남부 아프리카의 상황은 매우 복잡했다. 1879년의 줄루족의 저항은 그 지역뿐만 아니라 보다 확대된 다른 지역의 문제와도 연계되었다. 케이프(the Cape)와 나탈(Natal)은 영국의 식민지였으나 오렌지 자유국(Orange Free State)은 네덜란드로부터의 이주 백인인 보어(Boers)인들의 자체 공화국이었다. 보어인들이 다수를 차지하는 트란스발(Transvaal)은 1877년 영국에 병합되었다. 1880년 자유당 정부의 등장 이후 보어인들은 다시 독립을 추진했다. 그해 말 보어인들은 독립 공화국을 선언했고 1881년 2월 보어인의 군대가 나탈을 침공했다. 그리고 마주바 힐(Majuba Hill)에서 영국군을 상대로 중요한 승리를 거두었다. 영국 내에서는 패배를 설욕하고 통제권을 되찾아야 한다는 압력이 거셌으나 자유당 정부는 이를 거부하고 보어인들과 평화적인 형태로 갈등을 마무리했다. 내부의 자치권을 허용하되 트란스발의 대외 관계는 영국이 통제권을 갖도록 했다.

아프리카의 북단에서도 비콘스필디즘의 유산은 또 다른 문제를 낳았다. 디즈레일리가 수에즈 운하의 지분을 구입한 일은 대중적으로 인기 있는 일이었지만, 당시 자유당은 그 구입 결정이 향후 큰 어려움을 초래할 수 있을 것임을 경고했다. 실제로 우려했던 사건이 발생했다. 1881년 9월 우라비(Colonel Ahmed Urabi)가 이끄는 군사적 봉기가 이집트에서 발생했다. 1882년 5월 영국과 프랑스 함대가 알렉산드리아 부근에 정박했다. 그 다음 달 알렉산드리아에서 대규모 폭동이 발생했는데 영국인을 포함하여 50명이 살해되었고 영국 영사는 부상을 입었다. 이로 인해 자유당 내각의 다수는 군사적 개입을 계획하게 되었다. 7월 우라비는 알렉산드리아의 방어벽을 구축하는 듯이 보였다. 프랑스 함대는 수에즈 운하의 보호를 위해 떠났지만 영국 함대는 그대로 머물러 있었다. 그리고 7월 11일 알렉산드리아를 향해 영국 함대는 포격을 개시했다. 폭격 결정을 두고 자유당 내에서는 적지 않은 반발이 있었다. 급진파 월프리드 로손 경(Sir Wilfrid Lawson)은 글래드스턴을 포함한 내각 주요 지도자들을 비난했고, 브라이트는 내각 각료직에서 사임했다. 영국 함대의 포격 이후 이집트에 대한 군사적 개입이 시작되었다. 곧 알렉산드리아의 통제권을 확보하고 9월에는 텔-엘-케비르(Tel-el-Kebir)에서 우라비의 군대를 격파했다.

그러나 1882년 후반에는 수단에서 종교 지도자 마디(Mahdi)가 이끄는 군사적 저항이 발생했다. 1883년 2월 내각은 글래드스턴의 승인하에 수단에 군대를 파견하기로 결정했다. 그러나 11월 영국군 장교의 지휘를 받던 이집트군이 마디의 군대에 전멸당하고 말았다. 영국군의 철군을 위해 찰스 고든(Charles Gordon)을 지휘관으로 하는 군대를 다시 파견했지만 얼마 지나지 않아 그가 머물고 있는 수도 카르토움(Khartoum)이 적군에 포위당하는 상황에 처하게 됐다. 내각은 이들의 구출을 두고 의견이 갈렸다. 이 무렵 자유당 정부에 대한 불신임안이 상정되었는데 자유당은 28표 차로 간신히 이를 물리쳤다. 사상 처음으로 아일랜드 민족주의자들이 자유당에 등을 돌리고 야당에 동조했다. 영국군을 구출하기 위한 군대가 파견되었고 적지 않은 어려움 끝에 카르토움에 도착했지만 영국군이 거주하던 곳은 이미 적군 수중에 넘어갔고 고든 장군은 피살되었다. 영국 국민은 분노했고 빅토리아 여왕도 자신의 비통한 심정을 공개적으로 밝혔다. 자유당 정부가 처한 의회에서의 어려움은 예상할 수 있는 일이었다. 다시 보수당은 내각 불신임안을 상정했고 투표가 실시되었다. 302 대 288로 이번에도 간신히 자유당 내각은 실각을 모면했다. 40명의 아일랜드 자치당 의원들, 고센, 포스터를 포함한 자유당 의원 12명도 야당인 보수당에 동조해 투표했고 자유당 의원 14명은 기권했다.

이처럼 군사, 외교적으로 여러 가지 어려움이 존재했지만 이와 함께 골치 아픈 국내정치적 문제도 동시에 존재했다. 1867년 선거권 확대로 도시 지역 가구주의 투표권은 크게 늘어났지만, 카운티 지역 곧 농촌에서의 가구주의 투표권은 그다지 큰 변화가 없었다. 따라서 도시 지역에 살던 사람이 농촌 지역으로 이사 가면 투표권을 잃게 되는 모순이 존재했던 것이다. 자유당 정부는 이런 문제를 해소하고자 했다. 그러나 투표권자의 추가적인 대규모 확대는 또 다른 문제를 낳을 수 있었다. 이미 선거구마다 선거인의 수에 커다란 차이가 존재했는데 선거권의 확대는 이런 문제를 더욱 악화시킬 수 있었기 때문이다. 따라서 선거인의 수에 따른 의석의 재배분이 필요했다.

한편, 보수당에서는 의석 재배분이 정파적 이해관계에 따라 이뤄지지 않을까 우려했다. 이런 상황에서는 선거권 확대와 의석 재배분을 하나의 법으로 처리할 경우 의회 통과가 쉽지 않아 보였다. 자유당은 선거권 확대가 먼저 처리되고 나면 의석 재배분의 문제는 상대적으로 덜 어려울 것으로 판단했다. 1884년 2월 선거권 확대만을 다룬 법안이 의회에 제출되었다. 카운티 지역의 선거권 자격을 버로우 지역과 유사한 형태로 개정하는 안이었다. 이 법안은 영국뿐만 아니라 아일랜드 지역까지 해당하는 것이었다. 이 법안은 손쉽게 하원을 통과했으나 상원에서 또다시 어려움을 맞이했다. 상원에서는 자유당 정부의 뜻과는 달리 선거권 확대를 의석 재배분과 연계시키는 수정안을 상당한 표 차이로 통과시킨 것이다. 이 때문에 선거권 확대 문제를 해결하기 위한 별도의 가을 회기를 가졌고, 야당과의 협의 끝에 의석 재배분에 대한 별도의 법안을 1885년 봄에 제출하기로 했다. 의석 법(Seats Bill)의 구체적 내용을 두고 적지 않은 논란이 있었지만 큰 틀에서 두 정당 간 합의를 이뤘고 결국 1885년 7월 이 법안들은 통과되었다.

법안의 통과로 선거인의 수가 두 배 이상 늘어났다. 의석 재배분은 카운티 지역으로 편입된 많은 소규모 도시 선거구의 폐지를 포함했다. 3명을 선출하지만 유권자들은 두 표를 행사했던 선거구는 각 한 명의 의원만을 선출하는 1인 선거구로 재편되었다. 많은 버로우 선거구는 2명의 의원을 선출하도록 계속 유지되었고 이 경우 유권자들은 두 표씩을 행사하도록 했다. 선거법 관련 논의 중 추가적 개혁에 대한 논의가 많았는데 여성들에게 투표권을 부여하자는 주장도 적지 않았고, 21세 이상 모든 남성에게 투표권을 부여하자는 주장도 있었으나 모두 무위로 끝나고 말았다. 대학 선거구 역시 유지되었는데 선거인은 대학 졸업생들에 국한되어 있었다.

이처럼 아일랜드, 아프리카에서 제국 문제, 선거 개혁 문제가 글래드스턴의 두 번째 내각에서 다뤄야 했던 주요 관심사였다. 그러나 이 밖에도 많은 입법, 행정적 개혁이 추진되었는데, 특히 급진파인 체임벌린이 차별과 불만을 해소하는 많은 법령의 제정에 중요한 역할을 담당했다. 여전히 봉건적으로 보였던 여러 가지 관행들이 이 무렵 교정되었다. 1880년에는 성공회 교회 묘지에 비국교도가 그들의 예배 방식에 따라 매장될 수 있도록 했고, 그해 사냥법(Ground Game Act) 제정을 통해 소작농도 사냥을 할 수 있도록 허용했다. 그 이전에는 농작물을 망치는 토끼가 있다고 해도 토지 주인만이 사냥할 수 있었다. 1881년에는 육군, 해군에서 태형을 폐지하도록 했고, 1882년에는 기혼여성재산법(the Married Women's Property Act of 1882)의 제정으로 부인에게 남편과는 분리된 재산권을 부여했고 소득, 상속된 재산에 대한 권리도 모두 인정했다.

1885년 봄 내각 내에 깊은 갈등의 조짐이 보이기 시작했다. 가장 어려운 문제는 또다시 아일랜드였다. 당시 아일랜드와 관련된 세 가지 이슈가 있었다. 하나는 강제진압법이었는데 이 법이 1882년 통과될 당시 아일랜드 치안 상황은 매우 나빴다. 이 법은 3년 후에는 별도로 다시 연장을 결정하지 않으면 자동적으로 폐기되는 것이었다. 아일랜드 총독은 법 전체는 아니더라도 일부 조항의 연장은 꼭 필요하다고 압력을 넣었다. 내각은 주저했고 두 명의 급진파인 체임벌린과 딜케는 법을 연장하기로 한다면 내각에서 사임하겠다고 위협했다. 내각은 원칙적으로 강제진압법을 재입법하기로 결정했지만 실제 추진은 당분간 보류하기로 하는 타협안을 도출했다.

두 번째 아일랜드 관련 이슈는 아일랜드 지방정부 개혁에 대한 급진파의 요구였다. 여기에는 전체 아일랜드의 행정 기능을 관장하는 중심 기구의 설립을 포함하는 것이었다. 내각은 이 사안을 두고 심각하게 분열했다. 하팅톤을 제외한 하원 의원 소속 각료들은 이 제안에 찬성했지만 그랜빌을 제외한 상원 소속 각료들은 강하게 반대했다. 이 제안은 결국 폐기되었다.

세 번째 아일랜드 관련 논란은 앞서 살펴 본 것처럼 아일랜드 토지 구매법을 제정하는 것과 관련되어 있었다.

아일랜드에 대한 많은 토론이 있는 동안 자유당에서는 체임벌린, 그리고 보수당에서는 랜돌프 처칠 경(Lord Randolph Churchill)[17]이

---

17) 훗날 수상이 되고 2차 세계대전을 승리로 이끈 지도자인 윈스턴 처칠(Winston Churchill)의 아버지이다.

아일랜드 민족당 지도자 파넬과 접촉했다. 처칠 경은 보수당 내에서 체임벌린과 유사한 정치적 입장을 취하고 있었다. 둘 다 매우 야심차고 상대적으로 젊었고 공식적인 위계조직과 긴밀하게 관련되어 있지만 어떤 사안에 대해서는 독자성을 강조하는 입장을 보였다. 파넬은 두 정당을 모두 상대하는 것에 만족감을 느꼈고 그 당시로서는 보수당이 보다 도움이 되는 것으로 판단했다.

| 랜돌프 처칠

　　자유당 정부는 1885년 예산안 토의 과정에서 종말을 고했다. 1882년 글래드스턴은 자신이 수상과 재무장관직을 맡는 것이 더 이상 어렵다는 것을 깨닫고 휴 칠더스(Hugh Childers)를 재무장관으로 임명했다. 1885년 예산을 준비하면서 칠더스는 지난 몇 해 동안 군사비 지출로 줄어든 재정을 충당해야 했다. 그의 예산안에는 맥주와 양주에 대한 추가적인 세금 부과와 부동산에 대한 세금 인상을 포함하고 있었다. 이는 정치적으로 예민한 사안이었다. 자유당과 보수당 간뿐만 아니라 자유당 내부에서도 격렬한 논의가 이어졌고, 예산안 토론 과정에서 야당이 대폭 수정해서 제기한 수정안이 264 대 252로 가결되었다. 39명의 아일랜드 자치당 의원과 6명의 자유당 의원이 야당인 보수당에 가세했

고 76명의 자유당 의원은 기권했다.

통상적인 상황이라면 정부가 제출한 재정 법안의 실패는 의회를 해산하고 새로운 총선을 치르거나 아니면 야당에게 권력을 넘기는 것이 일반적인 관행이었다. 그러나 새로이 선거권을 부여받은 유권자들의 등록이 아직 완료되지 않은 상황이었기 때문에 구 법률에 의한 유권자들만을 대상으로 즉각적인 선거를 실시하는 것은 권력의 정당성 확보에 문제가 있을 수 있었다. 6월 12일 자유당 내각은 사임을 결정했다. 보수당에게 공이 넘어갔다. 거의 두 주간에 걸친 논의 끝에 보수당이 권력을 담당하기로 결정했고 솔즈베리(Salisbury)를 수상으로 결정했다. 5년 전 높은 열망 속에 출범했던 글래드스턴의 두 번째 자유당 내각은 이렇게 종말을 고하고 말았다.

▮ 아일랜드 문제(the Irish Question)

1885년 보수당 정부가 출범했을 때 아일랜드 문제는 특별한 주목을 받았다. 강제진압법은 연장하지 않기로 결정했고, 토지 문제 해결 방안도 애쉬본 경(Lord Ashbourne's Act) 법으로 실현되었다. 이 법에 따라 아일랜드에서 주인이 토지를 팔고 소작인이 이를 구입하기로 했다면 100% 정부가 대출을 제공하기로 했다. 소작인이 되갚아야 할 비용은 대체로 그동안 지불한 소작료보다 낮은 요율이었다. 또한 그 법에서는 아일랜드 농업 노동자의 주거를 개선하도록 했다. 심지어 새로운 아일랜드 지사인 카나본 경(Lord Canarvon)과 아일랜드 지도자들 간의 협의를 통해 아일랜드 자치에 대해서 긍정적으로 검토해 볼 수 있다는 의사까지 전달했다. 이에 따라 파넬과 보수당 정부 간의 관계는 잘 유지되었다.

11월이 되면서 새로운 선거법에 의한 선거인 등록이 일단락되었다. 파넬은 영국에 거주하는 아일랜드인들에게 보수당에게 투표하라고 권했다. 아일랜드 이주민이 많이 모여 사는 지역에서는 보수당이 유리한 입장이 되었겠지만 이로 인해 아일랜드 자치 문제에 호의적인 입장이었던 많은 자유당 정치인들을 적대적으로 만들었다.

　1885년 총선에서 자유당은 319석을 얻었고 보수당은 247석 그리고 아일랜드 자치당은 86석을 얻었다. 그러나 독자적으로 출마한 양당의 당선자들을 함께 고려하면 자유당과 보수당-아일랜드 자치당의 두 세력의 의석수는 거의 비슷했다. 19명의 아일랜드 민족당 의원을 포함하여 단지 43명의 의원만이 경쟁자 없이 당선되었다. 자유당은 잉글랜드에서는 보수당에 단지 29석 앞섰지만 스코틀랜드와 웨일즈에서는 크게 앞섰다. 자유당은 뜻밖에도 농촌 선거구에서 선전했다. 그러나 잉글랜드의 도시 선거구 버로우에서는 보수당에 뒤졌다. 또한 12명 정도의 노동계급 출신이 자유당 간판으로 당선되었다.

　이 중 옥스포드셔에서 석재공이었던 헨리 브로드허스트(Henry Broadhurst)는 몇 주 뒤 내각의 부장관직을 맡게 되었는데 노동계급이 내각의 보직을 맡게 된 것은 영국 역사상 처음 있는 일이었다. 조세프 아치(Joseph Arch)는 농업 노동자의 노동조합을 조직하는데 중요한 역할을 했던 인물이었다. 웨일즈의 노동조합 지도자였던 윌리엄 아브라함(William Abraham)은 자유당과 노동당의 협약(Lib-Lab)으로 당선되었다. 일부이기는 해도 자유당은 이 시기에 노동계급을 당 내로 끌어들일 수 있었다.

　보다 놀라운 결과는 아일랜드에서 나타났다. 선거법 개정으로 선거권을 새로이 부여받은 사람의 비율은 잉글랜드보다 아일랜드에서 훨씬 높았다. 가난한 농민 거주자들이 아일랜드에 더 많았기 때문이다. 1880년 이래 잉글랜드에서 선거인들이 80% 정도 더 늘어났다면 아일랜드에서는 거의 세 배 가까이 늘었다. 아일랜드 자치당은 아일랜드에 배당된 전체 101석 가운데 85석을 얻었다. 자유당은 한 석도 얻지 못했는데 당선 가능 수준에 근접한 후보조차 없었다. 아일랜드에서 보수당은 프로테스탄트 지역과 더블린에서 대학 선거구에서만 16석을 얻었다. 아일랜드에서 종교와 정치의 관계가 매우 견고하게 얽혀 있다는 사실이 재삼 확인되었다. 그러나 1885년 총선은 분명한 승자를 만들어내지 못했다. 정치적 불확실성이 이어졌고 당분간 보수당의 솔즈베리가 그대로 수상으로 머물러 있었다.

글래드스턴은 처음에는 아일랜드 문제의 해결을 연합왕국의 틀 속에서 시도하고자 했다. 그러나 1885년 무렵이 되면서 그는 이러한 방식의 실현 가능성에 대해 심각한 회의를 갖게 되었다. 1885년 9월 18일 그의 일기에서 글래드스턴은 아일랜드와의 1800년의 연합왕국의 수립은 실수라고까지 썼다(Mathews, ed. 1990: 403). 한편, 1885년 선거 결과, 특히 아일랜드에서의 선거 결과는 아일랜드에 대한 필요한 조치를 즉각적으로 행해야 하며, 대다수 아일랜드인들이 이제 진정으로 독립을 원하고 있음을 보여주었다. 아일랜드 독립은 더 이상 아일랜드 중산층의 낭만적 기대로 치부될 문제가 아니었다. 아일랜드 문제는 이제 힘으로 영원히 복속시킬 수 있는 것이 아니라면 조만간 독립을 허용하는 것이 마땅한 상황이었다.

글래드스턴이 보기에 이 문제를 해결할 수 있는 가장 좋은 방안은 현재의 보수당 정부가 아일랜드의 자치에 관한 법안을 처리하는 것이었고, 가능하다면 자신도 이를 지원하려고 했다. 당시 보수당 정부는 자유당보다 이 문제에 대해 훨씬 유리한 입장에 놓여 있었다. 무엇보다 아일랜드 자치에 대해 거부감이 큰 상원에서 보수당은 압도적 다수 의석을 차지하고 있었다. 또 한편 그것은 보수당 내의 내분을 일으킬 수도 있는 일이었다. 그런 점을 모두 고려할 때 글래드스턴으로서는 어떤 결과이든 나쁠 것이 없었다. 글래드스턴은 이러한 견해를 수상인 솔즈베리의 조카인 밸푸어(Arthur Balfour)에게 전했다.

그러나 이러한 기대감은 곧 '하와든 카이트(Hawarden Kite)'라고 불린 사건에 의해 수포로 돌아갔다. 12월 중순 당시 의원이면서 아버지의 사실상의 비서 역할을 하던 셋째 아들 허버트 글래드스턴 (Herbert Gladstone)은 기자들과 만나서 비공개를 전제로 아일랜드 문제에 대한 아버지의 최근 심경을 이야기했다. 그러나 기자들의 비공개 약속은 지켜지지 않았고 이러한 내용은 그대로 타임즈지(the Times)에 보도되었다. 그 기사는 "내가 아일랜드의 분리를 지지해야 할 마땅한 이유를 찾기는 어렵다. 그러나 아일랜드 인구의 6분의 5가 그 지역의 문제를 다룰 더블린의 아일랜드 독자 의회를 소망하고 있다면, 정의의 이름으로 지혜를 갖고, 그들이 그것을 갖도록 허용해야 한다고 생각한다"고 글래드스턴이 말한 것으로 전했다.[18] 이 기사는 글래드스턴이 파넬에게 보수당과의 협력 관계를 버리고 자유당과 힘을 합쳐 아일랜드 자치를 이루도록 하자는 계산된 움직임으로 보이도록 했다. 이제 글래드스턴의 바람대로 보수당이 그들의 아일랜드 자치법안을 제출하게 될 가능성은 사라지고 말았다. 글래드스턴은 자유당 의원들과 만나 당분간 아일랜드 문제에 대해 침묵해 달라는 부탁을 했다.

한편, 총선 이후 솔즈베리의 내각은 아일랜드에서의 강제진압 정책을 재개할 것인가를 두고 심각하게 분열했다. 그러나 솔즈베리는

---

18) http://en.wikipedia.org/wiki/Hawarden_Kite(검색일 2013. 2. 10). "Nothing could induce me to countenance separation, but if five-sixths of the Irish people wish to have a Parliament in Dublin, for the management of their own local affairs, I say, in the name of justice, and wisdom, let them have it."

자기의 뜻대로 그 정책의 재개를 관철했다. 그 결정으로 보수당과 아일랜드 자치당 간의 유대는 끝이 났다. 자유당이 보수당의 권력에 도전해야 할 시간이 왔을 때 아일랜드 자치당의 입장은 너무나도 분명했다. 이제 그들의 뜻을 이루기 위해서는 보수당이 아니라 자유당의 도움을 필요로 했던 것이다.

보수당 내각의 운명은 1월 말 여왕의 연설을 둘러싼 토론에서 정리되었다. 연설에 담겨질 이슈 중 중요한 것은 놀랍게도 이전에 체임벌린이 주장한 급진파의 강령에 포함된 내용을 당의 공식적인 입장으로 포함시키려는 것이었다. 새로이 보수당 의원이 된 제스 콜링스(Jesse Collings)는 이른바 '3에이커와 소 한 마리(three acres and a cow)' 수정안을 발의했다(Douglas 2005: 62). 이는 농촌의 소규모 자작농에 대한 지원과 농업 노동자에 대한 농지 대여를 규정한 법안이었는데, 정식 이름은 소규모 토지 소유 개정법(Small Holdings Amendment Act)이었다. '3에이커와 소 한 마리'는 1880년대 토지개혁 운동가들의 슬로건으로 모든 시민에게 가장 이상적인 토지 소유 규모를 지칭한 것이다. 이 수정안은 1월 25일 아일랜드 자치당의 지원으로 331 대 252로 가결되었다. 그러나 자유당 내 적지 않은 수의 의원들이 이 법안에 대해 반감을 갖고 있었고 실제로 적지 않은 반대표가 나왔다. 하팅톤, 고센, 글래드스턴 정부하에서 검찰총장을 역임한 헨리 제임스 경(Sir Henry James) 등 18명의 자유당 의원들이 보수당 정부안에 찬성했지만, 존 브라이트, 빌리어스(C.P. Villiers) 등 보다 많은 수의 자유당 의원들은 기권했다. 보수당 정부안이 패배하면서 솔즈베리는 사임을 결정했고 글래드스턴은 세 번째 내각을 구성하게 되었다.

글래드스턴은 그의 3차 내각을 구성하는 데 상당한 어려움을 겪었다. 아일랜드의 정치적 미래에 대한 문제가 가장 중요한 고려 사항이었기 때문에, 내각에 참여하도록 접촉할 이들에게 그 사안에 대한 자신의 견해를 보여줄 메모를 미리 준비했다. 여기에는 자유당 정부가 사실상 아일랜드 독립을 허용할 수 있음을 시사하는 내용이 담겨져 있었다. 어떤 구체적 계획이나 대강도 제안되지 않은 상황이었지만, 하팅톤, 고센, 제임스 등은 이러한 견해를 수용하기 어려운 입장이었고 실제로 모두 내각 참여를 거절했다.

급진파인 체임벌린은 아일랜드 자치 문제에 대해 애매한 입장을 취하고 있었지만, 이에 대한 반대 입장을 유보한 채 지방정부위원회 위원장의 자리를 수용했다. 또 다른 급진파인 트레벨리안 역시 아일랜드 자치에 의구심을 갖고 있기는 했지만 스코틀랜드 장관이 되었다. 소수의 아일랜드 자치 지지자 중 하나인 존 몰리(John Morley)는 아일랜드 장관으로 임명되었다. 외무장관을 오래 역임했던 그랜빌 경(Lord Granville)은 식민성 장관이 되었고, 외무장관직은 젊은 로즈베리 경(Lord Rosebery)에게 주어졌다. 사실 글래드스턴의 내각에 참여한 이들 가운데서도 아일랜드 자치 문제에 대해 깊은 회의를 갖는 이들이 적지 않게 존재했다. 재무장관이 된 하코트 경 역시 그런 견해를 지닌 채 내각에 참여했다. 하팅톤 등 당내 중진들이 많이 빠지면서 글래드스턴의 세 번째 내각은 이전보다 정치적으로 다소 약화되었다. 그러나 글래드스턴 내각에 대한 아일랜드 민족주의자들의 적극적인 지원은 정치적 생존을 위해서 도움이 될 수 있는 것이었다.

1886년 3월 13일 글래드스턴은 자신의 아일랜드 계획안을 내각에 제출했다. 내각 내에서 즉각적으로 커다란 논란이 일었다. 그의 제안은 두 부분으로 나눠질 수 있었다. 하나는 아일랜드 지주들로부터 토지를 구입하는 안으로 그들의 기존 소작료의 20년 어치 가격으로 토지의 구매가를 상정하고 이를 위해 1,200만 파운드의 비용을 책정했다. 이 제안은 파격적인 것이었으며 하원에서 1차 독회 이상 넘어가지 못했다. 두 번째 제안은 아일랜드에 별도의 의회를 설치하고 모든 아일랜드의 사안을 처리할 수 있는 모든 권한을 부여하도록 하자는 것이었다. 사실상의 아일랜드 자치안이었다. 이에 대해서 체임벌린은 이 구상이 근본적으로 바뀌지 않는다면 자신이 내각의 일원으로 남아 있을 수 없을 것이라고 경고했다. 실제로 며칠 뒤 그는 사직서를 제출했지만 글래드스턴은 보다 구체적인 안이 나올 때까지 사임하지 말도록 설득했다.

4월 8일 마침내 글래드스턴은 아일랜드 자치법(Home Rule Bill)을 하원에 제출했다. 이때 자유당 내 아일랜드 자치 반대파들이 반대 의견을 표해야 했지만 글래드스턴과 개인적으로 가깝고 그를 존경했던 하팅톤은 그러기를 주저했다. 내각에서 사임하는 것과 내각과의 일전을 불사하는 것은 다른 일이었다. 그러나 4월 14일 이전 자유당 내각에서 아일랜드 총독을 역임한 코우퍼 백작(Earl Cowper)의 주재하에 정파를 초월하여 아일랜드 자치에 반대하는 이들의 회합이 열렸다. 보수당의 솔즈베리뿐만 아니라, 자유당의 전 아일랜드 장관이었던 스미스(W. H. Smith), 하팅톤과 고셴이 참석했다. 보수당과 자유당 내 연합파(Liberal Unionist)[19]가 처음으로 아일랜드 자치에 반대하면서 한 자리에 모인 것이다. 이 회합은 이후 영국 정치에서 중요한 변화를 가져오게 될 큰 흐름의 시작이었다.

아일랜드 자치법안을 둘러싼 격한 토론은 의사당 안팎에서 이어졌다. 전국자유당연맹의 견해가 특히 중요했는데 그들의 견해는 지역 지구당의 여론에 영향을 미칠 수 있었고 그것은 또다시 자유당 현역

---

19) Liberal Unionist는 자유통일당으로 번역되기도 한다. 그런데 여기서의 Unionist는 연합왕국(United Kingdom)을 지켜야 한다는 의미이고, 자유당과 별개의 정당처럼 활동한 것은 이후의 일이므로 이 책에서는 자유당 연합파로 부를 것이다. 또한 이 표현은 자유당 내의 분파라는 의미도 보다 잘 나타낸다고 생각된다.

의원들에게 압력으로 작용할 수 있었기 때문이다. 처음에는 자유당 지지자들 사이에 여론의 향방이 불투명했다. 이는 글래드스턴과 체임벌린 간의 갈등 때문이었는데 이 두 사람은 모두 일반 당원들 사이에 영향력이 매우 큰 인물이었다.

글래드스턴이 아일랜드 자치법안의 제1독회를 시작하기 이틀 전 전국자유당연맹은 지방의 일반 당원들에게 연맹의 집단적인 입장을 결정하기 위해 회의 소집한다는 문구를 보냈다. 5월 5일 전국자유당연맹의 모임이 개최되었는데 체임벌린의 영향력이 큰 버밍엄보다는 런던에서의 회합이 정치적으로 중요한 의미를 지녔다. 연맹의 지도부는 글래드스턴에 대한 신임을 표하는 결의문을 준비했지만, 동시에 아일랜드를 대표하는 의원들이 더블린에서의 별도의 의회가 아니라 웨스트민스터에 계속해서 참여하도록 해야 한다는 수정안을 글래드스턴에게 요구하기로 했다. 글래드스턴에 대한 변함없는 신임은 압도적으로 가결되었고 이로 인해 체임벌린을 포함한 몇몇 지도적인 인사들은 사임했다. 갈등은 지역구 조직에서도 계속되었다.

이러한 논란은 지역 수준에서의 자유당 조직의 정치적인 균형을 근본적으로 바꿔놓았다. 외형적으로 이는 글래드스턴의 승리였고, 체임벌린은 그가 수립한 전국자유당연맹 내에서 기반을 크게 상실한 것이었다. 체임벌린은 이제 '공식적인 당' 외부에서 그의 반대 투쟁을 전개해야 했다. 그런 만큼 둘 간의 타협의 가능성은 낮아졌다.

자유당 연합파는 하팅톤의 런던 자택에서 빈번하게 회합을 가졌다. 4월경 그들은 자신들만의 조직을 결성했고 상주 사무실도 마련했다. 5월 14일에는 체임벌린과 트레벨리안이 이들의 모임에 합류했다. 이들이 합류는 의미심장했다. 하팅톤과 자유당 연합파는 머지않아 자유당을 이탈할 것으로 전망하고 있었기 때문이다. 이들의 가세로 이제 아일랜드 자치법안은 기존의 정당 간의 갈등의 축을 뛰어

넘는 새로운 균열로 발전해 가게 되었다. 5월 22일 이들은 새로운 당규를 정하고 지방 위원회 조직을 설립하기 시작했고 6월 초까지는 3만 파운드의 자금도 모았다. 체임벌린과 동료들은 급진동맹(Radical Union)이라는 조직을 버밍엄에 본부를 두고 각 지방에 조직을 결성했는데 이는 이제 글래드스턴을 지지하게 된 전국자유당연맹의 대항 조직이었다.

5월 27일 글래드스턴은 아일랜드 자치법안에 반대하는 이들을 제외한 280명의 자유당 의원들을 소집했다. 글래드스턴은 제2독회에서 정부안에 대한 지지를 호소하면서, 현재 제출한 법안은 원칙적인 측면에서 아일랜드의 자치를 규정한 것이고 구체적인 사항은 추후에 수정된 형태로 다시 법안으로 제출할 것이라고 밝혔다. 더욱이 아일랜드의 의원들이 향후에도 웨스트민스터 의회에 참석하도록 하겠다는 뜻도 밝혔다.

그 다음날 하팅톤이 주재한 자유당 연합파 회합에서 보수당 원내총무였던 액커스-더글라스(Aretas Akers-Douglas)가 아일랜드 자치법안에 반대하는 자유당 의원의 선거구에는 보수당의 후보를 내지 않겠다는 견해를 밝혔다. 아일랜드 자치법안에 대해 아직 마음을 제대로 정하지 못한 불안한 지역구에 있던 자유당 의원들에게 이는 매우 고무적인 제안이었다. 5월 31일 체임벌린은 54명의 자파 의원들, 동료 의원들과 만나 제2독회에서 기권하는데 동의해 달라고 요구했으며 어떤 경우든 행동을 통일하자고 제안했다. 그러나 급진파인 존 브라이트는 자신은 반대표를 던지겠다는 의사를 표했고 이는 회합에 참여한 적지 않은 이들에게 영향을 미쳤다.

6월 8일 아일랜드 자치법안에 대한 제2독회가 시작되었다. 토론을 마친 후 글래드스턴은 '간절히 호소한다. 법안을 거부하기 전에 생각해 달라, 잘 생각해 달라, 현명하게 생각해 달라, 지금 당장이 아니라 다가올 미래를 위해 생각해 달라(Think, I beseech you, think wee, think wisely, think not for the moment but for the years to come, before you reject the Bill.'(Douglas 2005: 69)라고 마무리짓는 명연설을 했다. 글래드스턴의 노력에도 불구하고 343 대 313으로 이 법안은 부결되었다. 전체 의원 가운데 단지 13명의 의원만이 기권한 데서 알 수 있듯이, 양측이 모두 총력을 결집한 대결이었다. 93명의 자유당 의원들이 이 법안에 반대표를 던졌고 267명이 찬성했다. 하팅톤, 고센, 체임벌린, 트레벨리안, 브라이트는 모두 반대표를 던졌고, 급진파 딜케, 몰리, 브래들로(Charles Bradlaugh), 그리고 상원에서는 그랜빌과 스펜서가 글래드스턴을 도왔다. 법안의 부결로 이제 글래드스턴 내각은 의회를 해산하고 새로운 총선을 치러야 했다.

아일랜드 자치법에 대한 오랜 토론을 통해 글래드스턴은 아일랜드 문제의 항구적인 해결책을 강구하고자 했고 그것은 아일랜드 대다수 주민의 뜻을 만족시킬 수 있는 것이어야 했다. 이 사안을 두고 후에 폭넓은 대중적 토론이 벌어졌을 때 새로운 문제가 부각되기 시작했다. 아일랜드 내 얼스터(Ulster) 지역의 인구의 절반, 특히 북동부 지역의 절대 다수를 차지하는 프로테스탄트에 대한 문제였다. 1885년만 해도 사실 얼스터의 프로테스탄트들이 아일랜드 자치 문제에 대해서 어떤 태도를 취하고 있는지는 분명치 않았다. 그러나 아일랜드 자치 관련 논쟁이 격화되면서 장로교도이든 아일랜드 성공회교도이든 프로테스탄트들은 아일랜드 자치에 반대하게 되었고 반대로 가톨릭교도들은 압도적으로 찬성하게 되었다. 아일랜드 자치논쟁과 관련하여 영국 자유당이 처한 어려운 입장은 그들의 지지자들의 대다수는 잉글랜드나 웨일즈에서는 비국교도들이고, 스코틀랜드에서는 장로교도였지만, 종교적으로나 사회적 사안에 대해서 유사한 견해를 취한 얼스터 문제에 대해서는 완전히 분리된 입장을 취해야만 했다는 점이다.

1886년 중반 다시 총선을 치르게 되었을 때 이 선거는 아일랜드 자치 문제에 대한 승인을 묻는 국민투표와 같은 성격을 가질 수밖에 없었다. 글래드스턴의 자유당과 아일랜드 민족당은 협약을 맺어 아일랜드 민족당 의석에는 자유당이 후보자를 내지 않는 대신 브리튼섬의 선거구에서 아일랜드 유권자들이 글래드스턴 자유당을 지지하도록 지원하기로 했다. 그러나 아일랜드계 유권자가 4만 명 정도였고 대다수는 런던, 리버풀과 글라스고에 집중되어 있었기 때문에 그런 협약이 실제로 얼마나 큰 효과를 미칠 것인지는 불투명했다.

이에 대항하여 보수당은 사실상 자유당과 분리되어 활동하는 자유당 연합파의 의석에 후보를 내지 않기로 했고, 자유당 연합파 역시 암묵적으로 유사한 방식으로 대응했다. 선거 전의 낙관적 분위기와는 달리 선거 결과는 자유당에 실망스러운 것이었다. 글래드스턴의 자유당은 단지 192석을 차지했고, 자유당 연합파는 77석을 얻었다. 보수당은 316석으로 1885년 총선 때의 249석보다 의석을 크게 늘렸다. 아일랜드 민족당은 85석을 차지했다.

선거 결과 글래드스턴은 물러나야 했다. 보수당에게는 이제 자유당 연합파의 지지가 중요하다는 점이 분명해졌다. 솔즈베리는 자유당 연합파 지도자인 하팅톤에게 수상직을 권했다. 자유당 연합파 내에서 많은 논란이 있은 뒤 하팅톤은 이를 거절했다. 솔즈베리는 보수당 단독 정부를 구성했다. 솔즈베리가 1886년 7월 이끈 보수당 정부는 이후 6년 동안 유지되었다.

▌자유당 연합파(Liberal Unionist)

1886년 총선 이후 자유당 연합파의 입장은 다소 애매해졌다. 그들은 사실상의 독자적인 정치 세력을 구축했고 하팅톤을 지도자로 뽑았다. 그러나 적어도 1887년 봄까지는 그들은 의회 내에서는 보수당이 아니라 야당인 자유당 쪽 의석에 앉아 있었고, 자유당 원내총무의 지시도 받았다. 이들의 원래 입장은 체임벌린이 다음에서 밝힌 대로 연합왕국 유지라는 제한적인 반대 입장이었지만 근본적인 어려움이 존재했다. "우리의 큰 어려움은 연합왕국을 보존하기 위해서 우리는 보수당 정부가 계속 집권하도록 강요받고 있다는 사실이다. 그러나 우리가 보수당 정부에 찬성표를 던질 때마다 우리는 외부의 평범한 자유당 지지자(the ordinary Liberal politician)에게 충격을 주고 있으며 너무 자주 찬성표를 던지게 되면 우리는 완전히 보수당과 일체화되고 자유당의 지도력을 복원할 수 있는 모든 기회를 잃게 될 것이다"(Douglas 2005: 75). 자유당 연합파가 이런 애매한 입장을 취하고 있는 가운데 이들의 미래에 중대한 영향을 미치게 되는 사건이 발생했다.

1886년 솔즈베리 내각이 출범할 때 랜돌프 처칠 경은 재무장관이 되었다. 그러나 그해 말 처칠은 그가 꼭 필요하다고 생각한 해군 지출 예산과 관련된 논란 속에 사임했다. 그리고 처칠의 자리는 자유당 연합파인 고센에게 제안되었고 그는 보수당 내각에 참여하기로 결정했다. 이로써 자유당 연합파 소속 의원 중에서 처음으로 보수당 내각에 참여하는 인물이 나타나게 되었고, 독자적으로 과반을 얻지 못했던 보수당 정부는 이제 든든한 후원 세력을 얻게 되었다. 고센은 1886년 총선에서 낙선했으나 재무장관으로 임명되면서 하원 의석이 필요했다. 리버풀에서의 보궐선거에서 또다시 낙선했으나, 런던의 보수당의 안전 지역구에 출마하여 보수당의 지원으로 당선되었다. 그러나 이때까지도 자유당 연합파가 자유당으로부터 완전한 결별을 선언했던 것은 아니었다. 1887년 초에 자유당 연합파를 대표하는 체임벌린과 트레벨리안, 그리고 글래드스턴을 대신하여 하코트와 존 몰리, 그리고 허첼(Lord Herschell) 등 5인이 자유당과 자유당 연합파 양측 간 화해를 위한 라운드 테이블 협상(Round Table Conference)을 갖기도 했지만, 이 협상은 결국 결렬되고 말았다.

한편, 총선 이후 아일랜드에서 또 다른 문제가 발생했다. 1881년의 아일랜드 토지법에 의해 고정 지대가 정해졌는데 1880년대 중반 들어 농산물 가격이 급락하면서 많은 소작인들이 지대를 제대로 내기 어렵게 되었다. 이로 인해 아일랜드 주민들의 불만이 높아졌고 다시 사회 질서도 혼란스러워졌다. 1887년 초 보수당 정부는 다시 강제진압법을 부활시키는 한편, 아일랜드 농민을 지원하는 유화 정책도 동시에 폈다. 그러나 이러한 정책들에도 불구하고 아일랜드 내부 사태는 진정되지 않았다. 이런 사태는 글래드스턴에게 유리한 방향으로의 변화였다. 결국 대안은 아일랜드 자치 이외에는 궁극적으로 마땅한 대안을 찾기 어려운 것이기 때문이다. 일련의 보궐선거 결과를 보더라도 총선이 실시된다면 자유당과 아일랜드 민족당이 연합하게 되면 과반 의석을 얻을 것으로 예상되었고 그렇게 된다면 아일랜드 자치법도 통과시킬 수 있을 것으로 보였다.

이 무렵 또 다른 사건이 발생하며 상황을 반전시켰다. 1889년 겨울 아일랜드 자치당 지도자인 파넬의 혼외정사 건이 터졌다. 파넬은 한때 아일랜드 민족당 의원이기도 했던 오쉬(Captain W. H. O'Shea)의 부인 키티 오쉬(Kitty O'Shea)와 오랜 기간 동안 남몰래 정을 통하고 있었는데, 오쉬가 이혼 소송을 제기하면서 부인 이외에 파넬을 또 다른 피고로 제소하면서 이 사건이 대중에 널리 알려지게 되었다. 그러나 이혼은 받아들여지지 않았고 재판도 지지부진해서 1890년 내내 이어졌다. 이 사건은 아일랜드 내 가톨릭뿐만 아니라 영국 다른 지역의 자유당 지지자들에게도 상당한 충격을 주었다.

글래드스턴은 이런 상황에서 파넬이 아일랜드 민족당 지도자로 남아 있는 것은 유권자의 지지 획득에 도움이 되지 않는다고 생각했다. 파넬을 물러나게 하지 않는 한 자유당이 총선에서 승리할 가능성은 그만큼 낮아질 것이며 아일랜드 자치권 부여도 어렵게 할 것으로 생각했다. 글래드스턴은 존 몰리를 통해 파넬에게 아일랜드 민족당 지도자 자리에서 물러날 것을 종용하는 편지를 썼다. 그러나 파넬은 이를 즉각 거부했다. 압력을 넣기 위한 방편으로 글래드스턴은 파넬의 퇴임을 종용한 자신의 편지를 언론에 공개했다. 파넬의 일로 인해 아일랜드 민족당 내부도 분열되었다. 28명은 파넬을 지지했지만, 보다 많은 수인 44명의 의원은 파넬을 떠나 저스틴 맥카티(Justine McCarthy)를 지도자로 하는 반(反)파넬 파벌을 형성했다.

1891년 초 버밍엄 주변인 아스턴 마노(Aston Manor)에서 보궐선거가 실시되었다. 이 지역구는 1885년에는 자유당 의석이었으나 그 이듬해 선거에서는 보수당이 승리한 곳이었다. 그런데 이 보궐선거에서 만약 자유당이 승리한다면 이는 버밍엄을 중심으로 정치적 활동을 전개해 온 체임벌린에게는 매우 당혹스러운 일이 될 것이었다. 체임벌린은 보수당 후보를 최대한 지원하기로 했고 결국 보수당 후보는 손쉽게 승리했다. 체임벌린이 보수당 후보를 지원한 만큼 이제 자유당과 자유당 연합파가 재결합할 가능성은 더욱 낮아졌다. 1891년 11월 25일 체임벌린은 솔즈베리와 함께 있는 자리에서 자유당과의 재결합을 기대하지도 원하지도 않는다고 선언했고, 보수당과 자유당 연합파가 외교 정책이나 모든 국내 정책에서 공동의 기반을 찾을 수 있을 것이라고 밝혔다. 자유당 연합파는 이제 자유당으로부터의 완전한 결별을 선언한 것이다. 이 무렵 자유당 연합파 지도자인 하팅톤이 작위를 받아 상원으로 옮기게 되면서 이제 체임벌린이 실질적 지도자가 되었다.

1892년 7월 의회가 해산되고 새로이 선거가 실시되었다. 대도시 지역에서는 아일랜드 자치 문제가 관심사였지만, 공업 지대에서는 8시간 노동 시간을 법으로 규정하는 문제(Eight Hours Question)가 관심의 대상이었고, 농촌 지역에서는 농업 노동자에 대한 농지 분할 문제가 관심사였다. 한편, 스코틀랜드와 웨일즈에서는 각 지역 교회의 국교회 폐지(disestablishment)가 중요 이슈였다. 총선을 앞두고 글래드스턴은 아일랜드 자치와 스코틀랜드, 웨일즈 국교회 폐지를 약속했다. 선거는 어느 한 정당이 완전한 승리를 거두지 못한 채 끝이 났다. 자유당은 272석으로 이전의 192석보다 의석수를 늘렸지만 과반 의석에는 크게 못 미쳤다. 보수당은 268석으로 이전의 316석과 비교할 때 의석수가 상당히 줄어들었다. 아일랜드 민족당은 파넬파와 반파넬 간의 극심한 분열과 대립에도 불구하고 합쳐서 81석을 차지했다. 자유당 연합파는 77석에서 45석으로 의석수가 크게 줄었다. 1892년의 패배에도 불구하고 자유당 연합파는 계속해서 보수당의 파트너로 남아 있었다. 글래드스턴이 자유당에 존재하는 한 거기서 이탈한 자유당 연합파 의원들이 다시 돌아갈 가능성은 사실상 전무했다.

분명한 승자가 가려지지 않았기 때문에 솔즈베리는 사임을 거부하고 새 의회의 개원까지 수상으로 머물렀다. 그러나 당시 젊은 자유당 의원이었던 애스퀴스(Herbert Asquith)가 보수당 정부에 대한 불신임 투표 안을 제기했고 이는 8월 11일 350 대 310으로 통과되었다. 솔즈베리는 물러났고 이제 글래드스턴이 네 번째이자 자신의 마지막 내각을 구성하게 되었다. 그때 그의 나이는 82세였다.

▌ 글래드스턴의 마지막 내각

윌리엄 하코트와 로즈베리 경(Lord Rosebery)은 1886년 글래드스턴의 네 번째 내각에서처럼 각각 재무장관과 외무장관을 맡았다. 존 몰리 역시 다시 아일랜드 장관이 되었다. 스펜서 백작(Earl Spencer)은 해군성 장관(First Lord of the Admiralty)으로 임명되었다. 1892년 내각에서 가장 눈길을 끌었던 것은 허버트 애스퀴스의 발탁이었다. 재선의 젊은 의원이었던 애스퀴스는 첫 발탁에서 정치적으로 비중이 큰 내무장관으로 임명되었다. 이전 의회에서 자유당 원내 총무였던 아놀드 몰리(Arnold Morley)는 내각 회의에 참여하는 우정국장(Postmaster-General)직을 맡았다.

1893년 2월 글래드스턴은 1886년에 이어 두 번째로 아일랜드 자치법안을 의회에 제출했다. 이 법에 의하면 순수하게 아일랜드와 관련된 사안을 다루는 양원제 아일랜드 의회를 설립하지만, 안보와 외교, 대외 교역과 관련된 사안을 다룰 권한은 부여하지 않았다. 종교적 혹은 개인적 자유와 관련된 사안에 개입할 권한 역시 배제되었다. 아일랜드의 의원들은 자치법 통과 이후에도 웨스트민스터 의회에 출석하지만 배정된 의석수는 줄이도록 했다. 이전 법안을 다소 수정한 것이지만 법안 내용은 여전히 큰 논란을 불러올 수밖에 없는 것이었다. 법안 내용의 상당한 개정 없이는 이 법이 그대로 통과될 것으로 예상하는 이들은 별로 없었다. 하원에서는 자유당과 아일랜드 독립당이 다수를 점하고 있지만 상원에서는 연합왕국의 유지를 원하는 의원들이 압도적이었다. 1893년 4월 하원에서의 두 번째 독회에서 347 대 304로 법안이 통과되었다. 그리고 8월 말 세 번째 독회에서도 301 대 267로 가결되었다. 그해 9월 스펜서 백작이 상원에 법안을 제출했다. 그러나 상원에서의 표결 결과는 압도적인 반대였다. 9월 8일 실시된 상원 표결에서 560명의 의원 중 419명이 반대했고 단지 41명만이 찬성표를 던졌다. 부결보다 반대표의 규모가 더 놀라운 것이었다. 글래드스턴으로서는 이제 상원을 압박할 다양한 방안을 고민해야 했다. 의회를 해산하고 다시 총선을 치르자는 견해도 있었고, 계속해서 하원을 통과시킨 법안을 상원에 보냄으로써 부담을 주자는 의견도 제기되었다.

한편 상원에서 부결된 아일랜드 자치법안 이외에도 1894년 초 두 가지 다른 법안이 상원에서 논의 중이었다. 그 법안은 교구(parish)를 단위로 지방행정 기구를 설립하는 지방정부법(Local Government Bill)과 산업 재해가 발생할 때 고용자가 그 보상 책임을 지도록 하는 고용주 책임법(Employers' Liability Bill)이었다. 이 두 법안 모두 상원에서의 반대로 통과에 어려움을 겪고 있었다. 이 가운데 고용주 책임법은 1894년 2월 하원을 통과했지만 상원에서의 반발이 워낙 커서 결국 내각은 이 법안의 입법을 포기해야 했다. 지방정부법은 상원과 타협이 이뤄지기는 했지만 최종안은 글래드스턴 정부로서는 그다지 달가운 내용은 아니었다.

이런 일련의 사건을 겪으며 글래드스턴은 은퇴를 생각하게 되었다. 그의 나이는 이제 84세였다. 1894년 2월 27일 글래드스턴은 빅토리아 여왕에게 건강상의 이유로 사임하겠다는 의사를 전했고 3월 1일 마지막 각료 회의를 가졌다. 그리고 같은 날 하원에서 마지막 연설을 통해 상원이 수정한 지방정부법을 '반발하지만(under protest)' 수용하겠다고 밝혔다. 네 차례 수상을 역임하면서 보수당의 디즈레일리와 함께 빅토리아 시대 영국 사회의 변화를 이끌어 온 글래드스턴의 시대는 이렇게 막을 내렸다. 특히 그가 오랫동안 집착해 온 아일랜드 자치법안은 끝내 그의 시대에 성공하지 못했지만, 글래드스턴은 용기와 신념을 갖고 시대적 변화의 방향을 제대로 읽고 거기에 부합하는 많은 개혁을 이뤄냈다.

빅토리아 여왕은 글래드스턴에게 후임자의 천거를 요구하지 않았고 그 자신의 판단에 의해 로즈베리(Rosebery)를 수상으로 정했다. 사실 빅토리아 여왕은 자유당 대다수 지도층 정치인들을 좋아하지 않았다. 로즈베리는 외무장관에 킴벌리 경(Lord Kimberley)을 임명하는 등 일부를 제외하고는 이전 글래드스턴의 내각에서 큰 변화를 주지 않았다. 로즈베리는 수상 취임 후 얼마 지나지 않아 사실상 아일랜드 자치법안 처리를 유예하겠다는 시사를 했고 이는 아일랜드 민족당, 특히 파넬파의 강한 반발을 샀다. 그러나 아일랜드 자치안의 유예에도 불구하고 이제 자유당 연합파가 다시 복귀할 가능성은 없었다. 그들은 이미 자유당을 영원히 떠났다.

수상인 로즈베리와 재무장관이었던 하코트는 개인적으로 관계가 매우 좋지 않았지만 하코트의 1894년 예산안은 매우 인상적인 것이었다. 하코트는 해군력 증강 비용 등으로 지출 규모가 커진 예산안을 책정해야 했는데, 소득세를 조금 올렸고 주류에 대한 세금도 올렸다. 가장 중요한 것은 상속세 부과 방식을 크게 변화시켰는데 과거에는 상속 재산의 종류에 대해 상이한 방식으로 세금을 부과했다면, 하코트는 이를 폐지하고 상속세 부과 방식을 상속 규모에 따라 누진적인 형태로 바꾸었다. 이 예산 법안은 하원은 쉽게 통과했으나 상원에서는 상당한 저항이 있었다. 그러나 예산안의 부결은 의회 해산과 새로운 총선을 의미하는 것이었으며 더욱이 이러한 예산안 부결로 인한 총선은 자유당에게 유리한 결과를 가져올 가능성이 높았다. 결국 상원은 마지못해 이 예산안을 가결시켰다. 1894년 자유당 정부가 취한 누진 과세를 둘러싼 상원의 반발은 앞으로 벌어질 매우 중요한 정치적 변화의 출발점이 되었다.

1894년 6월 전국자유당연맹은 상원에 대해 매우 비판적인 결의안을 통과시켰는데, 그해 10월 로즈베리는 브래드포드에서의 한 연설에서 다음 총선의 주요 의제는 스코틀랜드나 웨일즈 교회의 국교제 폐지나 아일랜드 자치법안이 아니라 상원 개혁이 될 것이라고 주장했다. 그는 상원이 정파적 목적에 의해 통제되는 항구적인 정당 조직이라고 비판했다. 여기서 그가 말한 정파는 물론 보수당을 지칭한 것이다. 자유당의 상원 개혁 주장은 이때부터 등장하게 되었다. 1895년 2월의 여왕의 의회 개회 연설(the Queen's Speech)을 통해 자유당은 웨일즈 국교회 폐지, 노동 분규에서 타협을 권장하기 위한 공장법(Factory Acts)의 개정 등을 비롯한 여러 가지 개혁 공약을 담았지만 이들 중 어떤 것도 제대로 입법화하지 못했다. 이처럼 로즈베리의 내각은 그다지 성공적이지 못했다.

이런 상황에서 1895년 6월 21일 당시 전쟁성 장관(the Secretary for War)이던 헨리 캠벨-배너만(Henry Campbell-Bannerman)에 대해 군수 물자 지원의 문제를 두고 불신임 투표가 행해졌고 그 동의안은 7표 차이로 통과되었다. 로즈베리 수상은 이를 내각 전부에 대한 불신임으로 간주했다. 로즈베리는 의회 해산과 새로운 선거를 실시하는 대신, 내각의 사임을 결정했고 보수당의 솔즈베리가 다시 수상이 되었다. 자유당 연합파 소속 의원들은 이제 솔즈베리가 이끄는 보수당 내각에 자유롭게 참여했다. 아일랜드 자치법안을 둘러싸고 자유당이 분열한 지 10년이 지난 이후였다. 자유당의 분열을 지속시키고 자유당과 재결합할 가능성을 피하기 위해서 솔즈베리는 자유당 연합파를 자기 내각의 소수파 파트너로 삼고자 했다. 이들 연립정부는 보수-연합당(Conservative-Unionist Party)으로 불리게 되었다. 자유당 연합파 인사 중 고센은 이번 내각에도 참여하여 해군성 장관을 맡았다. 가장 인상적인 부분은 조세프 체임벌린의 내각 참여인데 그는 식민성 장관(Colonial Secretary)이 되었다.

보수당 내각이 들어섰지만 조기 총선은 불가피한 것이었다. 1895년 7월 총선이 실시되었다. 자유당은 선거운동도 효과적으로 전개하지 못했고 당의 리더십도 안정적이지 않았다. 예컨대, 선거 운동 과정에서 로즈베리는 상원 개혁을 주장했지만 존 몰리는 아일랜드 자치안을 강조했다. 결국 자유당은 1895년 총선에서 대패했다. 자유당은 3년 전 274석에서 177석으로 거의 100석 가까이 줄었다. 보수당은 268석에서 340석으로 의석을 크게 늘렸고 자유당 연합파도 47석에서 71석으로 의석이 늘었다. 아일랜드 민족당은 변함없이 81석을 유지했다. 존 몰리, 윌리엄 하코트, 아놀드 몰리, 쇼 레페버(G. J. Shaw Lefevre) 등과 같이 로즈베리 내각에서 각료직을 맡았던 중진 의원들도 줄줄이 낙선했다. 향후 10년간 지속될 보수당의 지배가 시작되었다.

제국주의와 관세개혁 제4장

▌ 제국주의 이슈와 당내 갈등
▌ 관세개혁 대 자유무역

▌제국주의 이슈와 당내 갈등

선거 패배 이후 자유당의 사정은 매우 나빠졌다. 당내 갈등도 격화되었다. 특히 제국주의가 당내 갈등을 격화시키는 새로운 이슈로 떠올랐다. 아일랜드 자치안에 대해서도 더 이상 커다란 관심을 쏟을 수 없었다. 아일랜드 민족당 역시 내부적으로 심각하게 분열되어 있었다. 선거 이듬해인 1896년 10월 로즈베리는 자유당 당수직에서 물러났다. 글래드스턴은 노령으로 다시 당수직을 맡을 수는 없었다. 글래드스턴은 1898년 5월 세상을 떠났다.

로즈베리가 사임한 이후 한동안 자유당은 효과적인 리더십을 갖추지 못했다. 당시 하원에서는 하코트가 실질적으로 당을 이끌었고, 상원은 킴벌리 백작(Earl of Kimberley)이 새로이 지도자가 되었다. 그러나 하코트 역시 존 몰리와의 갈등을 겪으며 1898년 12월 하원 지도자 자리에서 물러났다. 자유당 하원 지도자의 자리를 놓고 허버트 애스퀴스(Herbert Asquith), 헨리 캠벨-배너만(Sir Henry Campbell-Bannerman), 그리고 헨리 파울러(Sir Henry Fowler) 등 세 명이 경합

을 벌였다. 이 중 헨리 파울러는
중도에 사퇴했다. 남은 둘 가운데
상대적으로 당내 갈등에서 보다
중립적 입장이었던 헨리 캠벨-배
너만이 1899년 2월 자유당 당수로
결정되었다. 한편, 그해 4월 자유
당의 원내 총무(Chief Whip)였던
톰 엘리스(Tom Ellis)가 젊은 나이
에 세상을 떠나게 되면서 글래드
스턴의 아들인 허버트 글래드스
턴이 그 자리를 이어받았다.

| 캠벨-배너만

　1899년은 제국주의 문제가 영
국 정치권 내에서 중요한 이슈로 떠올랐고 이는 자유당의 내분을 가
속시켰다. 남아프리카 트란스발(Transvaal)에서 거대한 규모의 금광
이 발견되면서 남아프리카의 영국 고위 감독관(High Commissioner)
이었던 알프레드 밀너(Sir Alfred Milner)와 트란스발 지도자였던 폴
그루거(Paul Kruger) 사이에 갈등이 고조되었다. 1899년 가을이 되면
서 영국과 트란스발 간의 무력 충돌은 불가피해 보였다. 이 무렵 이
전 자유당 내각에서 일했던 중진들이 모여 상황에 대해 논의한 결과
전쟁 개전 명분이 없기 때문에 보수당 정부는 보어인들과 협상을 계
속하라고 권고하도록 하는 데 합의했다. 그러나 상황은 전쟁 쪽으로
나아가고 있었다. 1899년 10월 트란스발 군대가 나탈(Natal) 지역으
로 진군해 왔고 오렌지 자유국(Orange Free State)도 영국에 선전포고
를 했다. 제2차 보어 전쟁(Boer War)이 시작된 것이다.

　이 전쟁을 두고 자유당은 분열했다. 이전 수상이었던 로즈베리는
이 전쟁을 지지했고 하코트조차도 전쟁 승리를 위해 정부를 지원해

야 한다는 의견을 밝혔다. 전쟁 지원과 관련하여 정부를 비판하는 수정안이 자유당의 필립 스탠호프(Philip Stanhope)에 의해 제출되었을 때 캠벨-배너만은 기권을 권고했다. 그러나 자유당 의원의 절반인 94명은 그 수정안에 찬성표를 던졌고, 15명은 보수당 정부와 입장을 같이 하는 투표를 했다. 이들 중에는 하코트, 로이드 조지(Lloyd George), 존 몰리, 헨리 파울러, 에드워드 그레이 등이 포함되어 있었다. 한편 캠벨-배너만과 애스퀴스, 그리고 허버트 글래드스턴은 기권했다. 제국주의와 전쟁을 둘러싼 자유당 내부의 갈등을 이 표결 결과가 잘 보여주고 있다.

전쟁은 영국에게 유리하게 전개되었고 최종적으로 보어 군대는 격퇴되었다. 1900년 여름 전쟁은 끝이 났고 트랜스발과 오렌지 자유국은 영국 식민지로 합병되었다. 그러나 자유당 내 제국주의 찬성파들은 1900년 3월 제국자유당협회(Imperial Liberal Council)란 이름의 별도 조직을 구성했다. 몇 달 뒤 식민성 장관에 대한 불신임 동의안이 윌프리드 로손(Sir Wilfrid Lawson)에 의해 제출되었는데 자유당은 이 사안을 두고도 분열했다. 로이드 조지와 헨리 라부체(Henry Labouchere) 등 31명의 자유당 의원은 여기에 찬성표를 던졌지만 애스퀴스와 캠벨-배너만 등 35명은 기권했고, 에드워드 그레이와 할데인(R. B. Haldane) 등 40명은 반대표를 던졌다.

전쟁 승리와 자유당의 분열이라는 유리한 상황에서 보수당은 의회를 해산하고 새로이 총선을 치르기로 했다. 이른바 카키 총선(Khaki election)이 실시된 것이다. 보어 전쟁 때 영국군이 새로이 입기 시작한 군복의 색깔이 황갈색, 곧 카키색이었기 때문에 이런 이름이 붙여졌다. 카키 총선이라는 명칭이 시사하듯 전쟁 이슈가 선거를 지배했다. 자유당은 선거 모금에서조차 어려움을 겪었고 567개 선거구 중 397개 선거구에만 후보자를 낼 수 있었다. 선거 결과 보수당은 334석을 얻었고 우군인 자유당 연합파는 68석을 얻어 보수-연합당은 402석을 차지했다. 자유당은 184석, 아일랜드 민족당은 82석을 차지했다. 새로이 구성된, 노동당의 전신이라 할 수 있는, 노동자대표위원회(Labour Representation Committee)의 지원을 받은 후보도 두 명 당선되었다.

선거 이후에도 자유당의 분열은 계속되었다. 전쟁은 끝이 났지만 보어인들이 게릴라전을 지속했고 이러한 저항에 대한 영국의 탄압도 거셌다. 자유당은 이와 같은 상황이 지속되는 것은 보수당 정부가 보어인들에게 조건 없는 항복을 강요하고 있기 때문이라고 비판했고, 캠벨-배너만과 로이드 조지는 무자비하고 야만적인 정책을 보수당 정부가 취하고 있다고 비난했다. 의회 토론에서 로이드 조지는 보어의 민간인들이 당하고 있는 잔인한 대우에 대해 비난하며 이를 의회 표결에 붙이기로 했다. 그러나 자유당은 여기서 또다시 분열되었다. 애스퀴스, 그레이, 할데인 등 50여 명은 표결에 기권했던 것이다. 자유당 내 제국주의 찬성파와 제국주의 반대파는 서로의 견해를 공개적으로 비난하는 수준에까지 이르렀다.

1902년 3월 자유당 내 제국주의 찬성파는 그들의 모임을 재조직해서 이름을 자유주의연맹(Liberal League)으로 개정하고 전 수상인 로즈베리를 대표로, 파울러, 애스퀴스와 그레이를 부대표로 삼았다. 이들은 아일랜드 문제에 대해서도 과거 글래드스턴의 자유당이 추진했던 것과는 달리 자치에 대해 점진적인 방식을 취해야 한다는 입장을 취했다. 이들의 움직임에 대해 허버트 글래드스턴은 몹시 못마땅해했고 이를 일종의 배신행위로 보았다. 이 밖에도 로즈베리, 하코트, 캠벨-배너만과 같은 당내 거물들과 애스퀴스, 그레이, 허버트 글래드스턴과 같은 떠오르는 상대적으로 젊은 지도자들 간의 세대적 갈등도 나타나기 시작했다. 1902년 초까지 자유당의 정치적 탈출구를 제대로 찾지 못하고 있었다. 총선 이후 한 차례 보궐선거가 노스 이스트 라나크셔(North East Lanarkshire)에서 있었는데 자유당은 1885년 이래 지켜왔던 그곳의 의석을 잃었다.

그러나 갑작스럽게 상황이 반전되면서 자유당의 당내 결속이 강화되기 시작했다. 첫 번째 사건은 보수당 하원 원내대표인 밸푸어(Arthur Balfour)가 교육법 개정을 들고 나온 것이다. 기존의 학교위원회가 관장하던 초등, 중등, 기술학교 관련 업무를 지방정부가 담당하도록 하겠다는 것이었다. 문제는 공립학교뿐만 아니라 성공회나 가톨릭에 속한 종교기관 관련 학교들까지 지방 재정의 지원을 받게 된다는 점이었다. 비국교도들이나 프로테스탄트들이 여기에 격렬하게 반대했고, 자유당 역시 이에 대해 반대했다. 교육법(the Education Act 1902)은 결국 통과되었지만 자유당은 모처럼 단합할 수 있었다. 자유당의 결속은 뒤이어 벌어지는 보수당 내부의 분열에 의해 도움을 받게된다.

▌관세개혁 대 자유무역

1902년 7월 솔즈베리는 수상직에서 물러났고 그의 조카인 밸푸어가 후임 수상이 되었다. 그해 말 체임벌린이 남아프리카로 장기간에 걸친 현지조사 여행을 떠났다가 1903년 5월 돌아왔다. 귀국한 지 얼마 지나지 않아 체임벌린은 그의 정치적 기반인 버밍엄에서의 연설을 통해 관세개혁(Tariff Reform)을 주장했다. 체임벌린은 관세개혁이야말로 영국 사회가 당면한 경제, 사회, 금융 분야의 어려움을 해결하게 해주는 방안으로 확신했다. 체임벌린의 관세개혁은 이제 강력한 경쟁자로 떠오른 독일이나 미국과 경쟁하기 위해서 영국은 대영제국을 호혜관세로 보다 가깝게 연계시켜야 한다는 것이었다. 즉 대영제국 외부의 상품이 영국에 수입되는 경우에는 상대적으로 높은 관세를 매기고, 반대로 대영제국 국가들은 영국 상품에 대해 보다 낮은 관세를 물리도록 하자는 것이다.

그러나 이와 같은 보호주의 정책은 보수당 내의 자유 무역론자들로부터 거센 저항을 불러올 수밖에 없는 것이었다. 60년 전 로버트 필 수상이 추진한 곡물법 폐지를 두고 일어났던 것처럼 보호주의 이슈는 다시 보수당 내부를 심각하게 분열시켰다. 적지 않은 수의 보수당 및 자유당 연합파 의원들은 자유무역을 중시하고 있었다. 밸푸어 수상은 어느 한쪽에 개입하지 않은 채 그 갈등에서 한걸음 물러나 있었다. 그의 이러한 애매한 태도는 보수당 내부를 더욱 혼란스럽게 만들었다. 결국 관세개혁을 둘러싼 보수당 내 입장은 찬성과 반대라는 적대적 입장 그리고 밸푸어의 애매한 입장까지 모두 세 가지로 갈리게 만들었다.

보수당 외부에서는 관세개혁에 반대하는 연합파 자유식량동맹(Unionist Free Food League)이 등장했고, 관세개혁을 주장하는 보다 부유하고 강력했던 관세개혁연맹(Tariff Reform League)이 7월 21일 체임벌린의 비공식적인 승인하에 출범했다. 당시 자유무역주의를 주창했던 젊은 윈스턴 처칠(Winston Churchill)을 포함한 일부 보수당 내 자유무역주의자들은 이 문제로 인해 자유당으로 당적을 옮겼다. 보수당은 상층부터 하층부까지 이 사안을 두고 분열되었다(강원택 2008: 117-127).

이에 비해 자유당은 거의 전원이 자유무역을 지지하고 있었다. 관세개혁 이슈는 1890년대 글래드스턴의 퇴임 이후에도 여전히 분열의 후유증에서 벗어나지 못한 자유당이 하나로 단결하도록 하는 데 커다란 도움을 주었다. 자유당은 당시 제국주의 정책을 찬성하는 분파와 로이드 조지 등 제국주의 정책을 반대하는 분파 간 내부 갈등을 겪고 있었는데, 필의 곡물법 폐지에 대한 찬성입장 등 전통적으로 자유무역을 선호하는 자유당의 성향이 자연스럽게 체임벌린의 관세개혁에 반대하는 입장으로 자유당이 단합하도록 이끌었다.

관세개혁을 둘러싼 논란이 보수당에 나쁜 영향을 미친 것은 이 이슈가 단지 보수당을 분열시켰을 뿐만 아니라, 아일랜드 자치법안의 부결과 제국주의 이슈를 둘러싸고 분열 이후 혼란에 빠져 있던 자유당을 재결집시키는 결과를 낳았기 때문이다. 자유당은 자유무역이라는 당의 중요한 정치적 가치를 지키고 보수당을 공격하기 위해 다시 뭉치게 되었다.

체임벌린은 관세개혁을 이끌기 위해서 밸푸어와의 합의하에 1903년 내각을 떠났다. 체임벌린이 내각을 떠나자 밸푸어는 1903년 자유무역주의자인 재무장관 리치와 다른 두 명의 내각장관들을 내보내고, 조세프 체임벌린의 아들인 오스틴 체임벌린(Austin Chamberlin)을 재무장관에 임명했다. 또 다른 자유무역주의자인 데본셔 공작은 그 자리를 유지했지만 그해 10월 1일 셰필드에서 열린 연례 전당대회에서 그는 밸푸어를 비난하며 사임했다. 밸푸어 내각에 관세개혁론자들이 많아지게 되었다. 제국주의 이슈로 분열을 거듭했던 자유당은 이제 자유무역을 둘러싼 보수당의 갈등을 지켜보게 되었다. 자유당의 애스퀴스는 체임벌린의 관세개혁을 매우 효과적으로 비판하고 공격하면서 명성을 높여갔다.

이 무렵의 보궐선거 결과 역시 여론의 흐름이 자유당에게 유리하게 흘러가고 있다는 사실을 확인시켜 보여주었다. 1902년 보궐선거에서 자유당은 세 의석을 보수당으로부터 획득했고, 반대로 보수당과 노동당 전신인 노동자대표위원회(Labour Representation Committee) 후보에게 각각 한 석씩을 잃었다. 1903년 자유당은 네 석을 보수당으로부터 빼앗았고, 노동자대표위원회는 보수당과 자유당으로부터 각각 한 석씩을 얻었다. 관세개혁 논의가 절정이던 자유당은 일곱 석의 보수당 의석을 획득했고 그 이듬해에도 일곱 석을 보수당으로부터 빼앗아 왔다.

여론의 흐름이 유리하게 전개되었지만 자유당으로서는 총선에서 독자적으로 과반의석을 얻을 수 있을 것인가에 대한 확신은 없었다. 아일랜드 민족당의 지원을 기대할 수는 있겠지만 아일랜드 자치 이슈가 재점화하는 것은 자유당으로서도 부담스러운 일이었다. 그 무렵 노동계급의 정치 세력화가 본격화되고 있었다. 1899년 노동조합평의회(Trade Union Congress)는 보다 많은 수의 노동자 의원들을 확보하는 기구 설립을 요구하는 결의안을 통과시켰다. 그리고 1900년 초 노동당이 창당의 기원으로 삼고 있는 노동자대표위원회가 설립되었다. 1900년 총선에서 노동자대표위원회가 지원한 두 명의 후보, 리차드 벨(Richard Bell)과 케어 하디(Keir Hardie)가 당선되었다. 그리고 그 이후의 보궐선거를 통해 노동자대표위원회 소속 의원들은 더욱 늘어나게 되었다.

이런 상황에서 자유당은 이들과 선거 연대를 도모했다. 1903년 자유당 허버트 글래드스턴(Herbert Gladstone)과 노동자대표위원회 램지 맥도널드(Ramsy MacDonald)는 자유-노동당 선거협약(Lib-Lab pact)을 맺었다. 이 협약은 자유당이 노동자대표위원회에게 50여 석의 당선 가능성이 높은 지역구를 내주는 대신 잉글랜드와 웨일즈의 나머지 지역구에서는 자유당에 맞서는 후보자를 내지 않기로 한 것이다. 이 조약으로 이들 두 정당은 반(反)보수당 표를 결집시킬 수 있게 되었다. 자유당은 이제 그들 자신의 경쟁자가 될 정치세력을 제도권 안으로 불러들이게 되었다. 그러나 이 시기 노동 정치는 자유당에게 결코 위협적인 존재가 아니었다.

당내 극심한 분열에 시달리던 보수당의 밸푸어 수상은 1905년 12월 4일 내각 총사퇴를 결정했다. 국왕 에드워드 7세는 자유당 당수 캠벨-배너만에게 정부를 구성하도록 했다. 자유당 내의 갈등은 여전히 존재했고 내각에 참여하는 문제를 두고도 적지 않은 마찰이 있었다. 그러나 비교적 안정적인 내각 구성이 이뤄졌다: 애스퀴스는 재무장관으로, 로버트 레이드(Sir Robert Reid)는 상원의장으로, 할데인은 전쟁성 장관, 그레이는 외무장관으로 임명되었다. 이 밖에 존 몰리는 인도성 장관, 허버트 글래드스턴은 내무장관, 제임스 브라이스(James Bryce)는 아일랜드장관, 그리고 리폰 후작(Marquis of Ripon)은 국새상서(Lord Privy Seal)가 되었다. 데이비드 로이드 조지(David Lloyd George)는 처음으로 내각에 참여하여 무역부장관으로 임명되었고 얼마 전 자유당으로 당적을 바꾼 윈스턴 처칠은 부장관(junior Minister)이 되었다.

소수당으로 권력을 물려받은 자유당 정부는 1906년 1월 다시 총선을 실시하기로 했다. 이전과는 달리 자금 모금도 용이해지면서 자유당은 518명을 후보로 내세웠다. 선거 최대의 이슈는 역시 관세개혁 대 자유무역이었다. 선거 결과 자유당은 400석을 얻는 대승을 거두었다. 이전까지 402석을 가졌던 보수당은 157석을 얻는 데 그쳤다. 보수당의 이런 선거 결과는 1832년 이래 최악의 성적이었다. 심지어 밸푸어 수상도 1885년 선거구가 창설된 이후 줄곧 당선되었던 맨체스터 이스트(Manchester East)에서 낙선했다. 이 중 자유당 연합파는 25석을 얻는 데 그쳤다. 아일랜드 민족당은 83석을 얻었고 노동자대표위원회는 29석을 얻었다. 글래드스턴-맥도널드 간 자유당-노동당 협약의 효과가 확인되었다. 오랜 어려움 끝에 자유당은 이제 커다란 승리를 거두며 권좌에 복귀했다. 한편 29명의 노동자대표위원회 소속 의원들은 이제 스스로 노동당(Labour Party)이라는 독자적 정치

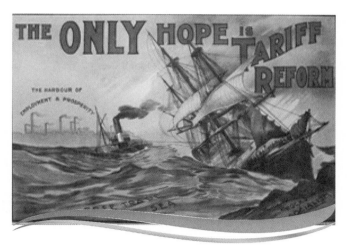

| 1906년 총선에서의 보수당 포스터, "유일한 희망은 관세개혁"

조직을 원내에 구성했다.

한편, 보수당 내에서는 총선 결과로 당내 세력 분포에 커다란 변화가 생겨났다. 1906년 선거에서 당선된 보수당 의원들 가운데 관세개혁 지지자는 109명, 밸푸어 지지자는 32명, 자유무역주의자는 11명, 기타 5명으로 구분될 수 있었는데, 이러한 분포는 체임벌린의 입지를 강화해 주는 것이었다(Ball 1995: 44). 관세개혁에 반대해 온 많은 자유무역주의자들이 선거에서 낙선했다. 자연히 보수당 내 분위기는 관세개혁을 지지하는 분위기로 변모했다. 1907년과 1908년 사이에 영국의 대외교역이 더욱 하락하면서 관세개혁은 경제적 어려움을 극복하기 위한 대안으로 주목을 받게 되었다. 더욱이 밸푸어와 다른 유력 내각 멤버들이 낙선함으로써 보수당 지도자로서 체임벌린 이외에 다른 대안은 당분간 생각하기 어려웠다. 그는 임시 당 대표로 당을 이끌었지만 밸푸어는 당수로서의 권위를 양보하거나 중앙사무국에 대한 통제권을 전국연맹에 물려주려고 하지 않았다. 당내 분위기가 관세개혁 쪽으로 흐르면서 밸푸어 역시 당수직을 유지하기 위해서는 이 문제에 대한 자신의 입장을 정해야 했다.

1906년 2월 14일 성 발렌타인 데이에 밸푸어는 보수당은 체임벌린의 입장을 따라 나아가야 한다는 입장을 밝혔다. '발렌타인 편지(Valentine letters)'로 불리는 이 공개된 서한에서 밸푸어는 관세개혁이 보수당의 중요한 건설적인 사업이라고 선언했다. 이 발렌타인 편지는 체임벌린의 당내 입지를 강화시켰고, 관세개혁을 추진하는 이들에게 커다란 도움을 주었다. 당내에서 관세개혁 지지자들이 다수를 차지하고 있는 상황에서 밸푸어의 지지를 얻어냄으로써 체임벌린은 이제 자유당을 압박하여 선거 승리를 이끌게 된다면 본격적으로 관세개혁 정책을 실현시킬 수 있는 위치에 놓이게 되었다. 그러나 오랜 숙원이 실현될 수 있는 상황이 마련된 바로 그 무렵 체임벌린은 건강상의 이유로 정치에서 물러나야만 했다. 1906년 7월 11일 체임벌린이 심각한 심장병으로 정치 현장에서 물러나게 되었고 1908년이 되면 그가 정치로 다시 돌아올 가능성은 아예 사라지게 되었다. 관세개혁에 대한 추진은 1903년부터 1905년까지 재무장관을 지낸 그의 아들 오스틴 체임벌린(Austen Chamberlain)에게 넘겨졌지만 그는 아버지 조세프 체임벌린과 같은 강력함과 권위를 갖추고 있지는 못했다.

집권 후 자유당은 보호 관세 부과를 회피하는 방식으로 자유무역 정책을 고수했고, 선거기간 중 논란이 되었던 트란스발 광산 지역에서의 '중국인 노예(Chinese slavery)' 문제는 이들의 재계약을 허락하지 않는 방식으로 1910년까지는 모든 중국인 노동자가 떠나도록 하는 조치를 통해서 해결했다. 또한 보어 전쟁의 후유증을 보완하기 위해서 캠벨-배너만은 트란스발과 오렌지 자유국(합병 이후에는 Orange River Colony)에 자치 정부를 구성할 수 있도록 조치했다. 그렇지만 이전과 달리 이러한 조치가 당내 갈등으로까지 비화되지는 않았다. 노동쟁의법(Trade Dispute Act)을 손질하여 노조가 파업으로 인한 손실을 배상하도록 한 부담에서 벗어날 수 있도록 했으며, 노동자배상법(Workmen's Compensation Act)의 제정을 통해 노동자가 근로작업 중 입은 상해에 대해 고용주가 의무적으로 배상하도록 했다. 이 시기의 노동계급 현안의 해결에 자유당이 적극적으로 나섰던 것이다. 그러나 교육법 등 자유당 정부가 추진한 다른 정책들은 보수당이 다수인 상원의 반대로 난항을 겪었다. 한편, 캠벨-배너만은 건강이 극도로 악화되면서 1907년 4월 3일 수상직을 사임했고 애스퀴스를 후임으로 천거했다.

애스퀴스와 로이드 조지의 자유당   제5장

▌ 인민의 예산
▌ 노동계급과 자유당
▌ 아일랜드 독립

■ **제5장** ▬▬▬▬▬▬▬▬▬▬▬▬▬▬▬▬▬▬▬▬▬▬▬ ▮

▌인민의 예산

애스퀴스(Asquith)가 자유당 정부를 이끌게 되면서 로이드 조지(Lloyd George)는 재무장관으로, 허버트 글래드스턴은 내무장관으로, 그레이 경은 외무장관으로, 그리고 존 몰리는 인도성 장관으로 임명되었다. 처칠은 오늘날 상공부에 해당하는 무역위원회 의장이 되었다. 애스퀴스의 자유당 정부는 매우 급진적인 새로운 이슈를 추구했는데 전통적인 자유당의 가치뿐만 아니라 새로운 시대에 합당한 새로운 정치적 · 경제적 질서를 구현하고자 했다. 자유당의 급진적 개혁 정책은 재정적 이슈에서 시작되었다.

자유당 정부는 1908년 노령연금법(Old Age Pension Act)을 도입하여 70세 이상 소득이 없는 노인들에게 그들의 연금에 대한 기여 여부와 무관하게 매주 25센트씩 지급하도록 규정하였다. 이 법은 영국에서 근대적 복지 제도의 기초를 닦은 것으로 볼 수 있으며 1906년부터 1914년 제1차 세계대전 이전까지 자유당 정부가 추진한 광범위한 사회보장 개혁의 중요한 한부분을 차지하고 있다. 그러나 이러한 복지 서비스의 증진은 자연스럽게 재정수입의 문제를 고려하도록 할 수밖에 없었다. 과거처럼 소수의 재산을 가진 이들만이 투표권을 행사할 수 있었을 때 세금인상은 정치적으로 용인될 수 없는 일이었지만 노동계급 유권자들에게까지 선거권이 확대되면서 상황은 크게 달라져 있었다.

| 허버트 애스퀴스

 당시 자유당 정부 내에서는 노령연금 등 복지증진을 위한 재정 지출이 중요하다는 로이드 조지나 윈스턴 처칠 등의 주장과, 독일과의 해군력 경쟁으로 인한 추가적인 군함 건조 등 해군력을 강화하고 제국주의적 이익을 지켜야 하는 입장 간의 갈등이 존재했다. 소위 '대포와 버터(guns and butter)'를 둘러싼 당내 갈등이 존재했던 것이다 (Charmley 1996: 38). 복지확대 때문이든 군비확충 때문이든 정부로서는 재정수입의 증대가 필요했던 것이다. 여기서 로이드 조지가 선택한 해결책은 전례 없이 높은 부자들에 대한 증세를 통한 '인민의 예산(the People's Budget)'의 편성이었다. 윈스턴 처칠 역시 인민의 예산 추진에 적극적이었다. '인민의 예산'은 1909년 4월 29일 재무장관인 로이드 조지에 의해 의회에 제출되었다.

 로이드 조지는 이 예산안이 빈곤의 제거라는 전투를 수행하기 위

| '인민의 예산'의 두 주역: 데이비드 로이드 조지와 윈스턴 처칠(왼쪽에서부터)

한 재정을 마련하는 것이라고 주장했다. 이 예산안은 자유당 정부의 복지 개혁정책을 위한 세금인상을 포함하고 있는데, 소득세는 소득이 높은 이들에게 추가적인 세 부담을 갖도록 조정했으며 특히 5,000파운드 이상의 부유층에 대한 세율을 크게 높였다. 상속세도 인상했다. 가장 논란이 되었던 것은 토지세의 도입으로 토지가 매매되었을 때 토지 가치가 인상된 부분의 20%를 세금으로 걷겠다는 것이었다. 이러한 토지세의 도입은 대지주들에게 매우 불리한 것이었는데 대지주들이 많은 보수당과 상원에서 이에 대한 반대가 높았다.

당시 보수당과 부유층에서는 로이드 조지의 이 정책을 가히 혁명적이라고 할 만큼 개인재산에 대한 심각한 침해와 위협으로 간주했다. 지금까지 영국 정치에서 나타난 사회적 부의 재분배에 대한 가장 분명한 의지가 '인민의 예산'을 통해 대중에게 표출되었다.

이에 대항하기 위해서 보수당은 또다시 관세개혁을 들고 나왔다. 관세개혁이야말로 세수 확대를 위한 보다 효과적인 대안이라고 주장했다. 관세개혁은 수입품에 대한 관세를 통해 재정을 충당하게 해

주고 영 연방체제에서 영국의 산업과 교역에 도움을 줄 것이라는 주장이었다. 밸푸어는 '사회주의' 예산안을 막기 위해서는 관세개혁이 도입되어야 한다고 주장했고, 자유교역을 선호하는 보수당 내 인사들도 '인민의 예산'이라는 더 큰 적에 대항하기 위해 이 주장을 수용했다(Ball 1995: 46). 그러나 관세개혁은 수입식품의 가격상승을 의미하는 것이었기 때문에 이 정책은 대중적으로 그다지 인기가 없었다.

이처럼 보수당으로서는 도저히 로이드 조지의 예산안을 수용할 수 없었다. 예산안을 둘러싼 정치적 공방이 계속되었지만 자유당이 압도적인 다수의석을 차지하고 있는 하원에서 이 예산안의 통과를 막을 수는 없었다. 보수당 당수 밸푸어는 상원 보수당 지도자인 랜즈다운 후작과의 논의를 통해 상원에서 이 예산안을 거부하기로 했다. 이러한 결정은 상원은 재정 관련 법안을 거부하지 않는다는 오랜 관행을 스스로 깨는 것이었다. 지난 2세기 동안 상원은 예산안을 거부한 적이 없었다.[20] 이는 사실 보수당으로서도 부담스러운 일이었다. 상원의 예산안 거부는 영국 헌정 원칙에 대한 위배이며 하원이 지닌 권한에 대한 명백한 침해(Jackson and Leopold 2001: 168)이기 때문이다. 자유당이 다수의석을 차지하고 있는 하원에서 예산안은 어려움 없이 통과되었고 이제 예산안은 상원으로 회부되었다. 1909년 11월 30일 상원은 350 대 75라는 압도적인 표 차이로 '인민의 예산'을 부결시켰다. 예산안의 부결은 내각에 대한 불신임에 해당하는 것이므로 자유당 정부는 의회를 해산하고 새로운 총선을 실시하기로 결정했다.

---

20) 1861년 글래드스턴이 재무장관으로 재직했을 때 상원이 종이에 대한 과세 폐지 법안에 대한 수정안을 결정한 바 있다. 이른바 '지식에 대한 과세' 논쟁 때였다. 그러나 이는 별도로 분리된 재정 관련 법안에 대한 것이며 예산안 전부에 대해 수정할 수 있는 권한은 없으며 지난 2세기 동안 거부의 권한도 행사하지 않았다.

1910년 1월 실시된 총선은 '인민의 예산'을 막은 귀족 상원의 특권과 관련된 '귀족 대 평민 (the Peers versus the People)'이라는 선거 이슈가 지배했다. 보수당이 제시한 관세개혁 이슈는 큰 주목을 받지 못했다. 총선 이슈가 '귀족 대 평민 간의 대결'로 치달으면서 보수당은 토지 소유 계급과 세습 귀족 등 기득권층의 이익을 방어하려는 정치

| 1910년 총선에서의 자유당 포스터

세력으로 비춰질 수밖에 없었다. 그러나 총선 전의 경기가 좋지 않았고 실업도 늘어나고 있었다. 애스퀴스 수상 이전 캠벨-배너만 정부의 정책 실패의 효과가 나타나면서 자유당 정부에 대한 불만도 높았다. 1910년 1월 총선 결과, 자유당은 275석으로 제1당의 지위를 유지했지만 의석수는 1906년에 비해서는 의석이 크게 줄었다. 보수당은 273석을 얻었다. 득표율에서는 보수당이 46.9퍼센트로 자유당의 43.2퍼센트에 앞섰지만 자유당이 두 석 앞섰다.

선거 결과는 자유당이 어느 정당도 독자적으로 과반 의석을 차지

하지 못한 '매달린 의회(hung parliament)'가 되었지만, 자유당은 40석을 얻은 노동당과 82석을 얻은 아일랜드 민족당의 지원으로 보수당에 크게 앞서는 안정적인 과반 의석을 유지할 수 있게 되었다. 애스퀴스가 이끄는 자유당 정부는 다시 권좌에 복귀했다.

자유당 정부는 다시 '인민의 예산'의 통과를 추진했다. 아일랜드 민족당과 노동당의 지지를 통해 하원에서 두 번째로 예산안을 통과시켰다. 선거에서 패배한 보수당이 이번에도 다시 상원을 통해 이 예산안을 거부하기는 어려운 입장이었다. 결국 인민의 예산은 상원에서도 가결되었다. 예산안이 통과되자 자유당은 이제 상원의 개혁 작업에 본격적으로 나섰다. 귀족들로 구성된 상원은 국민들이 선출한 것이 아니기 때문에, 인민의 예산 처리 과정에서 보았듯이, 과세나 재정과 같이 일반 국민의 경제적 삶에 영향을 미치는 재정적 사안에 대해서는 결정권을 가질 수 없다는 것이 개혁 추진의 중요한 근거였다.

상원 개혁은 전통적으로 상원에서 지배적인 위치에 있었던 보수당의 강한 저항을 불러 왔다. 그러나 상원 개혁은 특히 아일랜드 민족당의 열렬한 지원을 받았다. 아일랜드 독립을 추구하는 이들로서는 하원에서 우호적인 정파가 다수당이 되더라도 상원이 강력한 저항의 중심이 될 수 있다는 점을 우려했기 때문이다. 1910년 5월 에드워드 7세가 서거하면서 조지 5세가 즉위했다. 조지 5세 즉위 이후 상원 개혁안을 두고 자유당과 보수당 간의 쉽지 않은 협상이 계속되었다. 보수당은 헌정적 문제에 대한 상원의 권한은 그대로 보유하도록 하자고 요구했고 자유당은 아일랜드 문제를 제외한 헌정적 사안은 허용할 수 있다고 대응했다. 그러나 헌정에 대한 권한을 말할 때 보수당 역시 우려했던 것은 아일랜드 독립 문제였다. 그해 11월 10일 타협을 모색했던 '신의 휴전 회담('the truce of God' conference)'(Ball 1995:

48)은 결국 결렬되고 말았다.

자유당은 다시 이 사안에 대한 국민적 위임을 묻기로 하면서 새로운 총선을 실시하기로 했다. 그런데 자유당이 다시 선거에서 승리하더라도 상원 개혁 법안을 통과시키기 위해서는 상원에서의 법안 통과가 필요했지만, 보수당이 다수를 차지하고 있는 한 법안 통과는 사실상 어려운 것이었다. 따라서 상원에서 개혁법을 통과시키기 위해서는, 국왕의 도움에 의해 수백 명의 자유당 소속 상원 의원을 만들어내야만 했다. 자유당은 조지 5세에게 자유당이 다시 선거에서 승리하게 되면 상원 개혁에 필요한 만큼의 자유당 소속 상원 의원들을 대거 임명해 줄 것을 요구했고 국왕은 이에 대해 동의했다. 이는 400명 이상의 자유당 소속 상원 의원을 임명해야 한다는 것을 의미했다.

1910년 12월 실시된 총선 결과는 그해 1월의 선거 결과에 비교해 별로 달라지지 않았다. 보수당은 1월 선거보다 한 석 줄어든 272석을 얻었다. 자유당 역시 세 석 줄어든 272석을 얻었다. 노동당은 두 석 늘어난 42석을 얻었고, 아일랜드 민족당 또한 두 석 늘어난 84석을 얻었다. 이전과 마찬가지로 자유당은 노동당과 아일랜드 민족당의 지원을 통해 안정적으로 의회 다수 의석을 차지할 수 있게 되었다.

다시 집권한 자유당은 상원 개혁의 핵심을 상원이 2년간 법안 통과를 지연시킬 수 있는 일시적인 거부권만을 허용하는 형태로 권한을 제한하기로 하고, 또한 재정, 세금 등 돈과 관련된 법안(money bills)은 상원의 심의 대상에서 아예 제외하기로 했다. 이처럼 상원의 권한을 제한한 의회법(Parliament Act)이 하원을 통과했다. 그리고 마침내 1911년 7월 마침내 상원의 권한을 축소하는 법안이 상원에 상정되었다. 애스퀴스는 이 무렵 필요한 경우 법안 통과에 필요한 상원 의원을 임명하겠다는 조지 5세의 약속을 공개했다.

이런 상황에서 상원 내 보수당 의원들은 이 이슈를 두고 둘로 갈라지게 되었다. 상원 보수당 의원의 다수는, 국왕이 다수의 자유당 상원 의원의 임명에 대한 굳은 결심을 밝힌 이후에도 이 법안의 통과를 막겠다는 점을 분명히 했다. 이들은 디처(ditchers)라고 불렸다. 이들이 디처라고 불리게 된 것은 디처의 리더 중 하나였던 셀본 경(Lord Selbourne)이 "마지막 순간에 죽음을 맞이할 수 있다(die in the last ditch). 문제는 우리가 어둠 속에서 우리 자신의 손에 의해 죽음을 당해 버려질 것인지, 아니면 백주에 우리의 적에 의해 살해되어 버려질 것인가 하는 점이다"라고 말한 데서 비롯되었다. 이 표현은 당시 보수당 상원 의원들이 느끼는 절박한 심정을 적절하게 묘사한 표현이었다(Adelman 1995; 1995: 1-2).

한편, 이 법안 통과를 현실적으로 막을 수 없다고 보는 이들은 헤저(hedgers)라고 불렸다. 처음에 소수였던 헤저는 커즌(Curzon)과 랜즈다운(Lansdowne) 등이 상원 내 보수당의 저항이 아무 소용없을 것이라는 점을 깨닫고 의회법 통과를 위해 의원들을 결집시켰다. 이들이 헤저라고 불리게 된 것은 상원 개혁법에 반대하는 한 저널리스트가 그들을 상원 개혁을 막기 위한 결의를 보이지 않고 애매하게 빠져나갈 구실을 찾고 있다고 비판하며 비난조로 칭하였기 때문이다(Chamley 1996: 41).

사실 보수당 상원 의원들이 상원 개혁법을 거부하면 국왕은 약속대로 자유당이 상원 내 다수 의석을 차지할 수 있을 만큼의 의원을 임명할 것이었다. 그것은 보수당으로서는 더욱더 재앙스러운 것이 될 수밖에 없었다. 보수당 지도부도 상원 개혁 법안의 통과를 묵인하도록 했다. 그러나 보수당 내에서 저항이 간단치 않았다. 8월 10일 최종 투표가 실시되던 날, 보수당 소속 상원 의원들은 찬성, 반대, 기권의 세 그룹으로 나뉘었다. 한 그룹은 랜즈다운의 지침대로 아예 기권했다. 그러나 114명의 의원들은 보수당 지도부의 뜻과는 달리 반대표를 던졌다. 보수당 상원 의원 중 37명이 상원 개혁 법안에 자유당 의원들과 함께 찬성표를 던졌다. 상원 개혁 법안은 근소한 차이로 통과되었고, 국왕 조지 5세는 법안이 통과된 바로 그날 1911년 8월 18일 의회법을 승인했다. 이와 함께 오랜 기간 끌어온 헌정 개혁 문제가 일단락되었다.

상원 개혁과 함께 자유당은 시대적 변화에 따른 새로운 정치 질서를 주도하는 세력임을 입증했다. 사회경제적 변화, 민주주의의 점진적 진전과 함께 구질서에 기초한 전통적 세력의 권력이 약화되고 일반 대중의 영향력이 증대되고 있음을 상원 개혁의 성공은 잘 보여주고 있다.

▎노동계급과 자유당

의회법이 승인된 바로 그날 영국은 최초의 전국적인 철도파업에 직면했다. 1910년 여름부터 노동분규가 잉글랜드와 웨일스 지역에서 광범위하게 발생하기 시작했다. 이러한 노동자들의 파업은 1910년부터 1912년까지 계속되었는데 철도, 광산, 조선소, 부두 등지에서 노동조건, 급여, 노조 인정 여부 등을 두고 가열차게 전개되어 갔다. 1914년이 되면 파업은 다른 산업분야로까지 확산되어 갔다. 미숙련노동자가 노동조합에 가입하기 시작하면서 노조원의 수도 1910년 250만 명 수준에서 1913년 말에는 400만 명 이상으로 증가했다. 이러한 움직임은 이후 노동 쟁의에 대한 광산 노동자, 철도 노동자, 부두 노동자 간의 협력을 위한 삼각동맹(Triple Alliance)으로 이어지기도 했다.

한편, 노조원의 증가뿐만 아니라 노동 쟁의의 형태도 매우 격렬해서, 1890년대 이후 노동분규를 다 합친 것보다 이 시기에 쟁의 활동의 수와 규모, 그리고 쟁의의 특성에 있어서 '폭력적이고 비합법적이며 반란적 속성(violent, unofficial and insurgent character)'(Holton 1976: 11)까지 나타내고 있었다. 1911년과 1912년 사이에 부두 노동자 파업 과정에서 발생한 일부 항구에서의 약탈과 폭동도 그 사례로 들 수 있다. 이 때문에 자유당 정부는 군을 출동시켜 폭력적 쟁의를 저지했지만, 1911년 리버풀과 남부 웨일즈의 라넬니(Llanelly)에서는 발포로 여러 명이 사망하기도 했다(나종일 · 송규범 2005b: 707).

당시 노동분규에는 생디칼리즘의 영향이 컸는데, 생디칼리즘은 총파업으로 경제를 마비시키고 공장, 은행, 토지 등을 장악하고 궁극적으로 국가를 폐지하고 노동자들의 조합에 기초한 사회를 이루자고 선동했다. 이러한 생디칼리즘의 확산에 대해 영국 중산계급의 우려가 높았지만, 자유당 정부에게 그것은 실질적으로 해결해야 할 현실적 문제였다. 자유당은 노동분규에 대해 언제나 개입하지는 않았다. 예컨대 1912년 런던 부두 노동자의 파업에는 전혀 간여하지 않았다. 그럼에도 불구하고 단기적으로 자유당은 산업분규를 합리적이고 성공적으로 대처했다. 자유당은 당사자들 간의 협상과 타협을 선호했지만, 필요한 경우 신속한 타결을 이루기 위해 조심스럽게 개입했다.

로이드 조지는 이런 정책에 있어 가장 핵심적 역할을 했다. 그 이유 중 하나는 애스퀴스가 협상력이나 노동자들에 대한 동정심 등에서 로이드 조지보다 못하기 때문에 노조를 그만큼 효과적으로 다루지 못한 때문이었다. 로이드 조지는 1907년 그가 상무성을 맡고 있을 때, 철도 노동자들의 분규를 해결해 내는 데에 훌륭한 성과를 보인 바 있다. 1911년 재무장관일 때에는 철도 노동자들의 파업을 불과 이틀 만에 해결해 내기도 했다. 또한 로이드 조지는 광부에 대한 최소임금법(the Miners Minimum Wages Act) 제정에 대한 그의 지지를 통해 그 이듬해에 발생한 광부들의 파업을 해결하는 데에도 깊이 간여했다. 물론 노동분규에 대한 이러한 대응이 근본적인 문제에 대한 해결책이기보다는 일시적이고 임시변통적인 성격을 띠기는 했지만, 그래도 로이드 조지나 자유당 정부가 사회개혁 문제에 대해서 매우 전향적인 태도를 취하고 있었으며, 로이드 조지로 대표되는 급진적 자유주의에 대한 노동자들의 기대감이 존재했다는 점을 보여주는 것이다. 이는 이후의 자유당의 정치적 운명을 생각할 때 의미하는 바가 적지 않다.

사실 1911년 자유당 정부는 오랜 진통 끝에 역사적이라고 할 만한 의회법을 통과시켰지만, 그해 입법화된 또 다른 중요한 법안은 국민보험법(National Insurance Act)이다. 국민보험법은 공장 노동자들에게는 실업에 대비하고, 일반 육체노동자들에게는 질병에 대비한 보장을 규정하고 있다. 이러한 보장을 위한 재원은 노동자와 고용주 그리고 국가가 4:3:2로 부담하도록 했는데, 이 때문에 노동자들을 포함하여 이 법안 도입에 반대가 거셌다. 그러나 로이드 조지는 결국 이 법안의 입법을 관철시켰다. 이 외에도 앞서 언급한 대로 로이드 조지는 애스퀴스 내각이 출범한 직후 노령연금법(Old Age Bill)의 입법을 추진했는데 이 법안은 70세 이상의 노인에게 연금을 지급하도록 하는 것이었다. 이러한 사회개혁 법안들, 그리고 부자, 귀족에 대한 부담 증대를 의미했던 '인민의 예산'처럼 로이드 조지는 급진적 자유주의를 대표했고, 아직 정치적으로 미약했던 노동당을 제치고 자유당은 노동 계급의 이익을 대표하는 정당으로 존재할 수 있었던 것이다.

앞서 살펴본 대로, 1910년 총선은 상원 개혁이라는 상징적 이슈를 중심으로 치러졌는데, 이는 보수당에 반대하는 모든 세력들을 자유당에 대한 지지로 효과적으로 묶어낼 수 있는 이슈였다. 그러나 솔직히 총선 결과는 부분적으로만 성공적이었으며 심지어 실망스러운 것이기까지 했다. 특히 남부 잉글랜드의 중산층은 노동계급에 우호적인 '로이드 조지주의(Lloyd Georgeism)'에 대한 두려움으로 다시 보수당 지지로 돌아섰는데, '인민의 예산'에서 경험한 대로 증세(增稅)에 대한 두려움이 컸다(Adelman 1995; 1995: 6) 그러나 북부 산업 지역에서 자유당은 의석수를 늘렸으며 런던의 빈곤 지역의 의석도 유지할 수 있었다. 이러한 사실은 자유당의 급진주의(radicalism)에 대한 노동계급 유권자의 긍정적 반응을 나타내는 것이었다.

1910년 총선은 노동계급이 사회적 · 경제적 이슈 중요성을 인식하게 되었다는 점에서 '계급 정치'의 중요성이 커진 선거로 바라보기도 한다. 사실 이런 경향은 20세기 초부터 점차 나타나기 시작한 것이지만, 잉글랜드 북부, 스코틀랜드, 웨일즈 지역에서의 자유당 지지와 잉글랜드 남부 지역에서의 보수당 지지라는 지역별 정당 지지의 현저한 차이가 1910년 선거에서 분명하게 부상하게 된 것이다. 이런 상황에서 도시 노동 계급은 자유당을 향하고 있었으며, 노동당은 진보 진영의 보조적 파트너로 남아 있었다.

그러나 자유당에 대한 노동계급의 지지는 선거 이슈의 특성을 고려할 때 예상되었던 것보다 1910년 총선에서 그리 강하게 나타났다고 보기 어려운 면이 있다. 1908년 노령연금 도입과 별개로, 노동계급은 자유당 정부에 의해 도입되었거나 추진된 국가 지원 사회정책에 대해 언제나 항상 우호적인 것은 아니었다. 사실 1910년 자유당이 노동계급 거주 지역에서 얻은 의석수는 1892년 글래드스턴 시대에 자유당이 얻은 것보다는 다소 못한 결과였다. 더욱이 1910년과 1914년 사이 자유당은 보궐선거를 통해 볼 때 지지율이 서서히 하락하고 있었다. 이 기간 동안 자유당은 15개의 의석을 보수당에게 잃었고 두 석은 노동당에게 넘겨주었다. 그런데 노동당은 이 기간 동안 11곳의 보궐 선거에 후보자를 내세웠고 이 중 5개의 자유당 의석은 바로 노동당이라는 제3후보의 존재로 인해 타격을 입었다. 이러한 결과로 특히 요크셔의 산업지대와 웨일즈 남부의 광산 지대에서 자유당-노동당 연대가 약화되기도 했다.

그러나 전체적으로 볼 때, 이 시기에 '적어도 선거 수준에서' 노동계급 유권자의 지지를 얻는 데 있어서 노동당이 자유당에게 실질적인 도전이나 위협을 가했다고 보기는 어렵다.

1910년 1월 선거에서 노동당은 40개 중 한 곳에서도 의석을 얻지 못했고, 12월 선거에서는 42개 선거구 중 단지 두 곳에서 자유당에 맞서 의석을 획득했다. 노동당은 1910년 12월부터 1914년 7월 사이에 치러진 12번의 보궐선거에서 모두 꼴찌를 했고, 가장 높은 득표율이 30퍼센트 수준이었다. 오히려 노동당은 보궐선거에서 4석을 잃었는데 그중 두 석은 자유당에게 빼앗겼다. 노동당은 1900년, 1906년 구성된 의회기간 동안의 보궐선거에서 승리를 낚아챘지만, 1910년 후 노동당은 오히려 그 기세가 위축되어 가는 듯이 보였다. 이 시기에 노동당이 선거에서 자유당을 위협할 만한 수준으로 정치적으로 성장해 가고 있다는 것을 보여줄 만한 사건은 없었다.

1914년 이전 자유당은 좌파의 부상보다 보수당에 대한 지지의 강화로 인해 어려움을 겪고 있었다. 제1차 세계대전이 발발하지 않고 평화가 지속되었다면, 더욱이 자유당-노동당의 연대가 약화되거나 붕괴되었다면 자유당은 다음 선거에서 패했을지도 모른다. 그러나 이 시기 노동당은 여전히 자유당의 적수는 아니었다.

▌아일랜드 독립

자유당과 아일랜드 문제는 긴밀한 역사적 관계를 갖는다. 글래드스턴이 아일랜드 자치문제를 제기하면서 자유당은 분열되었다. 아일랜드 독립 부여에 반대하는 자유당 의원들은 자유당 연합파로 분리되어 나갔고 결국 보수당과 하나가 되었다. 아일랜드 이슈는 사회 개혁적 이슈는 아니었지만 헌정적 정체성과 관련된 현실 정치적으로 매우 민감하고 중요한 문제였다. 이로 인한 정치적 갈등으로 자유당이 추진해 온 사회 개혁 정책에 대한 추진력에도 영향을 미쳤다.

1910년 총선 이후 이 이슈가 다시 정치적으로 부상하게 된 것은, 1910년 두 차례 선거 결과 자유당 정부의 존립이 사실상 아일랜드 민족당에 의존할 수밖에 없었기 때문이었다. 자유당 정부는 1911년 아일랜드의 독립을 허용하는 아일랜드 자치법(Home Rule Bill for Ireland)을 상정했다. 이 법안은 1893년 글래드스턴의 법안과 여러 가지 점에서 유사한 온건한 방식이며 전 아일랜드를 대상으로 하는 법이었다.

그러나 이 법안의 상정과 함께 아일랜드 내 구교도와 신교도 간의 갈등이 심각한 수준으로 격화되었다. 특히 브리튼 섬에서 이주해 간 신교도들이 다수를 차지하고 있는 북아일랜드 얼스터 지역의 9개 카운티 지역 주민의 반대가 심각했다. 영국의 아일랜드 지배하에서 기득권을 누리던 이들은 아일랜드가 독립국가가 되면 소수파로 전락할 처지였다. 자유당은 얼스터 지역의 신교도들로부터 거센 저항에 직면했다. 신교도들은 무장 저항의 움직임을 보였을 뿐만 아니라, 이들을 지지하는 보수당 역시 그들의 이러한 극단적인 저항을 지원하려는 태도를 보였다. 보수당으로서는 아일랜드 문제를 막기 위해 얼스터 지역의 극단주의를 활용하려는 유혹을 가졌던 것이다.

그 자신이 얼스터 출신이었던 보수당 당수였던 보나 로는 "(얼스터 신교도 주민들은) 폭력을 포함하여 그들이 가진 모든 힘을 이용하여 정당하게 저항할 수 있다. 내가 공개적으로 지지하지는 못하더라도 얼스터가 행하게 될 저항의 끝이 어디인지 나는 알지 못한다" (Lane 1974: 52)고 말한 바 있는데, 이는 얼스터 주민의 무력 저항을 통해 의회에서의 표결 처리를 막는 것을 용인한다는 뉘앙스를 담고 있어 커다란 정치적 논란을 일으켰다. 그 역시 아일랜드 얼스터 출신이었던 에드워드 카르손은 아일랜드 독립 법안이 통과되면 얼스터 지방의 주도인 벨파스트에 임시정부를 수립하는 반란계획에 가담하기도 했다. 실제로 카르손은 보수당의 재정 지원을 통해 10만 명의 얼스터 의용군을 조직했고, 이는 아일랜드 구교도들을 자극하여 이들 역시 유사한 규모의 의용군을 조직하도록 만들었다. 보수당의 이러한 태도에 대해 애스퀴스는 이를 두고 그 지역을 무정부적인 상황으로 끌고 가려는 것이라고 비난했다

그러나 이러한 상황은 애스퀴스가 제대로 이해하거나 잘 처리할 수 있는 것이 아니었다. 얼스터 지역 신교도들의 거센 저항을 적절히 다루거나, 또 아일랜드 민족주의자들을 위한 보다 타협적인 정책을 제안할 의사도 능력도 없었기 때문에 애스퀴스는 결국 관망적인 입장을 취했다. 아일랜드 문제는 차분히 때를 기다려 처리해야 한다고 믿었다. 그러나 애스퀴스의 이런 정책은 아일랜드 내에서의 긴장감을 완화시키기는커녕 더욱 극단적인 상황으로 몰고 갈 뿐이었다.

아일랜드 독립 법안은 1912년과 1913년 두 차례 하원을 통과했으나 상원에서 모두 부결되었다. 그러나 1911년 의회법으로 인해 상원의 거부 권한이 폐기됨으로써 마침내 법적 효력을 갖게 되는 1914년까지의 2년 동안 아일랜드 내에서의 긴장은 어떤 형태로든 증대될 수밖에 없었다. 말 그대로 1910년부터 1914년 사이 자유당 정부

의 역사를 지배했던 위기들은 일종의 '내부적 무정부 시기(domestic anarchy)'(Adelman 1995: 4)였던 것이다.

애스퀴스는 아일랜드 독립을 둘러싼 양 측의 갈등을 해결하는 데 있어 현실적인 어려움을 깨닫고 얼스터 지역에 대한 아일랜드 자치 법안의 적용을 6년간 유예하는 수정안을 제시했다. 그러나 이는 카르손에 의해 그저 '형의 집행유예(a stay of execution)(Adelman 1995: 4)'일 뿐이라는 비난을 받았다. 보수당과 얼스터의 신교도들은 얼스터의 항구적인 자치권을 주장했다. 애스퀴스 수상은 보수당 당수 보나 로와 1913년 10월에서 12월 사이에 여러 차례 회담을 가졌고 1914년 7월 21일부터 24일까지는 버킹험 궁에서 공식회의도 열었다. 보수당은 아일랜드 북부 얼스터 지역이 아일랜드 독립 이후 향후 6년간 자치권을 유지하고 그 이후에는 독립 아일랜드에 편입되도록 하자는 자유당의 제안에 반발했다. 대신 아일랜드 독립에도 불구하고 얼스터에는 항구적으로 자치권을 유지하도록 하자고 주장했다.

이는 사실상 아일랜드를 분할하자는 것으로 아일랜드 민족당의 지원에 의존해야 하는 자유당으로서는 받아들이기 힘든 요구였다. 그럼에도 불구하고 정당 지도자들은 마지못해서이기는 하지만 7월 버킹험 궁 회의(Buckingham Palace Conference)를 개최하여 해결책에 합의하려는 마지막 노력을 기울였다. 그러나 이는 명백한 실패로 끝이 났다. 아일랜드 내에서는 금방이라도 내전으로 치달을 상황이었다.

이러한 어려운 문제를 해결해 준 것은 다름 아닌 제1차 세계대전의 발발이었다. 유럽에서 전쟁이 발발한 한 주 뒤 영국이 1차 세계대전에 참전하게 되면서 아일랜드 독립 문제는 전쟁이 진행되는 동안 미뤄질 수밖에 없었다.

전시 연립정부와 분열 제6장

■ **제6장** ▬▬▬▬▬▬▬▬▬▬▬▬▬▬▬▬▬▬▬▬▬▬ ▮

▌전쟁의 발발과 전시 연립정부

1914년 8월 4일 독일이 벨기에를 공격하면서 1차 세계대전이 시작
되었다. 1차 세계대전이라는 위기상황은 국내에서 정치적 휴전으로
이끌게 되었고, 각 정당은 1915년 12월까지 실시해야 했던 총선을 연
기하기로 합의했다. 1914년 7월 유럽대륙에서의 위기 때 보수당은
영국이 프랑스에 대한 도덕적 책무를 다해야 하고 유럽의 세력균형
을 유지하기 위해 개입해야 한다고 자유당을 압박했으며, 전쟁 발발
이후에는 군사적 부진에 대한 자유당 정부의 우유부단함과 무능력
등 책임소재를 드러내고자 애썼다. 그러나 전쟁을 치르고 있는 동안
보수당이 국가의 단결을 해치고 적을 이롭게 한다는 비판에서 벗어
나기 위해서 자유당 정부에 대해 일방적으로 공세적인 입장만을 펼
칠 수는 없었다.

가장 대표적인 경우가 바로 아일랜드 자치법의 처리였다. 이미
1912년 하원을 통과한 아일랜드 자치법안은 상원의 반대에도 불구하
고, 1911년 의회법 규정에 따라 2년간의 유예 기간을 거쳐, 1914년에

는 법적 효력이 발휘되도록 되어 있었다. 그러나 자유당 정부는 전쟁 이후까지 그 법의 실행을 연기하기로 결정했다. 보수당은 아일랜드 자치법안을 받아들일 수 없었지만 전쟁의 와중에 이전처럼 얼스터 지역에서의 내전 발발 가능성을 위협함으로써 법안 통과를 저지할 수는 없었다. 가장 강력했던 저항 수단이 전쟁으로 인해 발목이 잡힌 셈이었다. 보수당은 보나 로가 의회에서 반대연설을 하고 상징적으로 보수당 의원들이 하원 회의장에서 모두 퇴장하는 방식으로 아일랜드 독립 법안 처리에 반대를 표명하는 것이 행할 수 있는 전부였다. 웨일즈 교회의 비국교회법(Welsh Church Disestablishment Bills) 또한 마찬가지로 애스퀴스의 주장대로 통과되었고 이 역시 실행은 전쟁 이후로 미루기로 했다.

사실 1914년 이전 국방이나 대외정책은 영국 정치에서 상대적으로 부차적인 이슈들이었다. 상원 개혁, 아일랜드 독립과 같은 굵직한 이슈들이 정치권을 지배했다. 그러나 1914년 7월 유럽 대륙에서 전쟁이 발발하고 그 직후인 8월 2일 독일이 벨기에 최후통첩을 하면서, 이제 안보 문제가 최우선의 정치적 중요성을 갖게 되었다. 이제 애스퀴스 수상에게 주어진 문제는 영국이 이 전쟁에 개입해야 하는지, 아니면 한 걸음 떨어져 관망해야 하는지를 결정해야 하는 것이었다. 참전에 대한 자유당 내각의 의견은 갈렸다. 그레이, 애스퀴스, 처칠 등은 개입을 주장했다. 프랑스와 맺은 협정 및 유럽에서 힘의 균형을 유지하기 위해서는 개입해야 한다는 것이었다. 그러나 번즈나 몰리 등은 개입하지 말 것을 강력하게 요구했다.

내각의 의견이 이처럼 갈리면서 중도적인 태도를 취한 로이드 조지의 입장이 중요해졌다. 과거에 그는 국방 및 해군 문제에 대해서는 개입에 반대하는 입장을 취했다. 그러나 로이드 조지는 과거에 독일이 모로코와 콩고에 대한 프랑스의 영향력에 반발하여 군함 팬터

(Panther)호를 1911년 7월 1일 모로코의 항구 아가디르(Agadir)에 배치하면서 촉발된 아가디르 위기를 겪으면서 독일에 대한 부정적 태도를 갖게 되었다. 당시 독일은 영국이 이 사태에 대해서는 관련된 이해관계가 없을 것으로 예상했지만, 당시 재무장관이던 로이드 조지는 아가디르 위기에 대해 1911년 7월 21일 맨션 하우스에서의 연설(Mansion House speech)을 통해 독일에 대한 우려와 함께 프랑스, 그리고 러시아와의 연대를 강조한 바 있다. 더욱이 총리가 공개적으로 전쟁개입 입장을 밝히게 된다면, 내각의 집단적 책임이라는 영국 정치의 오랜 관행에 따라 총리의 입장과 다른 각료는 사임해야 한다는 정치적 부담도 로이드 조지는 가질 수밖에 없었다.

8월 3일 독일의 벨기에 침공과 프랑스 지원을 위한 개입의 불가피성을 강조한 그레이의 감동적 의회 연설도 함께 영향을 미치면서 입장을 유보해 온 로이드 조지와 다른 각료들이 개입 지지로 돌아섰다. 그러나 전쟁 참전을 반대한 몰리와 번즈, 그리고 트레벨리안은 결국 내각에서 사임했다. 영국 국민도 이러한 참전 결정을 받아들였다. 내각의 일부 반대를 물리친 애스퀴스의 또 다른 정치적 승리였다. 그러나 그것은 그의 '마지막 승리'(Adelman 1995: 11)이기도 했다.

참전의 결정은 성공적으로 이끌어 냈지만 전쟁의 수행은 그리 쉽지 않았다. 전쟁을 대하는 애스퀴스의 태도는 이전의 전시 지도자들과 크게 다르지 않았다. 수상의 역할은 단지 감독과 조정의 역할을 하고, 전쟁의 수행은 군사 전문가에게 맡겼다. 키체너 경(Lord Kitchener)이 전쟁장관(Secretary for War)으로 임명되었다. 그는 옴두르만(Omdurman)과 카르토움(Khartoum) 전투에서의 승리의 주역이었다. 그러나 개전 초 그는 제 역할을 하지 못해 많은 비판을 받았다. 그는 이번 전쟁이 장기화될 것으로 보고 애국적 열정에 호소하여 50만 명의 전력을 충원해 냈다. 그러나 실제 전쟁의 수행은 그다지 성공적이지 않았다. 존 프랑스(Sir John France) 경이 이끄는 영국 군 원정대 5사단(British Expeditionary Force of five divisions)을 프랑스로 급파했으나 몽(Mons)과 이프레스(Ypres) 전투에서 패배했으며, 1914~15년 겨울 서부 전선에서는 길고 지루한 소모적인 대치가 지속되었다.

전쟁의 발발은 자유당에 매우 나쁜 영향을 미쳤다. 전쟁은 당을 분열시켰고 무엇보다 당이 중시하는 원칙과 충돌을 일으켰다. 자유당 내 좌파 쪽에는 소수의 교조적 전쟁참가 반대자들이 존재했다. 이들은 평화주의자, 급진파, 고립주의자들로서 전쟁기간 내내 정부의 반대자로 남아 있었다. 이들 중 일부는 폰손비(Ponsonby)나 트레벨리안처럼 이후 노동당으로 옮겨가기도 했다. 이들의 반대편에는 몬드(Mond), 달지엘(Dalziel), 게스트(Guest) 등 주로 부유한 사업가 출신이나, 애디슨(Addison)과 같은 급진적 현실주의자(radical realist)를 포함한 과격한 매파들이 있었다. 이들은 전쟁수행에서 애스퀴스 수상의 유약한 리더십에 반발하며 보다 큰 강요와 통제가 따르더라도 전면전의 노력을 기울여야 한다고 주장했다. 그러나 한동안 자유당 내 분위기는 이들 두 그룹이 어느 한쪽으로 기울지 않고 대체적인 균형을 이루며 대립하고 있었다.

대다수 자유당 의원들은 두 과격파의 중간에 머물러 있었는데, 전쟁 참전을 지지하지 않았지만 마지막 순간에 마지못해 전쟁개입을 지원했던 이들이다. 그러나 자유당 정부의 결정에 대해 불만을 지녔고 매우 혼란스러워했다. 이들이 혼란과 불만을 갖게 된 것은 자유당이 중시한 원칙이 전쟁수행으로 혼란을 빚게 되었기 때문이다. 예컨대, 자유당 정부는 전쟁수행을 위해서 국토방위법(Defence of the Realm Act)을 제정했는데, 거기에는 언론 검열이나 외국인에 대한 통제 등 그들이 중시했던 자유주의적 이상과 충돌하는 내용들이 적지 않았다. 따라서 다수 자유당 의원들은 전쟁의 수행이 불가피하더라도, 자유당 정부가 '손을 너무 많이 더럽히지 않고' 자유당이 지켜온 원칙에 따라 전쟁을 치르기를 원했다.

한편, 전쟁시기에 야당인 보수당의 입장 역시 매우 애매해졌다. 자유당 정부를 돕고 싶지는 않지만 영국의 전쟁수행은 지원해야 했다. 또한 유권자의 애국심을 건드리지 않으면서도 자유당 정부의 전쟁수행의 잘못을 비판해야 했다. 전쟁 발발과 함께 보수당, 자유당, 노동당 세 정당 지도부는 총선은 물론이고 당분간 보궐선거까지 연기하기로 합의했다. 이런 합의는 또한 적대국들 앞에서 집권당과 야당을 갈라놓는 국내 정치적인 심각한 대립을 삼간다는 의미를 담고 있었다. 애스퀴스 수상은 하원에서 정부 업무는 필요한 사안에 국한될 것이며, 논쟁적인 사안은 최대한 회피할 것임을 밝힌 바 있었다. 자유당의 애스퀴스와 보수당의 보나 로는 전쟁과 정부를 지원하기 위해 분열적 이슈를 가능하면 부각하지 않음으로써 정당 간 대립을 막으려고 애썼다. 사실 이런 점은 보수당 지도자로서 당내 지위가 확고하지 않은 보나 로에게도 유리한 일이었다. 더욱이 안보, 국가 이익과 애국주의를 강조해 온 보수당으로서도 전쟁 중 정치적인 이유로 사사건건 자유당 정부에 시비를 걸지 않는다는 것은 그들이 중시해 온 명분과도 배치되지 않았다.

그럼에도 불구하고 애스퀴스-보나 로 간에 맺어진 '정치적 휴전'의 합의는 보수당 내 다수 의원들에게는 잘 받아들이기 어려운 일이었다. 이들은 자유당이 원래 비개입주의(neutralist) 전통이 강해서 자유당 각료들이 의지나 역량을 가지고 이 전쟁이 제대로 잘 수행될 수 있을 것인가에 대한 근본적인 의문을 지니고 있었다. 앞서 언급한, 프랑스에서의 전투 실패가 이러한 의구심을 더욱 강하게 만들었다. 이러한 보수당 의원들의 좌절감은 자유당 정부에 대해 전쟁수행

지원을 위한 보다 강력한 조치를 요구하면서 표출되었고, 특히 독일에 대한 동정심을 표시해서 비난의 대상이 되었던 상원의장 할데인(Lord Chancellor Haldane)과 같은 개별 각료들에 대한 비방으로 나타났다. 그리고 이런 분위기는 더 타임즈나 데일리 메일 같은 막강한 친보수당 언론에 의해 더욱 부추겨졌다.

보수당이든 자유당이든 하원 내 모든 정파에서 평의원들의 불만은 비탄이든 분노이든 모두 애스퀴스 수상을 향하게 되었다. 특히 1915년 초 서부 전선에서의 교착상태의 지속과 불투명한 승리의 전망은 애스퀴스 수상에게 어려움을 주었다. 애스퀴스로서는 출구가 보이지 않는 상황이었다. 그해 11월에 전쟁협의회(War Council)가 설립되었고 보수당을 대표하여 밸푸어도 참여하였지만, 이 전쟁협의회 또한 내각과 마찬가지로 전쟁수행과 관련해서 서툴고 비효율적인 것으로 드러났다. 무엇보다 향후 전략을 수립해야 할 군사적·정치적 정보가 효과적으로 제공되거나 공유되지 못했다.

이런 상황이 1915년 봄 터키와의 다르다넬스(Dardanelles) 전투에서의 군사적 참패에도 영향을 미쳤다. 다르다넬스 해협을 통해 갈리폴리 반도의 상륙을 시도한 이 작전은 막대한 병력의 희생만 남기고 처절한 실패로 끝이 났다. 이 전투는 처음부터 취약한 정보와 부실한 전투계획, 육군과 해군 간의 협조 부족, 그리고 해군장관이었던 처칠과 나이 들고 강한 개성을 가진 해군 최고 지휘관(First Sea Lord)이었던 피셔 제독(Admiral Fisher) 간의 계속된 갈등으로 인해 애초부터 심각한 취약점을 갖고 있었다.

다르다넬스 해협에서 해군 공격의 실패 후 피셔는 5월 15일 갑작스럽게 사임했다. 그런데 그 전날 레핑턴 대령(Colonel Repington)이 더 타임즈에 기고한 글을 통해 유럽 서부 전선에서의 탄약 부족을 정부의 책임으로 탓하고 정부의 군수 물자 지원 정책에 심각한 문제점이 있다고 비판했다. 그 이전 이미 영국 군 야전 총사령관인 프렌치 원수는 보다 많은 탄약이 공급되어야 한다고 언론과의 인터뷰를 통해 불만을 드러낸 바 있다. 언론은 전쟁성 장관인 키체너에게 탄약 공급 부족의 책임을 돌렸다. 애스퀴스는 4월 20일 연설을 통해 이런 비판을 모두 부인했다. 그러나 이와 같은 '탄약 스캔들(shell scandal)'과 피셔 제독의 사임은 정치적 위기를 촉발했다.

특히 피셔의 사임은 정치적 위기를 불러 온 중요한 원인이었다. 왜냐하면 이는 보나 로가 애스퀴스에게 정부 구성의 변화를 요구하는 최후통첩을 제시할 수 있는 뚜렷한 명분을 줄 수 있었기 때문이었다. 애스퀴스는 자신과 그의 내각의 약점을 내보일 수 있는 의회 내에서의 토론과 비판을 피하기 위해 보나 로와 만난 후 연립정부 구성을 결정했다. 이로써 애스퀴스는 탄약 스캔들과 피셔의 사임으로 인해 발생한 정치적 위기로부터 벗어날 수 있게 되었지만, 대신 보수당의 내각 참여를 허용해야 했다. 외형상 애스퀴스가 연립내각의 구성을 제안했다고 하더라도 전시 연립정부의 출범은 보수당의 정치적 승리를 의미하는 것이었다.

그런데 사실 피셔의 사임 이틀 전 일군의 보수당 평의원들이 탄약 스캔들과 관련하여 의회 내에서 공개적 질의와 토론을 하겠다고 나섰다. 보나 로는 이를 탐탁하지 않게 생각했다. 보나 로는 보수당의 의원들과 내각 간의 공공연한 대립 · 갈등을 피함으로써 보수당 내, 그리고 국가적으로 단합을 유지하고 싶었고 그럼으로써 자신의 지위가 온전히 유지되기를 기대했다. 실제로 5월 17일 보나 로가 애스퀴스에게 보낸 편지는 결코 최후통첩이나 명백한 연립정부의 요구를 담고 있지 않았다(Adelman 1995: 14). 더욱이 이 편지는 그날 아침 애스퀴스 및 로이드 조지와 직면한 정치 위기에 대해 이야기를 나누고 난 이후에 발송된 것이었다. 따라서 보나 로의 편지는 보수당 내의 의원들의 동의를 얻기 위해 이들과 미리 짜고 행한 것으로 볼 수 있다.

그런 점에서 본다면 보나 로의 최후통첩은 애스퀴스 내각을 붕괴시키기 위한 것이 아니라 사실상 그것을 유지하기 위한 목적을 지니고 있었다. 이러한 전략은 기대한 효과를 보았고 애스퀴스는 연립정부 수립에 대한 즉각적인 동의를 당 내에서 얻어낼 수 있었다. 그런만큼 연립 구성은 애스퀴스만큼 보나 로에게도 책임이 있었다. 그런데 연립정부 구성의 결정은 자유당 당내 구성원과의 협의 없이 짧은 시간 내에 이뤄졌다. 사실 피셔 제독 사임 건에 대한 의회 토론은 그다지 애스퀴스를 우려하게 할 사안은 아니었다. 피셔가 독특한 성격의 소유자라는 점이 잘 알려져 있는 만큼 그 건에 대해 굳이 변호할 필요가 없었다. 더욱이 보수당 의원들 다수가 직접 전쟁에 참전하고 있어서 하원 내에서 자유당은 상당한 수의 과반 의석을 확보하고 있었다.

정말 애스퀴스를 두렵게 만든 것은 다가올 차기 총선의 전망이었다(Pugh 1982: 89). 차기 총선은 1915년 말 늦어도 1916년 1월까지는 실시해야 했다. 하원에서 총선 연기를 결정하더라도 이는 상원에서 부결될 것이 분명했다. 그것은 총선의 즉각적인 실시로 이어질 것이고, 당시 내부적으로 분열되고 전쟁수행을 효과적으로 이끌지 못한 자유당 정부가 패배한다는 것은 너무나도 자명한 일이었다. 연립내각 구성은 그런 점에서 가능한 탈출구였다. 그러나 자유당 내에서 연립에 대한 반대가 강했기 때문에 이를 실현시키기 위해서는 신속하고도 비밀스럽게 일을 추진해야 했다. 그런 점에서 보면 5월 중순경의 위기는 연립정부 구성으로 이끈 결정적 원인이기보다는, 연립정부 추진을 위한 좋은 기회를 마련해 준 셈이다. 애스퀴스의 입장에서 볼 때, 보수당을 연립으로 끌어들인 것은 국가적단합뿐만 아니라 자기 자신을 지키기 위한 방안이었던 것이다. 한편 보나 로는 그의 소심함과 애국심으로 인해 전쟁 중에 총선을 치러야 한다는 것을 그다지 바람직하지 못한 선택으로 생각했던 것이다. 그런 점에서 연립정부 구성은 '당내 평의원의 반대를 무릅쓴 당 지도부 간의 연립(a coalition of the front benches against the back)'(Adelman 1995: 16)이었던 셈이다.

이에 따라 전시 연립내각이 형성되었다. 1915년 5월 보수당은 연립정부에 소수파 파트너로 참여했다. 자유당은 12석, 보수당은 8석의 각료직을 각각 차지했다. 노동당에서는 아서 헨더슨(Arthur Henderson)이 참여하여 교육부를 맡았다. 보수당 당수인 앤드류 보나 로는 식민지성 장관이 되었고, 커존 경은 추밀원, 오스틴 체임벌린은 인도성 장관, 그리고 전임 보수당 당수인 밸푸어는 해군성 장관이 되었다. 연립정부의 핵심 직책인 수상, 재무장관, 외무장관, 내무장관 자리는 연립정부를 주도한 자유당이 모두 차지했고, 전쟁수행의 책임을 지는 전쟁성 장관도 자유당에서 맡았다. 내각에 참여한 자유당 인사들은 애스퀴스와 가깝거나 당 내에서 강한 지지를 받고 있는 이들이었다. 그레이는 외교장관직을 유지했고, 맥케나(McKenna)는 로이드 조지를 대신하여 재무장관이 되었다. 그리고 로이드 조지는 전쟁 군수물자와 관련하여 새로이 신설된 군수성(Ministry of Munitions)을 담당하게 되었다. 처칠은 다르다넬스 패전으로 인한 비난 때문에 내각에서 제외되었다.

한편, 보수당 당수인 보나 로는 자유당 수상인 애스퀴스와 함께 전쟁수행과 직접 관련된 업무에서 빠졌다. 여러 가지로 애스퀴스의 내각 구성은 정치적으로 뛰어난 작품이었다. 그는 정치적 탁월함을 보여주었다. 보수당은 밸푸어를 제외하고는 실제 전쟁과 관련된 업무에서 벗어나 있었다. 경제 분야의 핵심 포스트도 자유당의 자유무역론자들이 책임지고 있었다.

그런데 보수당 평의원들은 애스퀴스가 전쟁을 수행하는 데 대해 국민의 신뢰를 잃어가는 상황에서 보나 로가 조건 없이 연립정부에 참여했다는 데 대해 불만을 갖고 있었다. 더욱이 핵심 직책을 모두 자유당 의원들이 차지한 탓에 일부 보수당 의원들은 연립정부 지원을 거부하기도 했다. 한편, 자유당의 대다수 평의원들과 보수당과

| 로이드 조지

의 연립으로 내각에서 자리를 잃게 된 자유당 하위급 각료들(junior ministers)은 더욱 충격적이었고 분노를 금치 못했다.

5월 19일 자유당 의원총회에서 애스퀴스는 연립정부 구성이라는 그의 결정을 정당화했고, 그 자리에서 방어적이고 감성적인 연설을 통해 지지를 이끌어내는 데 성공했다. 이러한 성공으로 애스퀴스는 수상으로서 그의 권력에 대한 낙관적 태도를 갖게 되었을지 모르지만, 그의 인기는 이미 시들고 있었다. 전시 연립정부 구성은 마지막으로 기회를 줄 테니 한번 해보라는 식의 마지못한 지지에 기반해 있었다. 결국 애스퀴스 전시 연립내각의 목숨은 전쟁 상황을 유리하게 이끌고 갈 수 있느냐에 달려 있는 것이었다.

▌애스퀴스로부터 로이드 조지의 연립정부로

그러나 연립내각의 구성은 애스퀴스의 리더십을 견고하게 만들지도 못했고 전쟁의 방향이나 전략을 근본적으로 변화시키지 못했다. 전투에서의 패배는 계속 이어졌고 군사적 교착 상태도 지속되었다. 다만 새 내각에서 가장 커다란 성공적인 역할을 수행한 것은 로이드 조지였다. 그가 맡은 군수성은 성공적으로 그 역할을 수행했다. 그의 열정, 자신감, 역동성이 전쟁 물품 생산에 활력을 불어넣었다. 로이드 조지 스스로 탄약, 무기 생산에 차질을 가져온 노동 문제, 관료주의, 비효율 등을 해결하기 위해 애썼다.

그가 군수성을 맡고 나서 일 년 이내에 상당히 많은 문제가 성공적으로 해결되었다. 군수성이 담당한 군수물자의 생산량은 이미 생산된 양만으로 전쟁을 마칠 수 있을 만큼 거의 충분한 물량을 생산해냈다. 이와 같은 로이드 조지의 성공은 점차 그로 하여금 애스퀴스의 꾸물거리고 소심한 방식에 대해 비판적인 입장을 취하게 했다. 애스퀴스가 전쟁성 장관인 키체너를 제대로 다루지 못하고, 군 장군들을 다그치지 못할 뿐만 아니라, 전쟁협의회를 효과적으로 구성하고 운영하지 못한다는 점이 다 불만거리였다.

결국 애스퀴스의 애매한 리더십이 전쟁수행을 효과적으로 하지 못하게 만들고 있다고 로이드 조지는 결론을 내렸다. 1915년 12월 하원 연설에서 로이드 조지는 전쟁과 관련된 모든 결정이나 행동이 너무 늦게 이뤄진다고 비판했다. 로이드 조지의 이런 비판은 연립내각 안팎의 공감을 얻었다. 로이드 조지 이외에도 애스퀴스 리더십에 대한 비판자들이 나타나기 시작했다.

한편, 1915년 가을부터 보수당 평의원들은 지도부와 거리를 두기 시작했고 전시 연립내각이 제출한 법안에 대한 반대투표도 자주 나타나게 되었다. 1915년 10월 카르손(Edward Carson)이 전시내각에서 사임하면서, 그는 보수당 내에 불만을 가진 평의원을 대표하는 중심인물이 되었다. 곧 그를 중심으로 보수당 전쟁위원회(Unionist War Committee)가 결성되었다. 100명이 훨씬 넘는 수의 보수당 의원들이 이 모임에 참여하면서, 영향력 있는 당내 모임이 되었다. 그의 입장은 상원의 밀너(Milner)와 같은 인물이나 친보수당 성향 언론인 노스클리프 프레스(Northcliffe Press)[21]의 지지를 받았다.

그런데 애스퀴스와 비판자 간의 갈등에서 가장 주요한 쟁점 중 하나는 징집 문제와 관련된 것이었다. 징집에 찬성하는 이들은 전쟁에 필요한 모든 자원을 강제로 동원해야 한다는 입장이었지만, 이는 자발적인 병역 참여의 원칙을 강조해 온 자유주의자 애스퀴스의 입장과는 상충되는 것이었다. 사실 처음 겪는 '전면전'이라는 이름하에 요구되는 억압적 조치, 징병 필요성의 제기 등은 자유당을 힘들게 했다. 이러한 조치들은 개인의 자유를 중시하는 자유당의 전통적인 입장과 배치되는 것이었다. 자유당은 개인의 자유를 중요시할 뿐만 아니라 국가가 강제로 개인의 생명을 요구하는 것에 대한 거부감이 컸다. 이에 비해 애국주의를 강조하는 보수당은 강제 복무제도는 강제 징집이 아니라 국가를 위한 고귀한 의무를 수행하는 것으로 받아들였다. 흥미롭게도 인적 구성에 있어서도 보수당은 1915년 당시 140명이 넘는 의원들이 군 복무 경험이 있었던 반면, 자유당은 군 경험을 갖는 이들이 많지 않았다. 전선에서의 지지부진한 성과로 인해 어려움을 겪고 있던 상황에서 강제 복무제를 둘러싼 논쟁은 애스퀴스의 지위를 더욱 어렵게 했다.

---

21) 이 언론회사는 영향력 있는 보수지인 『더 타임즈(The Times)』와 『더 메일(The Mail)』을 소유하고 있었다.

대다수 자유당원들처럼 애스퀴스 역시 징집에 대해 확고한 반대 입장을 취하고 있었다. 그러나 당의 단합을 유지하는 문제와 이 사안에 대한 비판을 고려하여, 그는 1915년 10월 충원 담당 책임자였던 더비(Derby)의 이름을 딴 '더비 계획(Derby Scheme)'을 시작했다. 이것은 전형적인 애스퀴스적인 타협책이었다. 이 조치는 모든 남성들이 만약 소집된다면 복무할 의사가 있음을 명백히 밝히도록 하는 것이었다. 이 조치는 등록에 의존하는 것이어서 징집을 향해 한 걸음 나아간 것으로 해석할 수 있는 것이었다. 애스퀴스는 이를 징집의 대안으로 간주했으며, 보다 강력한 조치는 이 방안을 통해 필요한 병력을 충분히 충당해 낼 수 없게 된다면 그때 고려할 것임을 밝혔다. 그러나 이 방안은 실패로 끝이 났다. 애스퀴스는 시간을 미뤄갔지만 이제 어떤 형태로든 징집을 받아들이는 것은 불가피한 일이 되었다.

1916년 초 애스퀴스는 18세에서 41세 사이의 결혼하지 않은 남성에 대한 강제 징집을 위한 새로운 계획을 도입했다. 그러나 그 법안도 5월 하원에서의 논의에서 제외되었다. 아일랜드에서 일어난 부활절 봉기에 따른 공포감의 증대도 부분적인 원인이었다. 그러나 결국 애스퀴스는 내각의 붕괴를 막기 위해 마지못해 이를 수용했고 보편적 군복무를 도입하는 법안이 최종적으로 통과되었다. 내무장관이었던 존 사이먼 경은 아무리 온건한 내용이라고 해도 강제 징집 법안은 수용할 수 없다고 항의하며 사임했다.

애스퀴스가 뒤늦게 강제징집으로 입장을 바꾼 것은 그의 적은 물론 그의 우군에게도 별다른 도움이 되지 못했다. 강제 징집을 원하는 이들은 애스퀴스를 원하지 않았고, 애스퀴스를 원하는 사람들은 강제 징집을 원하지 않았다. 그는 두 진영 모두로부터 환영받을 수 없는 결정을 내리게 된 것이다. 징집 문제에 대한 애스퀴스의 도덕적 용기의 부족과 정치적인 접근은 자유당 동료 의원들을 격분시켰다.

징집을 허용하는 것은 전통적인 자유주의적 입장에서는 무기력과 환멸을 느끼게 해 줄 정도의 심각한 사안이었다. 이제 애스퀴스 리더십의 한계가 드러났으며, 그의 권위와 권력은 절정에서 내려오고 있었다.

이에 비해 로이드 조지는 처음부터 강제징집에 찬성하는 입장이었다. 사실 로이드 조지가 내각에서 사임하겠다는 위협은 애스퀴스가 강제징집을 수용하도록 하는 데 영향을 미쳤다. 그러나 연설에서나 행동에서 드러난 로이드 조지의 호전적 입장과 그의 징집 찬성 견해로 인해 자유당 내에서 그는 점차 소외되어 갔다. 그렇다고 해서 이러한 태도가 대부분의 보수당 의원들이 그를 긍정적으로 평가하도록 하는 데도 도움이 되지 못했다. 그래서 그는 보수당 내 주변적인 인사인 카르손이나 리들(Lord Riddel) 등과 어울렸다. 지지율이 낮아졌다고 해도 여전히 애스퀴스는 나름대로의 정치력을 보여주고 있었고 자유당 내 일반 당원들의 지지를 얻고 있었기 때문에 로이드 조지는 아직 직접적으로 애스퀴스에 도전할 만한 상황은 아니었다.

1916년 봄 연합군의 전선에서의 군사적 상황은 더욱 악화되고 있었다. 6월이 되면서 로이드 조지는 또다시 애스퀴스의 전쟁수행 방식과 역량에 대해 비관적 입장을 갖게 되고 자신의 사임을 심각하게 고려했다. 그러나 그의 입장은 전쟁성 장관 키체너가 러시아 방문 도중 사망하는 사건이 생겨나면서 급변하게 된다. 그는 애스퀴스의 전쟁수행 리더십에 전혀 공감하지 않았지만 그 다음 달 키체너를 대신하여 전쟁성을 담당하게 되었다. 로이드 조지는 전쟁성을 관장함으로써 주요 군 장성들을 통제하고 영국의 전쟁수행을 재조정할 수 있을 것으로 믿었지만, 현실은 그렇지 않았다. 그해 여름 솜(Somme) 전투에서 연합군의 대패 이후, 그는 현재와 같은 전쟁수행 방식으로는 승리할 수 없으며 반드시 어떤 변화가 필요하다는 확신을 갖게 되었다.

11월 중순경 파리에서 열린 연합국 회의에 애스퀴스와 함께 참가한 로이드 조지는 사임 의사를 그를 수행한 핸키(Hankey)에게 넌지시 밝혔다. 핸키는 그의 사임을 말리며 내각과는 별개로 '비교할 수 없는 에너지와 강한 추진력을 소유한 인물'이 주도하는, 소규모 전쟁 위원회(War Committee) 구성을 제안했다(Adelman 1995: 30). 로이드 조지 스스로도 이와 유사한 생각을 하고 있었고 자신이 그것을 맡을 만한 사람이라고 생각했기 때문에, 로이드 조지는 애스퀴스가 이 계획을 받아들이도록 만들겠다고 생각했다. 이를 성사시키기 위해서는 보수당 지도자인 보나 로의 지원이 필요했다. 그러나 보나 로의 지원을 얻기 위해서는 그를 움직이도록 할 만한 보수당 내에서의 압력이 필요했다.

사실 보수당 내의 적지 않은 이들이 애스퀴스 주도하의 연립내각에 머물러 있는 보나 로를 탐탁하게 생각하지 않았다. 애스퀴스의 연립내각에 머물러 있으려는 그의 태도는 당 지도자로서 그의 입지를 취약하게 만들었다. 1916년 11월 나이지리아와의 무역을 담당해 온 영국 기업의 독점적 권한을 풀려는 정책을 두고 보수당 내 격론이 벌어졌다. 보나 로는 이 문제를 관장하는 연립내각 내 식민지성 장관이었다. '나이지리아 논쟁(the Nigeria debate)'으로 불린 이 당내 갈등에서 카르손과 보수당 전쟁위원회(UWC)를 중심으로 한 평의원들이 보나 로에게 대들었다. 이런 상황에서 11월 8일 나이지리아에서 압수한 적의 물품의 판매와 관련된 사소한 사안에 대해 카르손은 64명의 보수당 의원들과 함께 보나 로에 저항하여 반대표를 던졌다. 단지 71명의 보수당 의원들만이 보나 로의 입장을 따랐다. 이것은 애스퀴스와 함께 하려는 보나 로의 입장에 대한 명백한 저항이었다. 그러나 정작 이들 공격의 최종 목표는 연립정부 그 자체였다.

나이지리아 투표의 결과를 보면서 함께 로이드 조지는 전쟁위원회를 위한 자신의 계획을 추진할 지원군을 카르손과 그의 동료들에게서 찾았다. 보나 로가 당수의 지위를 유지하고 보수당의 분열을 막기 위해서는 전쟁의 방향을 재설정하기 위한 그러한 계획에 동의해야만 했다. 보수당의 단결을 유지하고 보나 로의 지위를 지속시키기 위해서는 로이드 조지, 보나 로, 카르손의 협력이 필요했던 것이다. 이들 3인은 애스퀴스가 수상직을 계속 수행하고, 소규모 전쟁위원회는 로이드 조지의 지도하에 두고 실제 전쟁수행과 관련된 업무를 맡기로 합의했다. 11월 25일 보나 로가 이런 뜻을 애스퀴스에게 전달했을 때 애스퀴스는 이 제안을 단호하게 거절했다. 그러나 12월 1일 로이드 조지는 만약 새로운 전쟁위원회 구성의 안이 수용되지 않는다면 사임하겠다고 애스퀴스를 압박했다. 애스퀴스는 전쟁위원회의 기능이나 구성에 어떤 변화가 있더라도 수상이 그 위원회를 책임져야 한다고 주장하면서 로이드 조지의 요구를 수용하지 않았다.

보수당 각료들이 일요일에 회합을 갖는다는 사실을 알고 있던 로이드 조지는 보나 로에게 '이 나라의 운명은 이제 당신의 결연한 행동에 달려 있다'는 내용의 쪽지를 보냈다. 그 회합에서 보수당 각료들은, 여전히 로이드 조지에 대해 비판적이지만, 애스퀴스에 대한 불신임을 결의했다. 애스퀴스와 로이드 조지 두 사람 사이에 어정쩡한 중립적 입장을 취한 것이었다. 그러나 이들의 결의는 이 두 자유당 지도자와 보나 로가 다시 협상을 하도록 압박하기에는 충분한 것이었다. 그리고 결국 애스퀴스는 그들의 요구를 받아들였다.

그러나 그 다음날 발간된 더 타임즈에 새로운 전쟁위원회의 구성과 관련하여 애스퀴스가 전쟁의 최고 책임을 맡기에는 전적으로 부적합하다는 기사가 실리면서 일이 틀어지게 되었다. 애스퀴스는 이 기사가, 로이드 조지의 부인에도 불구하고, 그와 연루된 것으로 생각하면서 전날의 합의를 번복하였다. 애스퀴스는 다른 자유당 중진 의원들과 협의 후 그들의 지지에 고무되어, 보나 로를 제외한 다른 유력 보수당 각료들의 지원을 얻을 것으로 확신하면서, 로이드 조지와의 결렬을 받아들이기로 결심했다. 그 다음날 로이드 조지는 사임했다. 그러나 전시 연립정부의 보수당 각료들은 애스퀴스를 지지하는 대신 그들의 당수인 보나 로를 따라 각료직을 사퇴했고 그날 연립정부는 붕괴되었다. 이제 애스퀴스 자신이 수상직에서 사임해야 했다.

애스퀴스의 사임 이후 보수당의 보나 로는 정부를 구성하려는 제스처를 취했을 뿐, 실제로는 그 사안을 로이드 조지에게 넘겼다. 로이드 조지는 보수당, 노동당 그리고 절반이 조금 안 되는 자유당 의원들의 지지를 확보할 수 있었다. 이렇게 해서 로이드 조지는 수상이 되었다. 그러나 자유당의 두 거물 지도자 로이드 조지와 애스퀴스 간의 관계는 쉽게 회복하기 어려울 만큼 멀어졌다. 애스퀴스는 로이드 조지 내각에 참여하길 거부했고 자유당은 로이드 조지 내각을 지지하는 세력과 반대하는 세력으로 쪼개지게 되었다. 몰락을 향해 자유당은 이제 첫걸음을 떼기 시작했다.

▎로이드 조지의 리더십과 쿠폰 선거

로이드 조지가 내각을 구성할 수 있었던 것은 약 120명의 자유당 의원들의 지원을 얻을 수 있었기 때문인데, 여기에는 그의 심복인 크리스토퍼 애디슨(Christopher Addison)의 노고가 컸다. 로이드 조지는 하원에서 분명한 과반 의석을 확보했지만 애스퀴스와 그의 내각에서 일한 모든 전직 자유당 각료들이 그의 내각에 참여하기를 거부했기 때문에 내각 구성에 어려움을 겪었다. 결국 로이드 조지는 내각의 중추적인 각료직을 거의 전적으로 보수당에 의존해야 했다. 그의 새로운 전시 내각은 그와 보수당의 보나 로, 밀너, 커존 그리고 노동당의 아서 헨더슨으로 구성되었다.

그러나 그의 내각에 참여하기로 한 자유당 의원들은 애디슨과 같이 내각 경험이 없는 의원들이었고, 허버트 피셔(Herbert Fisher)처럼 외부에서 충원된 사람들이었다. 로이드 조지가 절실히 원했던 전직 자유당 각료 중 하나였던 처칠은 보수당에 의해 거부되었다. 보수당의 보나 로는 재무장관과 부수상직을 맡았으며, 5인 전시 내각(five-man war cabinet)의 일원이 되었다. 전임 수상 밸푸어는 외무장관이되었고 이외에도 내무성, 전쟁성, 해군성 등 핵심 영역을 모두 보수당 의원이 맡았다. 1905년 이후 11년 만에 다시 보수당은 정부 정책을 사실상 관장할 수 있는 위치로 돌아왔다.

그 결과 로이드 조지의 전시 연립내각은 정치적으로 매우 독특한 특성을 갖게 되었다. 수상은 자유당이고, 내각의 대다수는 보수당으로 채워져 있으며, 하원에서는 적지 않은 수의 자유당 의원이 내각을 지지하는 동시에, 자유당 당수와 자유당 소속 과반 이상의 의원은 반대당이 되었던 것이다. 자유당 수상이 이끌지만 보수당 의원이 다수인 연립내각이 형성된 것이다. 전쟁은 자유당을 이상한 형태로 분열시켰다.

이처럼 1916년 12월의 로이드 조지가 이끄는 새로운 전시 연립정부의 구성은, 당연하게도, 자유당의 단합에 매우 부정적인 영향을 미치게 되었다. 자유당 지도자로서 애스퀴스는 당 본부, 기금, 당료 등 당 조직을 장악하고 있었고 외곽 조직인 전국자유당연맹의 지지도 받고 있었다. 존 걸란드(John Gulland)는 계속해서 원내 총무직을 수행했다. 이에 맞서 로이드 조지는 연립정부에 참여한 자유당 의원들만의 원내 지도자로 닐 프림로즈(Neil Primrose)를 거쳐 게스트

(Captain 'Freddie' Guest)를 임명했다. 이후 로이드 조지는 공직을 제공하는 대가로 기부를 받아 자신의 정치 기금인 로이드 조지 기금(Lloyd George Fund)을 모으기 시작했다. 그는 또한 친 애스퀴스 신문에 대한 경쟁지로 데일리 크로니클(Daily Chronicle)을 매입했다.

그러나 이때까지만 해도 애스퀴스파와 로이드 조지파 간의 거리감이나 적대감이 화해할 수 없을 정도로 매우 컸다고 보기는 어려웠다. '자유당의 두 원내총무'는 계파와 무관하게 모든 자유당 의원을 대상으로 접촉했고, 의원들의 입장도 친 내각과 반 내각 그룹으로 매우 선명하게 구분되지 않았다. 대다수 자유당 의원들은 계파 간 미묘한 정치적 쟁점에 대해서는 다수가 기권을 했다. 또한 지역구에서도 더비의 보궐선거처럼 계파별 경쟁 후보를 내려고 하지 않았다. 그런 점에서 정당 내부에서의 휴전은 유지되었고, 두 파벌 간의 격한 갈등과 대립에도 불구하고 자유당의 공식적인 단합은 전쟁이 끝날 때까지 유지되었다.

더욱이 애스퀴스는 자신의 입장을 대외적으로 잘 드러내지 않았다. '밖에서 보다 효과적으로 돕겠다'는 마음에 없는 말로 내각에 참여하기를 거부했기 때문에(Adelman 1995: 24), 이제 '야당'을 이끄는 애스퀴스로서는 차분하면서도 책임감 있는 태도를 취하는 것이 필요하다고 생각했다. 이는 심지어 자유당의 중요한 원칙에 어긋나는 사안에 대해서라도, 정부를 무차별적으로 공격하거나 반대투표를 함으로써 국가적 단결을 해칠 수 있는 행동을 하지 않겠다는 것을 의미하는 것이었다. 또한 개인적인 적개심 때문에 로이드 조지를 반대한다는 인상을 주기 싫었고, 야당도 내각과 마찬가지로 애국적이라는 사실을 보여줘야 할 정치적 필요로 인해 로이드 조지 내각에 대한 애스퀴스파의 공세와 비판은 더욱 억제되었다.

그러나 이런 태도로 인해 애스퀴스의 지지자들은 딜레마에 빠졌다. 그들이 내각의 지지자인지 반대자인지 그 정체성이 애매하게 된 것이다. '야당' 자유당 의원의 다수는 원칙적으로 전쟁의 효과적인 실행을 지원할 준비가 되어 있었다. 그러나 그들은 로이드 조지 내각에 대한 애스퀴스의 애매하고 무기력한 태도에는 불만이 적지 않았다. 특히 '야당' 자유당은 징병제 도입을 둘러싸고 보다 극렬하게 반대하는 입장을 취한 자유당 그룹을 포함하고 있었기 때문에 이런 불만은 더욱 컸다. 따라서 적지않은 야당 자유당 소속 평의원들은 애스퀴스와는 달리 로이드 조지 내각을 맹렬하게 비판하고자 했다.

애스퀴스의 애매한 태도에도 불구하고 시간이 갈수록 애스퀴스와 로이드 조지 간의 적대적 관계는 줄어들기는커녕 더욱 악화되었다. 1917년 봄 레딩 경(Lord Reading)이 애스퀴스에게 내각에 꼭 참여해야 한다고 제안했지만 애스퀴스는 이를 단번에 거절했다. 로이드 조지의 지지자들과 애스퀴스 지지자들을 갈라놓은 것은 사실 그들의 배경이나 근원 때문이 아니라 '어떻게 전쟁을 수행할 것이며 누구의 지도하에 수행할 것인가'에 대한 상이한 태도와 관련된 것이었다. 양 측의 심화되는 분열은 하원에서 인도산 면화에 대한 관세(Indian Cotton Duties), 선거권 확대를 규정한 국민대표법, 아일랜드 징집 등 일련의 쟁점 사안을 두고 격렬한 논쟁으로 이어졌다.

이러한 대립 속에서 야당 자유당과 하원의 일부 다른 세력들은 여러 정부 정책에 대해 커다란 적대감을 분명하게 드러내기 시작했다. 마찬가지로 로이드 조지에 대해 우호적인 세력들도 점차 공고화되어 갔다. 로이드 조지 내각이 선거권 확대와 관련해서 징집을 거부한 이들에게는 선거권을 부여하지 않으려는 방안을 검토하는 것에 대해 야당 자유당이 격노하면서, 애스퀴스파인 허버트 사무엘(Herbert Samuel)은 106명의 자유당 의원들이 이에 반대하도록 결집시킬 수 있었다. 이런 쟁점 사안들에 대해 애스퀴스 자신은 어느 하나에 대해서도 반대표를 던지지 않았다. 말하자면 애스퀴스는 적대감에도 불구하고 로이드 조지 정부를 대놓고 공격한 것은 아니었지만, 그렇다고 지지한 것은 결코 아니었다. 자유당의 두 파벌 간 직접적 대립을 피하는 대가로 애스퀴스는 '야당' 자유당을 무기력한 상황으로 몰고 갔다.

그러나 1918년 5월의 '모리스 논쟁(Maurice Debate)'에서는 로이드 조지에 대한 애스퀴스의 적대감이 그대로 드러났다. 이 논쟁은 모리스 소장(Major General Sir Frederick Maurice)의 주장에 의해 촉발되었다. 그의 주장에 따르면, 그해 초 프랑스에 주둔하는 병력을 전시내각이 의도적으로 빼내어 팔레스타인 쪽으로 배치하도록 하는 결정을 내렸으나, 의회에 대한 보고에서는 이를 의도적으로 누락하여 서부 전선의 감축된 병력 수에 대해 거짓 보고를 했다는 것이다. 그는 이런 주장을 담은 글을 여러 언론을 통해 공개했다. 이에 대해 애스퀴스는 로이드 조지를 비난하며 이러한 주장을 조사하기 위해 하원 특별위원회의 구성을 요구하는 동의안을 제출했다. 로이드 조지는 이 요구를 자신에 대한 불신임 투표로 간주했다. 모리스 논쟁은 분열된 자유당의 두 파벌 간 노골적 갈등을 표출한 예외적 사례일 뿐만 아니라, 그간 애매한 태도를 취해온 애스퀴스가 직접 비판의 선봉에 섰고 스스로도 반대표를 던진 유일한 사례라는 점에서 주목할 만하다. 로이드 조지에 대한 애스퀴스의 적대감이 솔직하게 잘 드러난 사건이었다. 그럼에도 애스퀴스는 연설을 통해 그는 내각을 붕괴시키려고 하는 것이 아니라고 주장했다.

로이드 조지는 자신에 대한 불신임 투표에서 298 대 106이라는 큰 표 차로 쉽게 승리했다. 98명의 자유당 의원들은 애스퀴스의 입장을 따랐으며, 72명의 자유당 의원들은 로이드 조지를 지지했다. 많은 자유당 의원들이 기권했지만, 찬반으로 갈린 자유당 의원의 수를 보면

전쟁과 관련된 정책이나 리더십을 두고 자유당의 평의원들이 두 라이벌 사이에서 분명하게 갈라져 있음을 잘 알 수 있다. 그러나 모리스 논쟁을 거치면서 로이드 조지의 지위는 더욱 강고해졌으며, 애스퀴스의 입장은 그만큼 더 취약해졌다.

'모리스 논쟁'은 로이드 조지의 정치적 영향력이 쉽게 허물 수 없는 강력한 것임을 과시했다. 더욱이 전쟁수행, 내각의 운영과 관련된 그의 지배력을 잘 보여주었으며, 전쟁수행과 관련하여 군부에 대한 그의 통제력을 더욱 강화시킬 수 있었다. 이와 함께 야당 자유당이 내각으로 복귀하거나 혹은 로이드 내각 정책에 대한 실질적인 대안이 될 수 없다는 점도 확인시켰다. 점차 로이드 내각은 강화되었고, 1917년 7월 이전 애스퀴스 진영이었던 에윈 몬태규(Ewen Montagu)를 인도성 장관에 임명하고, 처칠을 군수성 장관에 임명하면서 내각 내 자유당 색채를 강화했다. 1918년 7월 군사적 상황이 갑자기 연합군에게 유리하게 전개되면서 로이드 조지는 대중적 지지의 증대와 함께 정치적 입지가 더욱 강화되었다. 이에 반해 애스퀴스파 자유당은 점점 더 중요성이 떨어지고 절망스러운 소수파로 전락해 갔다.

모리스 논쟁 직후 로이드 조지와 그의 자유당 측근들은 총선의 가능성에 대해 생각하기 시작했다. 이런 생각에는 충분한 이유가 있었다. 지난번 마지막 선거는 1910년 12월이었다. 현재의 하원은 대표체로서는 지나치게 오래된 것이었다. 1918년 2월 국민대표법의 통과 이후에는 사실 정치적 대표성의 문제도 있었다. 왜냐하면 이 법으로 영국의 유권자는 이전보다 무려 3배나 늘어났기 때문이다. 가히 혁명적이라고 할 만한 변화를 가져왔기 때문에 확대된 유권자들을 모두 대표할 수 있는 새로운 의회의 구성이 필요했다. 더욱이 선거에서 승리한다면 로이드 조지는 전쟁을 마지막까지 끌고 가야 한다는 명백한 위임을 받은 것이 되며, 협상을 통한 평화의 가능성을 없애고 또한 야당의 무기력함을 명백히 드러내 보일 수 있을 것이었다.

이제 전쟁은 막판으로 치닫고 있었다. 로이드 조지 연립정부가 출범한 사실상의 집권 첫 해인 1917년 서부전선에 대한 진격은 계속해서 실패하고 있었고 별다른 돌파구를 찾지 못했다. 그러나 미국이 전쟁에 참여하게 되었고, 1918년 3월 개시된 독일의 춘계공세가 실패하면서 그해 8월부터 독일군이 점차 밀리기 시작했다. 10월에 이르러 연합군은 독일 국경을 돌파했다. 1918년 11월 11일 베르사유 조약이 체결되면서 제1차 세계대전은 끝이 났다.

이제 선거는 불가피한 일이이었다. 그러나 로이드 조지가 직면한 문제는 그가 '소속된 정당이 없는 수상'(Kenneth 1971: 8)이 될 것이라는 점이었다. 그는 결코 보수당 소속이 될 수 없었다. 그러나 동시에 그는, 이제는 애스퀴스의 수중에 놓인 자유당의 공식 조직을 통제할 수도 없었다.

| 베르사유 조약 때의 로이드 조지(맨 왼쪽), 우드로 윌슨 미국 대통령(맨 오른쪽)

이런 문제점을 극복하기 위한 시도가 모리스 논쟁 이후 이뤄졌다. '야당' 자유당에 비해 미약한 '연립 자유당' 조직을 건설하기 위한 시도가 원내총무였던 게스트를 중심으로 시도되었다. 7월에는 연립 자유당은 보수당과의 협조하에 총선을 치르는 계획을 제시했고 이는 로이드 조지의 승인을 얻었다. 게스트는 보나 로와의 논의를 통해 150명의 로이드 조지파 후보에 대한 지원에 대해 합의했다. 이로써 애스퀴스가 빈정된 이른바 '쿠폰(coupon),' 즉 로이드 조지와 보나 로가 서명한 연립정부의 공식 후보 승인의 편지를 연립정부의 모든 후보에게 발송하도록 했다. 종전 직후인 1918년 12월 로이드 조지는 의회를 해산하고 총선을 실시하기로 했다. 이른바 '쿠폰 선거'가 치러진 것이다. 로이드 조지는 이제 야당이 된 애스퀴스파 자유당의 도전을 받았는데 사실 이들 중 대다수는 그런 상황 자체가 매우 불편한 것이었다. 11월 15일 연립정부에서 탈퇴한 노동당은 이 선거를 세력확장의 좋은 기회로 간주했고 로이즈 조지와 보수당에 대해 강하게 도전했다.

한편, 보수당이 로이드 조지의 리더십하에서 선거를 치르겠다고 합의한 이유는 명백했다. 그들은 보수당이 의회 내 다수 의석을 차지하기 위해서는 1918년 승전 직후 전쟁을 승리로 이끈 지도자 로이드 조지의 높은 인기와 권위를 이용하고 싶었던 것이다. 또한 노동당의 약진을 막기 위해서라도 그들은 의회 내 다수 의석을 차지하기를 원했다. 보수당은 러시아 혁명, 노조 운동의 확산과 호전성, 새로운 선거법에 의한 유권자 수의 증대 등 일련의 사건을 보면서, 노동당이야말로 향후 커다란 위협이 될 것으로 간주했다. 사회주의자들을 막아내기 위해서는 온건 세력은 뭉쳐야 한다고 믿었다.

로이드 조지가 보수당과 협력해서 총선을 치른다는 것은 자유당 내 분열을 더욱 악화시킬 것이라는 점은 자명했다. 로이드 조지는 왜 이런 선택을 했을까? 그는 전시 상황에서 자신이 이끄는 전시 연립정부는 반드시 승리해야 한다고 생각했다. 그러나 보수당과 선거 연합에 대해 합의를 이루게 되자, 그것을 통해 전후 개혁과 재건을 위한 새로운 연립정부를 만들어보고자 하는 생각을 갖게 된 것이다. 이런 생각 때문에 그의 '동료' 자유당 의원들과의 정치적 전쟁에서 로이드 조지는 '쿠폰'을 사용하게 된 것이다.

사실 총선 이전인 1918년 11월 로이드 조지는 애스퀴스에게 상원의장(Lord Chancellor) 자리를 맡아달라고 제안했지만 애스퀴스는 이를 또다시 거절했다. 로이드 조지로서는 쿠폰 선거까지 이르게 만든 것은 전시에 연합정부를 지속적으로 반대해 온 애스퀴스의 잘못이 크다고 생각했을 것이다. 애스퀴스의 이러한 태도를 볼 때 로이드 조지가 보수당과 결별하고 애스퀴스의 자유당과 재결합하는 것도 현실적으로 불가능한 일이 되었다. 로이드 조지의 개인적 시각에서 볼 때도, 이제 명백히 시대적 흐름에 뒤처지고 국민적 신뢰도 떨어졌으며 선거 승리 가능성도 낮은 정당과 연계를 맺어야 할지 고민되는 일이었을 것이다(Turner 1992: 54).

로이드 조지는 '애국적' 정당으로서 보수당이 매우 유리하고, 분열로 인해 연립 자유당이 어려운 상황에서 최소한 159명의 자유당 의원에게 '쿠폰'을 줄 수 있었다. 이들 중 136명이 실제로 당선되었다. 1918년 총선은 연립정부에게 커다란 승리를 가져다주었다. 478명의 연립정부 소속 의원들이 의회로 복귀했다. 이들 중 430명이 쿠폰을 받은 이들이었다. 애스퀴스가 이끈 자유당은 28석을 얻는 데 그쳤다. 애스퀴스 자신을 포함하여 거의 대부분의 애스퀴스파 중견 의원들이 낙선했다. 독자적으로 처음 선거에 나선 노동당은 이전 선거보다 좋은 성적을 거뒀는데 200만 표 이상을 득표했고 63석을 얻었다. 그러나 노동당이 모두 388명을 후보자로 공천했고 자유당이 분열했다는 사실을 감안하면 이 선거에서의 노동당의 성적을 두고 정치적으로 극적인 돌파구가 마련된 것이라고 보기는 어려울 것 같다.

확실히 자유당 간판을 떼고 선거에 나선 로이드 조지의 계획은 성공적이었다. 136명의 쿠폰 후보들의 당선은 놀랄 만한 결과였다. 그러나 1918년 선거에서 보다 중요한 점은, 당선된 383명의 보수당 의원 중 48명이나 쿠폰을 받지 못한 후보들이었다는 데서 알 수 있듯이, 이 선거에서는 '우파로의 전환'이 중요한 흐름이었다는 사실이다. 그런 점에서 1918년 총선은 노동당의 약진을 의도적이고 또 성공적으로 막아낸 선거이기도 했다. 그러나 반(反)노동당 전선은 그리 길게 유지되지 못했다. 1919년 지방선거에서, 특히 도시지역에서 노동당은 눈부신 승리를 거뒀고 1918년과 1922년 사이에 치러진 14번의 보궐선거에서 승리했다.

선거는 승리했지만 연립 자유당은 보수당의 거대한 영향력에 휩쓸려가는 입장이 되었다. 로이드 조지의 뛰어난 정치력과 권위에도 불구하고 그는 점차 보수당의 포로가 되어 갔다. 보수당은 로이드 조지가 승리한 것이 아니라, 자신들이 선거에서 승리했다고 생각했다. 보수당은 총선을 통해 거대 정당이 된 반면, 자유당은 이제 분열되었고 정치적으로 약화된 세력이었다. 자유당은 이제 정치적으로 좌우 양쪽으로부터의 압박에 직면했다. 그 오른쪽에는 호시탐탐 권력을 통째로 장악하려는 보수당이 있었고, 왼쪽에는 서서히 부상해 오는 노동당이 존재했다.

▌분열

쿠폰 선거 이후 자유당은 분열 이후 가장 근원적인 질문에 대해 답해야 하는 상황을 맞이했다. 그것은 이제 자유당은 하나인가 아니면 두 개인가 하는 것이다. 다시 말해 연립에 참여한 자유당과 야당 자유당은 같은 정당 내의 서로 다른 계파인지, 아니면 각각 분리된 별도의 정당인지 이제 그 정체성을 확실히해야 했다. 로이드 조지를 지지하는 연립 참여 자유당의 당원들은 야당에 남아 있는 자유당과 같은 하나의 정당이라는 점을 강조했지만, 애스퀴스가 이끄는 야당 자유당의 지지자들은 연립내각에 참여한 이들에 대해 강한 배신감을 느꼈다. 그리고 자신들을 연립참여 자유당으로부터 분리하는 것을 '원래의 자유당'에 대한 충성으로 생각했다. 이제 양 측의 분열은 불가피한 것이 되었다.

1919년 봄 애스퀴스의 독립 자유당(Independent Liberals, 일명 Wee Frees)은 그들만의 독자적인 의회 조직을 구성하기로 했다. 선거에서 낙선한 애스퀴스가 후에 보궐선거를 통해 의회로 돌아올 때까지 도날드 맥클린 경(Sir Donald Maclean)을 당 대표로, 그리고 호그(J. M. Hogge)와 소온(G. R. Thorne)을 공동 원내 대표로 정했다. 이에 대응하여 로이드 조지는 그 나름대로 자신의 독자적인 의회 조직을 만들고 조지 람버트(George Lambert)를 당 의장으로 임명했다.

이들 두 자유당은 1919년 12월 스펜 밸리(Spen Valley) 보궐선거에서 결국 각각 별도의 후보를 내고 격돌했다. 연립내각 자유당은 독립 자유당 후보로 출마한 존 사이먼 경(Sir John Simon)에 대항하는 후보를 의도적으로 공천함으로써 자유당의 두 세력이 직접 대결을 벌였다. 그리고 자유당과 자유당의 대결의 결과는 노동당이 의석을 획득하는 것으로 끝이 났다. 이 선거의 결과는 이후에 진행되어 갈 자유

| 1920년 펀치(Punch) 잡지에 실린 로이드 조지에 대한 만평

당과 노동당 두 정당의 역사적 운명을 상징적으로 보여주는 결과로 볼 수도 있을 것 같다.

1920년 2월 애스퀴스는 페이슬리(Paisley) 보궐선거에서 당선되어 하원으로 복귀했고 독립 자유당을 다시 이끌게 되었다. 두 자유당은 이제 마치 서로 다른 정당인 것처럼 대하기 시작했고, 독립 자유당은 보궐선거마다 연립참여 자유당에 대항하는 후보자를 내세우겠다고 선언했다. 두 세력 간의 적대감은 더욱 깊어져 갔다. 1920년 5월 리밍톤(Leamington)에서 열린 자유당 전당대회에서는 다수를 차지했던 독립 자유당 지지자들이 연립참여 자유당 지지자들을 비판하고 공격함에 따라 이에 격노한 연립 자유당 지지자들이 퇴장해 버리는 일이 발생했다. 이제는 당원 조직 면에서도 두 자유당은 사실상 분열되었다. 이후 독립 자유당은 로이드 조지의 고향인 웨일즈를 제외한 모든 지역에서의 자유당 조직을 장악하게 되었다.

이로써 연립참여 자유당은 이제 전통적인 자유당의 공식적인 조직으로부터 사실상 별개의 존재로 분리되었다. 이들이 처한 어려움은 사실상 두 개의 자유당으로 외형상 분리되었지만 그들은 모두가 자신들을 여전히 자유당 당원이라고 생각한다는 점이었다. 연립내각에 참여하고 있는 '자유당' 출신 각료들에게 자유당이 주창해 온 이념이나 정책은 그들의 정체성에 있어 매우 중요한 것이었다. 쿠폰 선거 이후 새롭게 구성된 내각은 전시 내각보다 확대된 규모였다. 수상인 로이드 조지를 제외하고 모두 일곱 명의 자유당 인사가 새로이 구성된 내각에 참여하게 되었다. 이들은 주로 전쟁 이후 절실하게 요구되었던 주택, 실업, 교육 분야에서 중요한 사회개혁을 담당했다. 애디슨, 맥나마라(Macnamara), 몬드(Mond), 피셔(Fisher) 등이 이 분야의 책임을 맡았다. 그리고 에드윈 몬타규(Edwin Montagu)가 인도성 장관을 맡았다. 그러나 의회 결정 과정에서 로이드 조지는 압도적 다수를 차지하고 있는 보수당에 의존할 수밖에 없었다. 연립참여 자유당의 영향력은 의회보다 내각에 존재했던 것이다. 그런 점에서 연립 참여 자유당은 오히려 각료들의 정당(Adelman 1995: 31)과 같다고 할 만한 것이었다.

연립 자유당이 독립 자유당과 합쳐 옛날의 자유당으로 돌아가는 일이 현실적으로 어렵게 되었다는 사실이 분명해지면서, 로이드 조지는 연립 자유당과 보수당을 사회주의에 반대하는 강력한 세력으로 힘을 합쳐 새로운 중도 정당(Centre Party)을 만들려는 시도를 했다. 그가 노동당을 볼쉐비즘으로 비판한 것도 그 때문이었다. 그러나 보수당은 로이드 조지의 중도당 창당 아이디어에 동의하지 않았다. 보다 중요한 점은 연립내각에 참여한 대다수 자유당 출신 각료들이 로이드 조지의 생각과는 달리 그들의 '자유당'을 지키고 싶어 했다는 사실이다. 이들은 보수당과의 새로운 정당 창당에 반대했고 오히려 로이드 조지의 기회주의에 불쾌해 했다. 따라서 중도 정당 아이디어는 더 이상 진전될 수 없었고, 1920년 봄이 되면 이러한 구상은 사실상 무산되고 말았다.

실패로 돌아가는 했지만 로이드 조지가 보수당과의 합당을 통한 새로운 정당을 창당하고자 했던 사실은 당시 연립내각에 참여한 자유당원들의 곤혹스러운 입장을 잘 보여주고 있다. 자유당이라는 원래의 정치적 고향으로 다시 쉽게 되돌아갈 수 없게 되었지만, 그렇다고 해서 자신들이 지켜온 독자적 정체성을 버릴 의향도 없었기 때문이다. 결국 그들에게 남아 있는 유일한 돌파구는 현재의 상황을 그대로 받아들이고 그들만의 독자적인 조직을 구축함으로써 별도의 정당으로 전환하는 길뿐이었다. 이에 따라 게스트의 뒤를 이어 원내 대표가 된 찰스 맥커디(Charles McCurdy)는 '로이드 조지 기금'으로부터의 재정적 지원을 받아 독자적인 조직 구축 작업에 들어갔다.

1921~1922년 사이에 200개가 넘는 연립참여 자유당의 지구당 조직이 만들어졌고, 보다 큰 단위의 지역 조직도 만들어졌다. 또한 『로이드 조지 자유당 매거진(Lloyd George Liberal Magazine)』이라는 이름의 독자적인 잡지도 발간했다. 외형적으로 조직의 구색을 갖춰 갔지만, 이러한 시도는 그다지 성공적이지 못했다. 풀뿌리 수준에서 확고한 지지층을 확보하지 못했으며 더욱 중요한 점은 정치적으로 자신들의 존재 이유를 명확하게 제시하기 어려웠기 때문이었다. 그들의 조직적 취약함은 1918년에서 1922년 사이 실시한 보궐선거에서 연립참여 자유당이 거둔 결과에서 잘 알 수 있다. 그 기간 중 실시된 25곳의 보궐선거에서 연립참여 자유당은 9곳에서 패했는데, 이 중 8곳은

노동당에게 패했다. 다른 지역의 의석들은 보수당의 의도적인 지원에 의해 유지될 수 있었다.

이런 흐름 속에서 연립정부 내부에 자유당의 정치적 성향과 영향은 점차로 약화될 수밖에 없었다. 보수당의 공세로 1921년 7월 애디슨이 사임하고, 그리고 9개월 뒤 몬타규까지 사임하게 되면서 이후 연립정부 내 자유당 쪽의 영향력은 크게 약화되었다. 이제 연립정부에 참여하고 있는 자유당과 그 지도자 로이드 조지의 미래는 보수당의 당내 분위기에 전적으로 의존할 수밖에 없는 듯이 보였다. 그러나 로이드 조지와 자유당을 품고 있는 보수당 내부의 인내력은 점차 한계에 가까워져 가고 있었다. 당내 큰 영향력을 갖고 있던 보수당 의장 조지 영거 경(Sir George Younger)은 이미 당 지도자 보나 로에게 자유당과의 연립의 중단을 종용하는 편지를 보내기도 했다.

연립에 참여한 자유당이 곤혹스러운 상황에 놓여 있었던 것처럼, 야당으로 남아 있는 독립 자유당 역시 그들이 해결해야 할 문제점을 지니고 있었다. 그들은 위 프리(Wee Free)라고 스스로 부른 독립 자유당으로서의 독자성을 고집해 왔다. 그러나 과연 무엇을 위한 독립, 독자성인가? 이 질문에 대해 그들은 분명하고 확신에 찬 답을 제시할 수 없었다. 독립 자유당 내에 일부 급진적 자유주의의 전통이 남아 있기는 했지만, 벅스턴, 트레벨리안, 폰손비, 웨지우드 벤(Wedgewood Benn) 등과 같은 제1차 세계대전 전에 활약했던 뛰어난 급진주의자들은 이미 노동당에 가입했거나 가입을 준비하고 있었다. 이들을 제외한 독립 자유당 내의 다른 중견 의원들은 보수당의 경제 정책에 대한 '애매한' 대안만을 이야기할 뿐이었다. 시대적 흐름과 변화에 부합하는 보다 혁신적이고 새로운 아이디어가 독립 자유당 내에서 나타나지 않았다.

1922년 일흔이 된 애스퀴스 역시 이제는 강한 지도력을 보여줄 수도 없었고, 램지 맥도널드가 이끄는 노동당의 위협적인 도전에 맞설 수 있는 새롭고 과감한 변화의 방향과 목표를 제시할 수도 없었다. 이와 같은 당 지도부의 한계는 지방의 당 조직의 약화와 당원들의 사기 하락으로 이어졌다. 그리고 이러한 쇠퇴는 쿠폰 선거 이후 본격화된 '두 자유당' 간의 서로 물고 뜯는 격렬한 대립과 갈등에 의해 더욱 재촉되었다. 그 결과는 두 자유당 모두에게 매우 나쁜 영향을 미쳤다. 노동당의 약진을 막기 위한 자유당 스스로의 개혁이 필요한 시점에 자유당은 분열되었던 것이다. 애스퀴스의 자유당은 새로움의 의지를 보여주지 못했고, 변화를 이끌고 나갈 수 있었던 로이드 조지는 당 조직을 장악하지 못했다. 지방선거나 보궐선거에서 자유당은 이제 노동당에게 밀리게 되었다. 특히 대도시에서 노동당의 약진이 두드러졌다. 1918년과 1922년 사이에 실시된 보궐선거에서 독립 자유당은 그들이 후보자를 낸 24번의 보궐선거에서 15번이나 집권연립, 노동당에 이어 3등을 기록했다. 연립 참여 자유당이나 독립 자유당 모두 그 미래는 대단히 암울해 보였다.

▎로이드 조지 내각의 붕괴

1921년 중순부터 보수당은 로이드 조지와 불화하기 시작했다. 특히 보수당 지역 조직에서 로이드 조지와의 연립에 대한 비판이 커졌다. 로이드 조지 수상의 많은 정책이 이제 불만을 일으켰다. 독일에 대한 그의 유화적 태도, 볼셰비키나 아일랜드 독립 강경파(Sinn Fein)들과의 타협 의사, 사회 개혁에 대한 공감, 그리고 재정 지출을 둘러싼 보수당과의 갈등 등이 모두 보수당 지지자들로서는 불만스러운 것들이었다. 보수당의 입장에서 볼 때, 보다 불만스러운 점은 로이드 조지의 국정 운영 방식이었다. 그는 이제 '전쟁 독재자(War Dictator)'(Adelman 1995: 33)처럼 독선적으로 행동하고, 하원과 내각 각료를 무시하는 듯한 태도를 보이기 시작했다.

로이드 조지를 불신하는 보수당 의원들의 눈에는 그가 파렴치하고 진실되지 않으며, 일관된 어떤 정치적 원칙을 결여했거나 혹은 전후 정책 추진에 있어 분명한 방향과 목표가 결여된 사람으로 보였다. '작위 판매'에 대한 그의 태도, 곧 로이드 조지 펀드의 모금 방식도 당연히 논란거리가 되었다. 후에 보수당 정부의 수상이 된 스탠리 볼드윈이 1922년 칼톤 클럽 회합에서 로이드 조지를 지칭하여 그가 자유당을 몰락시킨 것처럼 이제 보수당을 몰락시킬 수도 있다고 비판한 것은 이러한 보수당 내의 불만을 잘 드러내 보인 것이다.

사실 전쟁의 종식과 함께 로이드 조지가 전쟁 중 보여준 강인하고 노련한 이미지는 아무래도 예전만큼 효력을 가질 수가 없었다. 경제 불황과 심각한 불황의 영향으로 영국 경제는 '웨일즈 출신의 마법사 (Welsh Wizard)'(Adelman 1981: 34)로 불린 로이드 조지 조차 쉽게 풀기 어려운 상황으로 변화해 갔다. 참전 후 귀향한 군인들에게도 만족할 만한 생활을 보장해 주지 못했으며, 더욱이 노동계급의 불만도 고조되어 전투적인 노동운동의 폭발로 이어졌다. 그러나 로이드 조지 수상은 이에 대해 효과적으로 대처하지 못했다. 예컨대, 광산의 국유화 방안을 권고한 1919년의 샌키위원회(Sankey Commission)의 제안은 로이드 조지에 의해 거부되었고, 이로 인해 광부들은 로이드 조지가 그들을 배신했다고 느끼게 되었다.

노동계급과 관련된 이슈에 대해 로이드 조지의 대응이 한계를 보인 반면, 노동당의 세는 꾸준히 증대해 오고 있었다. 보수당의 입장에서 볼 때 '사회주의의 위협'은 1920년대 초 가장 중요하고 심각한 정치 문제였다. 그래서 이제는 거추장스러운 자유당과의 협력에서 벗어나서 강하고 단결된 독자적인 보수당으로 되돌아가서 위험스러운 노동당의 부상에 맞서야 한다는 공감대가 보수당 내에서 나타나기 시작했다.

현실적으로도 로이드 조지나 연립정부의 인기가 시들해진 만큼 보수당이 로이드 조지의 이름 뒤에서 숨어 있을 이유는 없었다. 선거 승리를 위한 로이드 조지의 영향력도 예전 같지 않았다. 실제로 보수당 의원들은 이제 보궐선거에서 그들만의 독자적 색깔로 선거를 치르고 있었다. 1922년 뉴포트(Newport) 보궐선거에서는 독자적으로 출마한 보수당 후보가 노동당 후보 및 연립정부 공천 후보를 누르고 당선되었다. 연립정부 공천 후보는 3위에 머물렀다. 이 선거 결과는 굳이 로이드 조지와의 연립이 아니더라도 보수당만으로도 노동당을 누를 수 있다는 것을 보여준 셈이다.

그러나 로이드 조지에 대한 보수당 내의 불만에도 불구하고 1922년 칼튼 클럽에서의 회합 이전까지 그는 나름대로의 정치력을 발휘하고 있었고, 적지 않은 지지를 의회 내에서 유지하고 있었다. 예컨대, 1921년 12월 아일랜드의 독립에 대한 아일랜드 조약(the Irish Treaty)과 같은 쟁점 법안이 하원에서 압도적 다수표로 통과되었다. 이것이 가능했던 것은 무엇보다도 로이드 조지가 밸푸어, 호른(Horne), 커즌, 버켄헤드, 오스틴 체임벌린, 그리고 보나 로와 같은 보수당의 지도층 인사들의 강력한 지지를 받고 있었기 때문이다.

그러나 1921년 5월 건강 쇠퇴로 인해 보나 로가 물러서게 되면서 그의 당내 영향력이 약화되었고 그런 만큼 연립정부에 대한 보수당 내 로이드 조지에 대한 지지도 약화되었다. 보나 로의 보수당 후계자인 오스틴 체임벌린은 당 의원들을 다루는 데 서툴렀고, 보수당 의원 대다수는 그가 로이드 조지에게 좌지우지되고 있다고 생각했기 때문에 당 내에서 강한 리더십을 확립하지 못했다. 이런 이유 때문에 역설적이지만, 그가 그토록 강하게 지지했던 연립정부의 몰락에 영향을 미친 것은 다름 아닌 오스틴 체임벌린 자신이었다.

1921년 후반 로이드 조지는 매우 오랫동안 영국 정치의 골칫거리로 남았던 아일랜드 독립 문제가 성공적으로 결말 지어진 것을 이용하여 다시 연립정부의 형태로 즉각적인 총선을 치르고 싶어 했다. 이것은 연립에 참여한 자유당 의원들에게는 보수당과의 선거연합을 이루도록 강요하는 효과를 나타낼 것이며, 따라서 사실상 일전에 거부된 적이 있는 중도 정당을 만들어 내는 결과를 낳을 것이었다. 물론 이러한 선거 승리는 로이드 조지의 리더십에 대한 또 다른 위임이 될 것이었다. 또한 연립정부의 형태로 조기 총선을 치르는 것은 자신에게 불만을 가진 보수당 의원들에게 연립내각과 자신의 지도력을 기정사실화함으로써 이들의 저항과 불만을 봉쇄할 수 있는 수단이 되기도 하는 것이었다.

그러나 바로 이런 이유 때문에 연립정부의 형태에 의한 조기 총선에 대해 보수당 당의장이었던 조지 영거는 강력한 반대 의사를 표명했다. 그는 반대의 뜻을 로이드 조지에게 서신으로 밝혔으며 보수당 지도부와의 협의 없이 언론에 이런 견해를 의도적으로 흘리기도 했다. 이러한 그의 행동은 다수 보수당 의원들의 마음 속에 흐르고 있던 연립정부의 지속에 대한 적대감을 공개적으로 드러내게 하는 계기를 마련했다. 로이드 조지는 조지 영거의 행동이나 보수당 내의 이러한 분위기를 못마땅해 했지만, 현실적으로 조지 영거가 당 의장으로 머무는 한 그의 총선 계획을 연기할 수밖에 없었다. 이는 수상으로서 로이드 조지의 힘의 한계를 보여주는 것이기도 했다.

이 일이 있고 난 이후에도 보수당 내에서 로이드 조지에 대한 불만은 증대되어 갔다. 터키와 그리스 간의 분쟁이 발생했을 때 로이드 조지가 성급하게 그리스를 지지한 일이 몇 달 뒤 발생했다. 그리스가 미노(Asia Minor) 지방에 대한 야심을 보인 것을 로이드 조지가 불필요하게 끼어든 것이다. 이로 인해 영국은 민족주의가 부활한 터키와 맞서게 되었다. 터키 지도자 케말 아타투르크(Kemal Ataturk)는 1922년 9월 그리스 군대를 격퇴하고 이즈미르(Izmir)를 탈환하고 콘스탄티노플로 진격해 갔다. 그런데 이 상황에서 내각은 내부적으로 충분한 논의없이 터키에 대해 영국과 영 연방국가들이 전쟁도 불사할 것이라는 성명을 발표했다. 터키와 전쟁으로까지 확대될 수 있었던 '차낙 위기(Chanak Incident)'가 발생한 것이다. 또 다른 전쟁의 발발 가능성에 대해 영국 국민들의 우려가 컸고 어설픈 대응으로 이 지역을 함께 관리하고 있던 프랑스와의 외교적 분란도 발생했으며, 캐나다를 포함한 영 연방 국가들의 반발도 불렀다. 이 사건과 함께 로이드 조지는 국내 정치뿐만 아니라 외교적으로도 곤경에 처하게 되었다. 보수당 대다수 의원들의 눈에 로이드 조지는 이제 부담스러운 존재가 되었다. 이런 곤경에서 벗어나기 위해 로이드 조지와 체임벌린은 즉각적인 총선을 서둘러 결정했다.

그러나 로이드 조지와의 연립을 계속 유지하려는 체임벌린의 생각은 보수당 내에서 커다란 반발을 일으켰다. 보수당의 상하원 의원들은 1922년 10월 19일 칼톤 클럽에서 모임을 가졌다. 그 자리에서 체임벌린은 노동당의 도전을 물리치기 위해서는 반(反)사회주의 세력이 힘을 합쳐야 한다는 점을 강조함으로써, 로이드 조지와 연합으로 연립정부로서 선거에 나서는 데 대한 지지를 확보하고자 했다. 겉보기에는 당내 체임벌린의 입지는 탄탄해 보였다. 보수당의 중견 집단이 그를 지지하고 있었고 반대파에는 그에 견줄 만한 지도자가 없었다. 보수당 내 연립에 반대하는 의원의 수는 적지 않았지만 그들을 대표할 강력한 지도자가 부재했던 것이다.

그런데 바로 그 칼톤 클럽의 회합을 통해 그런 인물이 등장했다.

전 보수당 당수였던 보나 로가 다시 돌아온 것이다. 체임벌린의 입장
에 반대하는 보나 로가 칼톤 클럽 회합에 참여하기로 하면서 보수당
내 연립정부 지속에 반대하는 의원들은 그들의 견해를 대표할 지도
자를 갖게 되었으며 또한 수상 로이드 조지를 대체할 대안을 갖게 되
었다. 강력한 수상 후보는 권력 공백을 노동당이 채우지 않도록 하면
서도 연립정부를 붕괴시키기 위해서는 필수적인 조건이었다. 칼톤
클럽 모임의 마지막 순간에서 연립정부에서 외무장관을 맡고 있던
커즌이 사임 의사를 밝혔다. 보수당의 분위기는 명백히 로이드 조지
와의 결별이었다.

　칼톤 클럽 회합에서 연립을 유지하자는 체임벌린의 제안은 185 대
88로 거부되었고 총선은 보수당이라는 독자적인 이름하에 치르기
로 결정했다. 칼톤 클럽에서 보나 로와 볼드윈의 연설은 명백하게 체
임벌린의 제안을 거부하는 데 영향을 미쳤지만, 지역구의 의견을 대
표하는 보수당 의원들의 다수는 이미 로이드 조지와의 연립의 지속
에 대해 반대한다는 입장을 칼톤 클럽 모임 이전에 이미 굳히고 있었
다. 로이드 조지는 즉각적으로 수상직에서 사임했다. 로이드 조지는
보수당 평의원들의 반발에 의해 애스퀴스를 제치고 수상직에 오른
것처럼 그들의 반발로 인해 수상직에서 물러나게 된 것이다(Taylor
1976: 280)

　보나 로가 로이드 조지를 이어 수상이 되었다. 그러나 칼톤 클럽의
'반란'으로 이전에 연립정부에 참여했던 인사들과 새로이 당권을 잡
은 이들 간의 갈등은 불가피하게 됐다. 대다수 연립정부에 참여한 보
수당 각료들이 보나 로와 함께 일하기를 거부했고, 새로이 구성된 보
수당 내각의 중량감은 이전에 미치지 못했다. 처칠은 이를 두고 '2류
열한 명의 정부(a government of the second eleven)'라고 비꼬았다
(Norton 1996: 38). 그럼에도 불구하고 1922년 가을 보나 로는 독자적

인 보수당의 지도자로 선거를 맞게 되었다.

　1922년 총선은 이전의 영국 선거와는 매우 다른 양상으로 진행되었다. 선거에 참여한 주요 정당이 넷으로 늘어났다. 이제 정당 경쟁은 보수당, 노동당 그리고 애스퀴스의 독립 자유당과 로이드 조지가 이끄는 국민 자유당(National Liberal) 간에 치러지게 되었다. 그러나 사실 누가 누구와, 무엇을 두고 경쟁을 하는 것인지 참으로 애매했던 선거였다. 선거는 정책이나 강령을 두고 경쟁하는 것이 아니라 '거의 전적으로 분위기, 후보자의 인물 됨됨이, 그리고 정당 이미지'(Campbell 1977: 137), 그리고 지역 이슈가 중요한 것으로 받아들여졌다. 영국 정치에서 보기 드문 '금세기의 가장 복잡한(the most complex) 선거'였다(Kinnear 1973: 142).

　창당 이래 가장 많은 후보자인 411명을 출마시킨 노동당은 단합된 모습을 보였고, 유권자에게 보여줄 나름대로의 강령을 갖고 있었다. 보수당이나 자유당은 그런 점에서 노동당에 뒤처져 있었다. 보나 로는 새로운 정책이나 아이디어를 제시하기보다는 로이드 조지에 대한 거부감이 큰 보수당 지지자들의 정서에 의존하려고 했다. 그러나 보수당보다 자유당의 상황은 훨씬 더 심각했다.

　로이드 조지가 권력에서 물러나면서 그가 처한 정치적 현실이 그대로 드러나게 되었다. 로이드 조지 기금으로 인해 정치 자금은 갖고 있었지만, 선거를 뒷받침해 줄 실질적인 정당 조직이 부재했던 것이다. 그가 주창해 온 급진주의 이념은 이제는 노동당에게 밀리는 신세가 되었다. 마땅한 선거 전략도 또 매력적인 선거 강령도 마련할 수 없게 된 것이다. 로이드 조지는 전쟁을 성공적으로 이끈 국가 지도자로서의 옛 이미지에 다시 의존해야 했고, 보수적 반동과 사회주의라는 양 극단의 중간적 존재로서의 조정 역할을 자임했지만 별로 큰 성과를 거둘 수 없었다. 로이드 조지는 애스퀴스와의 협력이나 재결합

가능성은 거부했고 오히려 이전의 쿠폰 선거처럼 보수당의 선의에 의존하려는 모습까지 보였다.

로이드 조지가 이끄는 국민 자유당은 162명을 출마시켰다. 그들의 대다수는 1918년 선거에서와 같은 지역구였는데 그때는 단지 7명의 보수당 후보들이 이들에게 도전했다. 보수당 당 의장인 조지 영거는 국민 자유당과의 선거 연합은 더 이상 존재하지 않음을 명확히 했고 그 결과 이제 국민 자유당 후보의 약 3분의 1 정도는 보수당 후보의 도전을 받게 되었다. 그러나 적당한 후보를 찾지 못한 탓에 약 100석 정도는 보수당이 후보자를 낼 수 없었는데, 괜히 후보자를 내어 표를 분산시키고 그 결과 노동당이 당선되는 것보다는 그래도 로이드 조지의 국민 자유당 후보가 당선되는 것이 더 낫다고 전략적으로 판단한 때문이었다.

독립 자유당 역시 극도로 어려운 상황이었다. 그들은 328명을 출마시켜 거대 정당으로서 자신들의 역할을 재정립하겠다는 결의에 찬 모습을 보였다. 그러나 그들 역시 딜레마에 빠졌다. 그들을 혼란시킨 중요한 질문은 무엇보다 누가 과연 그들의 가장 주요한 경쟁자, 적대자인가 하는 점이었다. 보수당의 보나 로인지, 같은 자유당 출신의 로이드 조지인지, 아니면 이제 주된 경쟁자로 떠오른 노동당의 램지 맥도널드인지 분명치 않았다. 자신들이 비판하고 공격해야 할 주요 경쟁세력이 불분명해지면서 선거에서 그들의 태도는 애매해질 수밖에 없었다. 노동당의 도전에 위협을 느끼고 있던 상황이었지만 이들에 대항할 만한 혁신적이고 급진적인 강령도 준비되어 있지 않았고, 무엇보다 애스퀴스는 유권자들에게 있어 결코 참신한 지도자가 아니었다.

4당 경쟁이라는 보기 드문 경쟁 구도를 보여준 1922년 선거는 그 이후 거의 한 세대 동안의 영국 정치의 질서를 규정하는 정치적 결과를 도출했다. 345석을 얻은 보수당은 압도적인 과반 의석을 차지했고, 선거 결과 연립에 반대하고 독자 선거를 주장한 보나 로의 당내 입장이 강화되었다. 이에 비해 오스틴 체임벌린과 그를 성원했던 당 동료들은 1924년 볼드윈 정부 출범과 함께 각료로 복귀할 때까지 내각에서 물러나 있게 되었다. 1922년은 이후 2차 세계대전 이전까지 보수당의 장기 집권의 시작이었다. 노동당 역시 142석을 얻어 선거에서 커다란 진전을 이뤘다. 보다 중요한 점은 이제 노동당이 하원에서 '두 자유당'의 의석보다 많은 수적 우위를 점하게 되면서 제1야당 (the official opposition)의 지위를 차지하게 되었다는 사실이다. 그리고 2년 후 노동당은 최초의 정부를 구성하게 된다. 자유당은 정치세력으로 그 모습을 드러낸 이후 처음으로 이제 제3세력으로 몰락하게 되었다.

로이드 조지가 이끈 국민 자유당은 처참한 패배를 당했다. 그들은 모두 62석을 얻었고 81석을 잃었다. 1918년의 136석에 비하면 절반도 되지 않는 의석이었다. 패배한 81석 중 39 곳은 거의 대부분이 공업 지역에 위치한 선거구였는데 모두 노동당에게 의석을 잃었다. 국민 자유당이 얻은 의석의 다수는 근소한 차이로 겨우 승리한 것이고 보수당 후보의 사퇴와 같은 특별한 상황의 도움에 힘입었다. 독립 자유당 역시 별로 나을 것이 없었다. 그들은 겨우 54석을 얻었다. 그들도 상당수의 의석을 노동당에게 빼앗겼는데, 그 대부분이 한때 자유당의 거점 지역이었던 광산 지역 선거구였다. 일부 공업 지역의 의석을 차지하기도 했지만 그들이 대부분 의석을 얻은 곳은 농촌 지역이었다. 애스퀴스파는 농촌 지역의 반 연립정부 분위기에 편승하여 의석을 얻었던 것이다. 더욱이 그들이 의석을 얻은 지역의 대부분이 보수당 혹은 국민 자유당과 맞붙은 곳이었으며, 노동당이 포함되는 3자 대결 구도에서 그들이 얻은 의석수는 매우 적었다. 향후 자유당의 정치적 전망을 어둡게 하는 결과였다.

1922년 총선은 자유당이 몰락을 향해 한 걸음 더 나아간 선거였다. 자유당은 여전히 분열되어 있었고, 애스퀴스와 로이드 조지 간의 화해의 조짐도 여전히 보이지 않았다. 이 총선을 통해 두 집단 모두 중요한 유력 인사들을 선거에서 잃었다. 연립정부 쪽에서는 게스트, 애디슨, 처칠, 그린우드가 의석을 잃었고, 애스퀴스 쪽에서는 런시맨, 맥클린 등이 패배했다. 노동당에 입당하는 애디슨을 예외로 하면, 이들 중 대다수는 사실상 보수당으로 옮겨갈 채비를 하고 있었다.

결국 자유당은 총선에서 여러 가지 면에서 실패했다. 리더십에서도, 당의 단결에서도, 정책 강령에서도 애스퀴스이든 로이드 조지든 노동당의 도전을 제대로 물리칠 준비가 되어 있지 못했다. 노동계급 유권자들이 기대감을 갖는 그들의 정치적 리더는 이제 더 이상 로이드 조지가 아니라 노동당의 램지 맥도널드였다. 그리고 한 세대 전 자유당이 노동 계급 유권자들에게 '그들의 정당'으로 간주되었다면 이제 그 정당은 노동당으로 바뀌어 가고 있었다. 자유당은 그들의 정치적 기반을 잃게 되었고 정치적 생존 자체가 불투명한 위기상황에 놓이게 되었다. 노동당에 이어 제3의 세력으로 밀린 상황에서 자유당이 정치적으로 생존하기 위해서는 오직 한 가지 방법밖에 없었다. 그것은 로이드 조지와 애스퀴스의 화해였다.

재건의 노력과 좌절 제7장

▎자유당의 재결합과 1923년 총선

1922년 총선에서 처참한 결과를 경험한 이후 독립 자유당과 국민 자유당 간의 재결합의 필요성은 절박했지만 그 과정에는 걸림돌이 적지 않았다. 과거의 불신과 적대감, 배신감의 기억이 하루아침에 사라질 수 없었다. 1916년부터 1922년까지 6년간 자유당이 같은 자유당에 대해 행한 적대감과 다툼이 쉽게 잊혀질리 없었고, 애스퀴스와 로이드 조지의 뿌리 깊은 개인적 적대감도 하루아침에 해소될 수 있는 것이 아니었다.

애스퀴스에게 국민 자유당은 그저 배신자일 뿐이었고 로이드 조지를 다시 동지로 받아들일 생각도 없었다. 더욱이 애스퀴스가 보기에, 1922년 총선 후에도 로이드 조지는 이전 연립 파트너였던 보수당과의 관계를 전면적으로 단절하거나 혹은 또 다른 연립구성에 대한 미련을 버리지 못하는 것 같았다. 또한, 게스트나 처칠 등 로이드 조지와 가까운 이들은 반사회주의 중도 정당의 결성을 몹시 갈망하고 있는 것처럼 보였다. 더욱이 로이드 조지는 그의 국민 자유당 조직을 접을 뜻을 내비치지 않았고, '정치적으로 가난에 찌든 애스퀴스파(Adelman 1995: 40)'로서는 로이드 조지가 자신의 기금에 대한 개인적 통제권을 놓을 생각이 없는 것이 더욱 짜증스러웠다.

그럼에도 불구하고 애스퀴스는 국민 자유당과의 재결합을 마지못해 수용했다. 그러나 이는 애스퀴스 식의 재결합이었다. 그는 이전의 연립 참여자들, 특히 로이드 조지의 자유당 복귀를 환영하지만, 그것은 동지적 애정과 우정의 정신에 의한 무조건적 수용이 아니라, 그동안 그들이 행한 잘못에 대한 분명한 뉘우침이 전제되어야 하고, 애스퀴스의 지도와 리더십을 받아들일 자세가 되어 있어야 한다는 점을 분명히 했다. 실제로 맥클린, 그레이, 사이먼, 글래드스턴, 비비안 필립스(Vivian Philips) 등 애스퀴스파의 핵심들은 애스퀴스보다 더욱더 로이드 조지에 적대적 태도를 취했고 솔직히 그를 받아들이고 싶어 하지 않았다. 이들은 로이드 조지가 자유당에 다시 돌아오게 되면 그들의 당내 지위나 영향력에 위협이 될 수 있을 것이며, 또 자신들이 선호하는 자유당의 이념적 입장에도 변화를 만들어 낼 것을 우려했다.

한편, 로이드 조지 역시 처음에는 재결합에 그리 적극적이지 않았다. 그러나 로이드 조지는 일단 더 이상 보수당과의 '중도 정당' 창당 혹은 '연립'이 가능하지 않다는 사실을 인정했다. 또 그의 국민 자유당의 독자적 지지의 미약함과 노동당의 점증하는 영향력을 감안할 때 재결합이 갖는 긍정적인 측면에 대해 점차 공감하게 되었다. 그러나 자신이 '화해로 가는 먼 길을 걸어갈 준비가 되어 있지만, 결코 나는 기어가지(crawl) 않겠다. 내 배를 깔고 기어가지는 않을 것이다.'(Adelman 1995: 41)라고 하며, 애스퀴스에게 굴복하는 형태로 재결합하지는 않겠다는 뜻을 분명해 했다.

로이드 조지는 1923년 봄 각 지방을 순회하며 연설을 통해 자신이 보수당이나 노동당과는 분명히 다르다는 점을 분명히 하면서 자유당원으로서의 자신의 정체성을 강조했다. 이와 함께 이들 정당보다 우월하고 새로운 활기를 자유당에 불어넣을 수 있는 지도자는 자신이라는 점도 강조했다. 이런 움직임은 자유당 내에서 그가 절대적으로 필요하고 중요한 존재라는 사실을 부각시키고 궁극적으로는 재결합된 자유당 내에서 당권과 통제력을 장악하려는 시도였다. 그러나 이러한 그의 행동은 당연하게도 애스퀴스파의 우려를 증대시켰다. 이 때문에 일반 당원들이나 하원 내 자유당 소속 의원들 대다수가 재결합을 지지하고 있었음에도 불구하고, 자유당 당권을 쥔 애스퀴스파에서는 재결합을 말하면서도 실제로는 이를 위한 구체적 행동을 하지 않은 채 버티고 있었다. 6월 벅스틴(Buxton)에서의 자유당 전당대회에서는 애스퀴스에 대한 신뢰를 재확인했고, 자유당의 재결합을 위한 최선의 방안을 마련하기 위한 독립 자유당과 국민 자유당 지도부 간의 대화를 요구하는 결의안도 부결시켰다.

그러나 자유당 내에서의 이런 언쟁은 유권자들 사이에 자유당의 입지를 더욱 약화시킬 뿐이었다. 당원들의 사기는 하락했고 당 조직은 약화되어 갔다. 1922년과 1923년 사이에 치러진 보궐선거에서 자유당은 좋지 못한 성적을 거뒀고, 대도시에서의 지방선거에서는 노동당에 밀려 자유당은 사실상 붕괴의 위기에 처했다. 로이드 조지는 '우리가 재결합하지 못한다면, 자유당은 이제 중앙 정치의 주도세력으로서 더 이상 존립할 수 없게 된다. 이러한 이유로 나는 자유당의 양측에서 내 놓은 모든 제안을 환영하며, 이제 더 이상 내가 할 수 있는 것은 없다.'(Cook 1975: 92)고 말하며 애스퀴스 쪽을 압박했다. 그럼에도 1923년 여름까지는 재결합과 관련하여 별다른 진전을 보지 못했다. 어떤 정치적 격변이나 커다란 사건이 발생하지 않는다면 이미 서로 멀어진 두 파벌 간의 의심과 우려를 잠재울 수 없을 것 같았다.

이 무렵 이들의 재결합을 촉진할 정치적 사건이 발생했다. 1923년 5월 보수당 당수 보나 로가 건강 때문에 수상직에서 물러났고 그의 내각에서 재무장관이었던 스탠리 볼드윈(Stanley Baldwin)이 그의 후임으로 수상이 되었다. 볼드윈은 영국의 경제적 어려움, 특히 실업의 문제를 극복하기 위한 유일한 대안은 보호주의 정책, 즉 관세개혁으로 결론을 내렸다. 실업 문제 해결을 위해서는 국내 시장의 보호가 중요하다는 것이었다. 그러나 이 사안은 오스틴 체임벌린이 제기한 이래 줄곧 정치적으로 커다란 논란을 불러온 정책이었다. 볼드윈은 관세 개혁에 대한 유권자의 분명한 위임을 얻기 위해 총선을 실시하기로 결정했다. 이에 따라 의회가 해산되고 12월 총선거가 실시되었다. 그런데 그 당시 보수당에 대한 전반적인 분위기가 그리 좋은 않았기 때문에 보수당 내에서는 총선 실시에 대한 반대도 적지 않았다.

그러나 볼드윈이 총선 실시를 결정하면서 보호주의를 들고 나온 것은 사실 경제적인 것보다 정치적인 이유 때문으로 볼 수도 있다. 총선은 어떤 면에서 보면 로이드 조지를 주로 겨냥했던 측면도 있었다. 당시 로이드 조지는 미국 순방을 성공적으로 마치면서 영국 내에서 자신의 성가를 다시 높이고 있었다. 볼드윈은 로이드 조지가 영국으로 돌아오면 보호주의로 전향을 선언할 것으로 명백하게 믿고 있었는데(Adelman 1995: 42), 이는 로이드 조지와의 새로운 연대 가능성으로 인해 보수당 내부의 단합을 해칠 수 있는 일이었다.

10월 플리머스 전당대회에서 행한 유명한 연설을 통해 볼드윈은 보호주의를 지지한다는 입장을 밝히면서 그 이슈를 선점하고자 했다. 동시에 이는 연립에 참여했던 보수당 내의 전직 각료 출신들이 로이드 조지와의 또 다른 연립에 대한 미련을 버리도록 이들을 붙잡아 두는 효과도 있었다. 실제로 전직 연립내각 각료 출신인 오스틴 체임벌린과 버켄헤드가 총선에서 보호주의 정책에 대한 그의 입장을 지지했다. 그러나 볼드윈은 로이드 조지의 의도를 잘못 읽었다. 로이드 조지는 전통적인 자유당의 정책 이념이었던 자유교역을 강하게 지지했다. 11월 9일 그가 사우스햄프턴에 도착하면서 그는 어떠한 새로운 관세의 도입에도 반대한다는 뜻을 명백히 했다.

이것은 자유당의 재결합을 위한 의미 있는 신호이기도 했다. 자유교역에 대한 강조는 모든 애스퀴스파 자유당원들도 대단히 중요하게 생각하고 있던 명분이었다. 지난 2년간 재결합에 대한 망설임은 막상 총선거 실시가 결정되자 곧 바로 잊혀졌다. 당장 눈앞의 총선이 중요했던 것이다. 11월 13일 로이드 조지와 그의 측근인 알프레드 몬드는 애스퀴스와 사이먼을 만났고, 자유당의 재결합이 공식적으로 선언되었다. 애스퀴스와 로이드 조지 두 지도자가 합의한 공통의 정책 강령이 발표되었는데, 실업이나 대외관계에 대한 것도 포함되어 있었지만 무엇보다 자유교역을 유지해야 한다는 점을 강조했다. 지역구에 출마할 후보자 선정에도 합의가 이뤄져 마침내 454명의 후보가 출마하게 되었다. 노동당은 434명을 내세웠고 보수당은 536명을 후보로 내세웠다. 로이드 조지는 또한 9만 파운드를 자유당의 선거기금으로 기부하기로 합의했다. 보수당의 스탠리 볼드윈이 자유당 스스로 할 수 없었던 재결합을 성취하도록 해 주었던 셈이다.

그러나 1923년의 화해는 진정한 의미에서 자유당 지도자들 간의 실질적 재결합이기보다는 급박한 상황에 대처하기 위한 임시방편이었던 것이었다. 당내에서 로이드 조지에게 주어져야 하는 역할과 같은 예민한 문제들은 전혀 해결되지 않았다. 더욱이 이러한 자유당의 재결합은 지역구에서 당의 선거 조직에 도움을 주기에는 너무 늦게 이뤄졌다. 외형상의 재결합에도 불구하고 당내에서 분란이 생겨날 가능성도 여전히 높았다. 그러나 적어도 선거기간 동안 자유당은 그들의 주된 선거 구호인 자유교역의 방어를 위해 굳게 단결했다. 특히 로이드 조지는 열정적으로 선거운동을 전개했다. 로이드 조지는 방방곡곡을 다니며 연설했고, 페이슬리(Paisley)의 애스퀴스의 지역구에서는 함께 선거운동을 펼치기도 했다. 로이드 조지는 자본세(capital levy) 도입을 주장하는 노동당의 공약을 강하게 비판했지만, 기본적으로는 자유교역 이슈에 보다 집착했다. 그러나 자유교역은 자유당의 재결합을 가능하게 한 중요한 이슈였지만, 보수당 볼드윈의 관세개혁에 대한 수동적이고 방어적인 성격의 이슈였다. 이는 결코 노동당의 부상에 맞설 수 있는 개혁적이고 진취적인 이슈의 선점으로 볼 수는 없는 것이었다. 자유당은 보다 심각한 위협으로 떠오른 노동당보다는 여전히 보수당만을 주요 경쟁자로 삼아 선거운동을 전개한 것이었다.

선거결과는 자유당에게 대단히 불만스러운 것이었다. 보수당은 86석이 줄어든 258석을 얻었지만 여전히 제1당의 지위를 유지했다. 노동당은 49석을 더 얻어 191석으로 제2당이 되었다. 자유당의 의석은 159석으로 늘어났지만 제3당이었다. 재결합 이후의 선거에서도 노동당에게 뒤처지는 결과

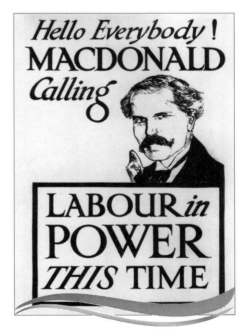

| 1923년 총선에서의 노동당 포스터

가 나타난 것이다. 자유당은 83개의 새로운 지역에서 의석을 얻었는데 이 중 67석은 보수당에게 승리했다. 보수당에게서 승리한 의석 중 23개는 도시 지역, 44개는 농촌지역이었다. 보수당을 누르고 농촌지역에서 의미 있는 성과를 거둔 것이다. 노동당으로부터도 몇 석을 얻었다. 최소한 자유당 부활의 기반이 마련되었다고 볼 수 있었다.

이런 점은 득표수에서 노동당과 비교해 보면 더욱 인상적이었다. 자유당과 노동당의 총 득표수는 비슷했다. 자유당은 4,311,147표이며 노동당은 4,438,508표였다. 다만 표가 강세지역에 집중된 탓에 노동당은 자유당보다 많은 191석을 얻었다. 자유당은 잉글랜드 농촌지역에서는 노동당보다 더욱 많은 득표를 했고 스코틀랜드와 웨일즈에서도 강세를 보였다. 이런 결과는 공업지역이 아닌 곳에서는 그들이 보수당과 경쟁하는 제2당으로 머물 수 있다는 것을 의미했다.

지역적으로 자유당이 가장 큰 의석을 얻은 곳은 남서부였고, 미들란즈, 북서부, 이스트 앵글리아 일부 지역이었다. 또한 자유당은 전통적인 보수당 강세지역구인 치체스터, 아일스버리(Aylesbury), 블랙풀의 도시 선거구에서 의석을 얻었다. 여기서 승리한 주된 요인은 보호주의에 따른 물가인상의 우려와 실업 문제에 대한 정부의 실패 때문이었다.

자유당에게 우려스러운 결과도 나타났다. 68개 의석은 보수당과의 맞대결에서 얻은 것인데, 만약 노동당이 향후 여기에 후보자를 낸다면 의석을 잃을 수도 있는 것이었다. 특히 100개가 넘는 지역구의 자유당 당선자가 2,000표 이하의 근소한 득표 차로 당선되었다는 사실을 고려하면 더욱 그러했다. 자유당은 노동당으로부터는 겨우 13석을 빼앗았고 23석을 내주었다. 노동당에게 빼앗은 의석의 다수도 지역구 수준에서 보수당과 맺은 협약의 덕분이었다.

1923년 잉글랜드 농촌 지역에서 자유당이 어느 정도 승리를 거뒀다고 하더라도 잉글랜드의 산업 지대에서 자유당은 이미 퇴보하기 시작했다. 1923년 총선에서 자유당에게 보다 중요했던 것은 이미 낡은 이슈인 자유무역보다 노동당의 도전에 어떻게 대항해야 하느냐는 것이었다. 자유당은 보수당이 아니라 노동당의 약진을 제어할 수 있는 이슈를 제시해야 했다. 자유당은 1914년 이전 노동당처럼 제3당의 지위로 밀려나고 있었다. 단순다수제를 기반으로 하는 영국 선거 제도에서 제3당은 매우 불리한 지위였다. 여러 가지 면에서 볼 때, 이전 선거에 비해 50석 가까이 의석이 늘어나기는 했지만, 1923년 선거에서 자유당 부활의 조짐은 분명치 않았다. 어떤 면에서 본다면 1923년 총선 결과는 부활보다는 오히려 자유당이 노동당에게 밀려가고 있음을 재확인해 주는 것일 수도 있었다.

1923년 총선은 자유당 내부의 권력 균형에 있어서도 중요한 선거였다. 로이드 조지의 지지자들의 선거결과가 나빴다. 거의 절반 정도가 의석을 잃었다. 그중에는 처칠, 몬드, 하마 그린우드(Hamar Greenwood), 매커디 등이 포함되어 있다. 이와는 대조적으로 애스퀴스파 후보자 191명 중 118명이 당선되었다. 이러한 결과는 로이드 조지를 누르고 애스퀴스의 당내 리더십이 강화되는 데 결정적으로 기여했다. 이는 새로이 개원할 의회에서 자유당의 중요한 정치적 선택에 매우 커다란 영향을 미치는 일이었다.

▌자유당과 제1차 노동당 정부

보수당의 스탠리 볼드윈은 1924년 1월 새로운 의회가 개회했을 때 더 이상 수상직을 수행하기에는 정치적으로 곤란한 입장에 처했다. 왜냐하면 제1당의 지위는 유지했지만 많은 의석이 줄어든 1923년 선거결과는 스탠리 볼드윈의 보호주의 정책에 대한 명백한 거부의 표시로 이해할 수 있는 것이었기 때문이었다. 자유당은 보수당을 몰아내기 위해서 자유무역의 견해를 같이 했던 노동당과 협조할 태세가 되어 있었고 램지 맥도널드가 첫 번째 노동당 정부를 구성하도록 허용했다. 여기서 궁금증이 드는 것은 왜 자유당이 직접 정부구성을 할 생각은 하지 않았을까 하는 점이다. 한 역사가는 '애스퀴스는 자유당 정부구성을 시도하려는 아이디어를 거부했다. 그가 왜 그렇게 했는지는 여전히 미스터리로 남아 있다. 이 결정이야말로 자유당에 의해 내려진 것 가운데 가장 재앙스러운 것이었다고 말할 수 있다.'고 지적한 바 있다(Douglas 1971: 175).

그러나 애스퀴스가 집권을 위한 노력을 하지 않았다고 볼 수는 없다. 문제는 그것이 현실적으로 매우 어려운 일이었다는 점이다. 자유당이 집권하기 위해서는 보수당의 지지가 무엇보다 필요했지만, 그간 보수당과의 연립 정부구성으로 인해 내부적 갈등을 빚었던 자유당으로서는 또다시 보수당에게 협조를 구하는 일은 매우 불편한 일이었다. 더욱이 볼드윈은 제2당인 노동당이 그 스스로 정부를 구성하는 당연한 권리를 막으려는 의도를 갖고 있지 않았고, 이는 국왕도 공감하고 있던 것이었다. 애스퀴스와 로이드 조지 역시 노동당 정부의 출범을 막으려는 적극적 태도를 취하지 않았다.

그러나 노동당 정부 출범을 바라보는 애스퀴스와 로이드 조지의 정치적 계산은 서로 달랐다. 애스퀴스는 노동당은 통치 역량을 갖고 있지 못하기 때문에 노동당 정부는 머지않아 만신창이가 될 것으로 보았다. 그렇게 되면 권력은 통치의 경험을 가진 자신에게 돌아올 것으로 기대했다. 따라서 자유당으로서 최선의 전략은 실패하고 인기가 하락할 수밖에 없는 노동당 내각과 연루되지 않도록 한걸음 떨어진 조심스러운 태도를 취해야 하는 것이었다. 이런 이유로 애스퀴스는 노동당 정부의 출범을 지원했다.

한편, 로이드 조지는 '급진적 개혁에 대한 완전한 수확(full harvest of Radical reform)'을 이뤄내기 위해서(Wilson 1970: 450)' 노동당과의 협력 관계를 원했다. 그런 정책의 추진은 그 자체로서도 의미도 클 뿐만 아니라 성공하게 된다면 자유당 역시 그로 인한 명성과 신망을 얻을 수 있을 것으로 기대했다. 더욱이 로이드 조지가 보기에 맥도널드는 완전한 형태의 사회주의 정책을 펼치려는 의도도 없었고 그럴 만한 원내 권력도 갖고 있지 못했기 때문에, 노동당의 급진주의 정책은 사회주의 강령이기보다는 오히려 자유당의 급진주의에 가까운 것이 될 것으로 예상했다. 결국 이러한 협력의 결과는 노동당을 제치고 자유당을 다시 매력 있고 주목받는 정당으로 만들 것으로 기대했다. 이런 점에서 볼 때 로이드 조지는 정치적 흐름의 변화를 인지하고 있었고, 노동당을 다뤄야 하는 방법도 이해하고 있었다.

더욱이 그러한 정책은 로이드 조지의 정치적 브랜드인 급진적 자유주의와 유사한 것이기 때문에 이는 당내에서 자신의 권위를 높이고 애스퀴스와 그 주변 인물들의 지위를 약화시킬 수 있을 것으로 보았다. 이처럼 로이드 조지에게 정책과 권력은 항상 같이 가는 것이었다. 그러나 한 가지 우려도 있었다. 로이드 조지는 노동당 정부 출범 이전 자유당과 노동당 간의 일종의 정책 협약을 체결하기를 원했다. 그런 협약이 없다면, 노동당 정부가 성공할 경우 그 공은 모두 노동당이 차지하게 될 것이기 때문이다.

이처럼 1924년 1월 두 자유당 지도자의 전략은 궁극적으로 노동당과의 협력에 달려 있었다. 노동당의 취약한 원내 입지를 고려할 때 자유당의 제안을 노동당이 거부할 수는 없을 것으로 보았다. 그러나 노동당은 그 제안을 단박에 거부했다. 사실 노동당 정부와 그 지지자들은 자유당, 특히 로이드 조지에 대한 공세를 강화하면서 매우 강한 어조로 그를 비판했다. 적어도 1918년 쿠폰 선거 이래 노동당 지도부는 노동당이 정치적으로 성장하기 위해서는 무엇보다 좌파 진영을 대표하는 급진 세력으로서, 또한 대안 집권세력으로서, 경쟁 세력인 자유당의 기반을 약화시켜야 한다는 목표를 분명히 했다.

따라서 첫 번째 노동당 정부의 목표는 입법이 아니라 노동당의 성숙함, 통치에 적절함, 그리고 자유당으로부터의 독자성(Wrigley 1976: 85)을 보여주는 것이었다. 자유당과의 협력은 자유당의 독자성을 인정하는 것이며 잘못되면 노동당이 제3세력으로 계속 남아 있어야 함을 의미했다. 따라서 맥도널드의 목표는 노동당 정부가 책임 있는 정책과 온건한 개혁을 펼침으로써 영국 정치에서 자유당의 존재 이유를 약화시키는 것이었다. 노동당이 예상하는 최후의 일격은 자유당의 선거전망이 최악으로 판단될 때 의회를 해산시키고 새로운 총선을 실시하는 것이었다. 그런 점에서 볼 때 1924년 의회는 총선과 총선 사이의 일종의 휴전 기간으로 존재했던 셈이다(Campbell 1977: 86).

자유당과의 협력을 거부한 노동당의 결정으로 인해 자유당이 하원 내에서 시도해 볼 만한 전략이 사라져 버렸다. 오히려 자유당은 그들이 지원해서 만들어진 노동당 정부라는 정치적 덫에 붙잡힌 꼴이 되었다. 왜냐하면 자유당은 적극적으로 찬성투표를 해서 노동당을 도와 그들의 위상을 높여주기도 애매하고, 그렇다고 보수당과 함께 반대투표를 하고 그 결과 그들이 전혀 준비되어 있지 않은 상황에서 또 다른 총선을 치르게 되는 것도 우려되는 일이었다. 자유당의 이러한 애매한 입장은 정부 법안을 처리할 때 자유당의 혼란스럽고 일관되지 못한 태도로 나타났다. 예컨대, 로이드 조지가 노동당 정부의 실업정책에 대해 강한 비판을 제기했지만, 애스퀴스와 대다수 자유당 의원들은 그 이슈에 대해 맥도널드 수상에 반대표를 던질 생각이 없었다.

　자유당의 마지막 희망이었던, 비례대표방식이 포함된 선거법 개정안은 보수당과 노동당의 연합에 의해 부결되었다. 노동당은 자유당에 아무것도 양보하려 들지 않았다. 로이드 조지는 이런 노동당의 태도를 두고 '자유당은 노동당이라는 수레를 의회까지의 거친 도로로 끌고 온 황소들과 같은 운명이다. 더 이상 그 황소가 필요하지 않게 되면 그들은 도축될 것이다. 이것이 노동당이 말하는 협력이다'(Campbell 1977: 94-95)라고 언급했다. 이후에 전개될 두 정당의 갈라진 운명을 볼 때 의미심장한 지적이라고 할 수 있다.

　자유당은 노동당과의 관계로 인한 어려움뿐만 아니라, 제3당으로 하락한 의회 내 지위로 인한 의원들의 좌절과 불만과 당 내부의 문제점에도 직면해 있었다. 당내 문제 중 가장 심각한 것은 역시 강력하고 단합된 리더십이 존재하지 않는다는 점이었다. 비록 애스퀴스와 로이드 조지의 개인적 관계는 외형적으로는 개선되었지만, 이들 두 지도자 간 진정한 의미에서의 정치적 조화를 이뤄내지는 못하고 있었다. 특히 이런 점은 로이드 조지파가 지난 선거에서 크게 약화된 반면 애스퀴스파는 상대적으로 건재했던 사실과도 관련이 있다. 애스퀴스는 당내 리더십에 대해 만족해 했으며 그만큼 당이 처한 변화된 상황이나 향후의 정치적 진로와 같은 현실정치적인 문제점을 절박하게 느끼지 못하고 있었다. 애스퀴스의 측근들은 로이드 조지에 대해 여전히 의구심과 불신의 눈길을 주고 있었고, 그가 당의 지도자로 부상하는 것을 최대한 막으려고 했다.

　이러한 불신은 당권을 쥐고 있는 이들과 로이드 조지 간 정치자금을 둘러싼 다툼으로 더욱 악화되었다. 보수당이나 노동당에 비해 자유당은 이제 정치자금 면에서 명백히 불리한 입장에 놓였다. 더욱이 1922년과 1923년 잇달아 총선을 치르면서 자유당은 금전적으로 거의 부도가 날 지경이었다. 그러나 선거는 또다시 머지않은 장래에 치러질 것으로 예상되었다. 이런 상황에서 정치자금의 공급은 당 조직을 효과적으로 움직이고, 차기 총선에서 선거 출마 후보자의 수를 늘리기 위해서는 무엇보다 중요한 조건이었다.

사실 로이드 조지는 충분한 기금을 마련해 놓고 있었다. 애스퀴스의 당권파에서는 이 기금을 자유당이 사용할 수 있도록 해야 한다고 주장하며, 국민 자유당 조직도 해체하라고 촉구했다. 그러나 로이드 조지에게 그 자금은 그가 자유당 내 애스퀴스파에 맞서 싸울 수 있게 해 주는 중요한 무기였다. 로이드 조지를 더욱 주저하게 만든 것은 그들이 당의 면모를 일신할 만큼의 새롭고 혁신적인 아이디어를 내놓고 있지도 못했기 때문이다. 당내 경쟁자의 권력 유지와 낡아빠진 아이디어를 위해 로이드 조지가 자신의 기금을 넘겨줄 이유는 없었던 것이다. 오히려 그가 자유당의 당수가 될 때까지 그걸 지니고 버티는 것이 더 나은 일이었고, 명분상으로도 낡은 아이디어보다 자신의 급진적 자유주의 사상을 위해 그것을 사용하는 편이 더 나았던 것이다.

로이드 조지의 이런 태도는 당연하게도 애스퀴스파 의원들을 더욱 격노하게 했다. 로이드 조지 기금의 기부 문제를 두고 협상이 오랫동안 지속되었지만 별다른 결실을 이루지 못했고, 이러한 갈등은 지역당 조직에 부정적 영향을 미쳤다. 자유당 내 이러한 지지부진한 모습은 잇단 보궐선거에서 자유당의 성적을 엉망으로 만들었다. 자유당은 노동당 정부 집권기간 동안 옥스퍼드 보궐선거에서 단 한 석을 잃었지만 전반적인 결과는 노동당이 계속해서 자유당의 영토로 진격해 들어오고 있었고, 보수당에 대한 지지가 되살아나고 있다는 사실을 보여주는 것이었다. 머지않아 실시될 총선을 앞두고 자유당에는 먹구름이 끼고 있었던 것이다.

사실 당 리더십, 정치자금, 조직 등의 실질적 문제가 해결이 되었다고 해도 자유당은 여전히 대답해야 할 어려운, 그리고 그 이후 계속해서 자유당을 괴롭히는 한 가지 질문에 직면해 있었다. 그것은 바로 자유당의 시대적 정체성에 대한 것이었다. 이제 '자유당은 과연 정치적으로 무엇을 대표하는가'(Adelman 1995: 49) 하는 점이었다. 이 시대의 경제적·사회적 문제점들에 대해 자유당은 어떤 식으로 그들만의 고유한 해결책을 제공할 수 있는가? 이 질문에 대해 사실 자유당은 명백한 대답을 갖고 있지 않았다. 분명히 애스퀴스의 무기력한 리더십하에서 자유당은, 노동당의 입법안에 대한 그들의 혼란스러운 모습에서 볼 수 있듯이, 노동계급 유권자에게 어필할 수 있는 분명하고 독자적인 정책적 입장이 결여되고 있었다. 그리고 이제는 노동당 온건파와 자유당 급진파 간의 뚜렷한 입장의 차이도 거의 없어졌다. 집권 초기에 맥도널드가 자유당의 주요 정책들을 선점한 것이 이제 그 약효가 먹히기 시작한 듯이 보였다. 맥도널드는 이제 전국적으로 좌파 진영의 지도자가 되었고 자유당이 대표해 온 많은 영역을 빼앗아 가버렸다. 문제는 이런 추세가 앞으로 점점 더해갈 것으로 보인다는 점이었다.

애스퀴스의 무능한 리더십과 전통적 자유주의의 약화는 1924년 5월 열기 없이 치러진 전당대회에서 분명하게 드러났다. 자유당 지도부의 무기력함과 대조적으로 로이드 조지는 잇단 연설과 그가 당 조직의 도움 없이 작성한 일련의 보고서를 통해 보다 대담한 자유당의 강령을 제시했다. 로이드 조지가 자유당에 돌아왔을 때 그는 새로운 아이디어를 당에 가져왔던 것이다. 이는 다소 늦었다고 해도 자유당으로서는 노동당의 부상에 맞서 시대적 변화에 맞게 당의 면모를 바꿀 수 있게 하는 중요한 기회였다. 그러나 자유당은 그 기회를 제대로 살리지 못했다.

1924년 봄 로이드 조지는 노동당과의 정책 협조의 시도나 자유당의 현 상태에 대해서 환멸을 느끼게 되었다. 그가 생각하기에 이 두 가지 문제를 풀기위한 해답은 노동당 정부에 대한 전면적인 반대 입장을 취하는 것이었다. 이것이 비록 총선으로 이어진다고 해도 그것이 자유당에게 더 나은 상황을 마련해 줄 것이고, 더욱이 자신이 자유당의 당권을 다시 차지하는데도 도움을 줄 수 있을 것으로 보았다. 그런 판단하에 그해 3월 갑작스럽게 그리고 극적으로 그는 국민 자유당 조직을 해체시켰다. 로이드 조지에게 국민 자유당 조직의 해체가 의미하는 바는 컸다. 그는 이를 통해 보수당과의 연립 정부구성이라는 과거로부터의 연계를 끊어 버릴 수 있게 되었다.

그 이후 그는 노동당 정부의 외교 및 국내 정책에 대해 통렬하게 공격하면서, 동료 자유당 의원들에게 노동당 법안에 반대표를 던지라고 촉구했다. 일부 노동당 정책에 대해 자유당 의원들이 반대표를 던지기는 했지만, 노동당 정부가 내놓은 실업정책에 대해 반대표를 던지라는 그의 제안을 애스퀴스와 많은 자유당 의원들이 받아들이지 않았다. 애스퀴스는 아직도 노동당 정부를 실각시킬 준비가 되어 있지 않았다고 판단했다. 로이드 조지는 노동당 정부를 실각시키기 위해서는 보수당과의 공조가 필요하다고 생각하게 되었다. 당시 보수당은 이제 보호주의 정책을 버린 볼드윈의 리더십하에서 단합되어 있었고 조직적으로도 잘 관리되어 있어 차기 총선을 애타게 기다리고 있었다.

이 모든 조짐들은 총선이 그리 멀지 않았다는 것을 알려주고 있었다. 자유당 간부들은 다가올 총선을 대비하기 위해 자금 문제로 로이드 조지와 결판을 내기로 했다. 당의 관리자로서 당 사무총장이었던 허버트 글래드스턴은 자유당은 차기 총선에서 적어도 500명을 공천해야 한다고 항상 주장했는데 그것은 20만 파운드 이상의 거액을 모금해야 함을 의미했다. 로이드 조지에게 또다시 기부를 요청했지만 그는 또다시 버텼다. 그러나 10월 초 노동당 정부가 실각되기 며칠 전 그는 마침내 5만 파운드를 자유당 선거기금에 기부하기로 했다. 결국 340명의 자유당 후보가 출마했는데 이는 1923년의 453명보다 크게 줄어든 숫자였다. 글래드스턴은 로이드 조지가 돈을 조금밖에 내지 않은 것은 선거에서 자유당을 망치게 하려는 의도가 있기 때문이라고 믿었다. 사실 로이드 조지는 자유당의 패배가 명확하다고 생각했고, 그래서 희망 없는 후보들에게 돈을 낭비하기를 주저했다는 추측도 나돌았다.

총선이 실시된 것은 노동당 정부의 대소련 정책과 관련이 있었다. 이미 그 이전 소비에트 정부를 승인한 맥도널드는 1924년 8월 영국-소련 간 관계정상화를 통해 양국 간 이견을 해소하고자 했다. 가장 논란을 빚었던 것은 혁명 이전 러시아에 제공한 영국 차관에 대한 것이었는데, 러시아 혁명 때 이를 무효화해 버렸던 이 사안의 해결에 대한 소련 측의 제안이 애매하다는 것이었다. 그러나 소련과의 국교 정상화는 국내 정치적으로 적지 않은 논란을 일으켰다. 로이드 조지는 이 조약에 반대하기로 결정했고 자유당 의원들이 자신의 견해를 지지해 줄 것을 원했다. 이는 노동당 정부를 실각시키는 데 자유당이 보수당과 효과적으로 협력하는 일이 될 것이었다. 애스퀴스를 포함한 대다수 자유당 의원들은 10월 1일 당 회합에서 로이드 조지의 견해에 따르기로 했다.

그러나 노동당 정부 실각의 실제 계기는 유명한 캠벨 사건(the Campbell case)이었다. 이 사건은 잘 알려진 공산주의자인 캠벨(J. R. Campbell)의 선동적인 글에 대한 정부의 기소로부터 시작되었다. 캠벨은 당시 공산주의 계열 잡지인 『워커즈 위클리(*Workers' Weekly*)』의 편집장이었는데, 그는 이 잡지를 통해 계급전쟁이든 군사적인 전쟁이든 영국 군은 동료 노동자를 공격해서는 안 된다는 요지의 글을 실었다. 적국의 군대라도 노동계급이라면 공격해서는 안 된다는 주장이었다. 검찰은 이에 대해 반란법상의 선동죄를 적용하고자 했지만 노동당 정부는 이 혐의를 취하하도록 했다. 노동당의 이런 조치에 대해 보수당은 비판 동의안을 상정했다. 그러나 자유당은 그것보다 그 사건의 전모를 밝히기 위한 조사위원회 구성을 요구했다. 그럼으로써 이 문제를 덮고 보다 본질적인 쟁점인 소련과의 조약 문제로 집중할 수 있을 것으로 기대했다. 맥도널드 수상은 자유당이 제출한 조사위원회 구성을 노동당 정부에 대한 신임투표로 간주하며 여기에 맞대응했다. 보수당은 자신들의 제안을 취하하고 자유당과 함께 신임투표에 참여했다. 10월 8일 노동당 정부는 의회 표결에서 패배했고 그달 말 총선을 치르게 되었다.

로이드 조지는 자승자박이 되었다. 그는 이제 자신이 만들어 낸 선거를 치르게 되었지만 타이밍도 나빴고 이슈도 적절치 않았다. 노동당 정부의 정책적 실패나 무능을 다투는 대신 대소련 정책과 캠벨 사건 그리고 악명 높은 지노비에프 서신 사건[22] 등으로부터 비롯된 반공산주의 흐름에 묻혀버렸다. 유권자들은 이념적으로 양쪽으로 갈라졌고 자유당의 공식 메시지는 두 거대 정당 간 충돌 속에서 제대로 부각되지 않았다. 더욱이 이념 이슈가 지배하는 분위기로 인해 1923

---

22) 총선을 불과 나흘 앞둔 1924년 10월 25일 영국 공산당은 코민테른 집행위원회 최고간부회의 의장인 지노비에프(Grigori Zinoviev)로부터 편지 한 통을 받는다. 그 편지의 내용은 영국에서, 특히 영국 군대 내에서 공산주의 선동을 강화하라는 지령이었다. 그런데 당시 노동당 정부는 소비에트 러시아와 관계 정상화를 추구하고 있었기 때문에 이른바 '지노비에프 서신'은 노동당을 공산주의의 동조자와 같은 이미지에서 벗어나기 어렵게 만드는 것이었다(고세훈 1999: 179). 지노비에프 서신은 결국 조작된 것으로 후일 확인되었지만 1924년 총선에서 노동당은 이로 인해 큰 타격을 입었다(강원택 2008: 172).

년 총선에서 자유당에 투표한 많은 유권자들이 이제는 공산주의에 대한 우려 속에 보수당으로 달아나버렸다. 자유당은 10개월 전 노동당 정부 수립을 지원한 대가로 엄청난 비용을 지불해야만 했다. 자유당은 340명만을 후보로 내세웠지만 노동당은 1923년보다 100명 정도 늘어난 500명이 넘는 후보자를 공천했다.

1924년 선거결과는 보수당의 압도적 승리였다. 보수당은 412석을 차지했다. 노동당은 151석을 얻었다. 자유당은 말 그대로 '학살당했다(massacred)'(Adelman 1995: 52). 자유당의 의석은 겨우 40석으로 줄어들었다. 자유당은 무려 105석을 보수당에게 빼앗겼다. 지난 1923년 총선에서 농촌과 중산층 중심 선거구에서 자유당이 얻었던 의석들이 완전히 사라져 버렸다. 도시 지역에서도 사정은 별반 다르지 않았다. 단지 6명의 의원이 광역도시 지역에서 선출되었을 뿐이다. 로이드 조지, 몬드, 사이몬을 제외한 모든 자유당 지도자들이 낙선했다. 애스퀴스도 페이슬리 선거구에서 떨어졌다. 이번 선거결과가 자유당에 미친 충격은 엄청난 것이었다. 노동당의 의석 수는 1923년보다 40석 줄어들었지만 득표수에 있어서 100만 표 이상을 더 얻었다. 권력을 보수당에 넘겨주었지만 노동당은 견고하게 지지층을 확장해 가고 있었던 것이다.

더욱 중요한 점은 노동당이 그들의 핵심적 목표를 성공적으로 달성했다는 사실이다. 주요 라이벌인 자유당을 몰락시키고 자신들이 대안 집권세력이 되도록 하는 그 목표를 이제 달성했다. 그런 점에서 보수당 못지않게 노동당 역시 1924년 총선의 승리자였다. 애스퀴스의 말대로, 두 거대한 세력 사이에서 '이제 자유당은 옴짝달싹 못한 채(set between the upper and the nether millstones) 서서히 죽어가는' 정당이 되어 가고 있었다(Cook 1975: 315).

▌로이드 조지, 마침내 자유당을 이끌다

 1924년 총선의 충격적인 결과에도 자유당은 즉각적으로 그들이 처한 어려운 정치적 현실을 극복하기 위한 특단의 조치를 취하지 못했다. 선거 후에도 당의 리더십, 조직, 재정, 정책 등에서의 근본적인 문제는 해소되지 않은 채 남아 있었다. 당 조직과 관련해서 볼 때 자유당은 오히려 이전보다 더 분열되어 있었다. 의회 내 자유당 의원들에 대한 애스퀴스의 장악력은 그가 옥스퍼드 경(Lord of Oxford)의 작위를 받고 상원으로 자리를 옮긴 이후 점점 더 취약해져 갔다.

 1923년의 상황과는 달리 왜소화된 자유당 의원 집단의 다수는, 볼드윈의 보수당 정부에 호의적인 이전의 연립정부 참여세력이었다. 애스퀴스의 지지자들은 여전히 로이드 조지에 적대적이었으며 그가 당 지도자로 떠오르는 것을 결단코 막으려 하고 있었다. 그들은 로이드 조지를 자유당의 정치적 재건의 최대 장애물로 간주하고 있었다. 그럼에도 불구하고 결국 로이드 조지는 자유당의 원내 대표가 되었다. 의원들의 투표에서 로이드 조지는 36 대 7로 당선되었다. 원내 소수파가 된 애스퀴스파는 불쾌감을 표시했고 이른바 '급진그룹(Radical Group)'을 형성했는데, 그 이름이 의미하는 바와 같은 실질적인 정책 내용을 담고 있기보다는 보수당 정부와 노동당 모두에 반대한다는 의미에서의 급진이었다. 다음 번 총선을 대비하여 자유당의 독자성을 부각시킨다는 의미도 담겨져 있었다.

 그러나 총선을 대비한다는 것은 언제나 그렇듯이 돈의 문제였다. 따라서 또다시 애스퀴스파의 당 관리자들로서는 로이드 조지 기금이라는 유쾌하지 못한 이슈를 다시 꺼내야 했다. 중앙당이나 지역구 모두에서 절망적인 재정상태에 직면하면서 장기적인 정당 수입의 필요성은 누가 봐도 중요한 것이었다. 그러나 임박한 파산으로부터 당을 구할 수 있는 기금의 사용이라는 어려운 문제에 대해, 자유당 내 양 파벌은 1924년 총선을 앞두고 행한 논의 이후 조금도 진전을 이뤄내지 못했다. 로이드 조지는 애스퀴스파가 통제하는 당 재정에 기부하는 것에 대해 여전히 주저했으며 이러저러한 핑계를 들어 이를 거부하고 있었다.

이에 따라 새로운 '자유당 운영위원회(Liberal Administrative Committee)'는 자유당이 재정적으로 자립할 수 있도록 하기 위한 기금마련사업으로 '밀리언 파운드 펀드(Million Pound Fund)'를 추진했다. 이 계획은 일부 지방에서 다소의 성공을 거두기는 했지만 전반적으로 본다면 처참한 실패였고 당시 자유당이 처해 있는 곤궁스러운 모습을 전국적으로 드러내 보이는 꼴이 되고 말았다. 이 사업의 실패는 로이드 조지에 대한 애스퀴스파의 반감을 더욱 높였는데, 그럼에도 애스퀴스파는 로이드 조지의 기금지원 여부에 더욱 의존할 수밖에 없었다. 로이드 조지는 자신이 당을 돕도록 하기 위해서는 자유당이 그가 추진하는 토지개혁운동(land campaign)을 지원해야 한다고 요구했다.

이 운동은 1925년 9월 웨스트 컨트리의 집회에서 로이드 조지의 개회 연설과 함께 시작되었다. 그리고 그 다음 달에는 대중적으로 잘 알려진 『토지와 국가(*The Land and the Nation*)』라는 제목의 책을 출간했다. 상당히 설득력 있는 주장을 담은 이 책은 로이드 조지가 지원하고 재정적 부담을 담당한 농촌 토지의 소유와 사용에 대한 개인적 연구 조사의 결과였다. 이 책에서의 주장은 개인 지주제도는 효율적이고 발전할 수 있는 농업 시스템을 만들어내지 못하며, 국가 지원이 이러한 문제를 교정하기 위해 필요하다는 것이다. 로이드 조지는 토지의 국유화를 지지하지는 않았지만, 그는 국가가 토지의 통제 권리를 넘겨받고 여러 지방위원회를 통해 요구되는 개혁을 부과하면

전반적으로 경제를 되살리는 데 도움을 줄 것이라고 주장했다.

로이드 조지의 토지개혁운동은, 그가 처음 정치를 시작할 시점으로 거슬러 올라가는, 농촌급진주의에 대한 그의 오랜 생각의 발로였다. 더욱 중요한 점은 전후 시기의 불확실성을 넘어 그가 자유당의 정책에 있어서 새로운 창의성을 보여주었다는 것이다. 그리고 이러한 새로운 자신감은 다시 그를 정치의 중심 무대로 되돌아가게 했다. 로이드 조지는 좌파 방향으로 선회하고 있었다. 보수당 정부 정책에 대한 그의 호된 비판은 그가 여러 가지 면에서 그 이전의 의회에서와는 달리 노동당으로부터 우호적 평가를 이끌어냈다. 이 모든 상황 속에서 그의 자금과 리더십, 그리고 그가 주도하는 정책에 의해 자유당이 비사회주의적이지만 급진적 대안이 되기를 원했다.

그러나 그 책의 중요한 제안들은 정작 자유당에서는 크게 환영받지 못했다. 많은 의원들은 국유화와 유사해 보이는 강령에 대해 의심의 눈초리로 바라봤고, 이 이슈와 함께 예전 연립정부에 함께 참여했던 알프레드 몬드 경은 마침내 자유당을 떠나 보수당에 입당했다. 그럼에도 불구하고 1926년 초 로이드 조지는 자신의 계획을 진행하면서 그의 토지개혁운동의 전개를 위한 '토지와 국가 연맹(Land and National League)'을 조직했다. 이는 당의 공식적인 승인을 받은 것은 아니었으며 그의 사적 기금에 의해 추진되는 것이었다. 애스퀴스는 이에 대해 당을 분열시킨다고 강하게 반대했지만, 이 사안을 두고 로이드 조지와 정면대결을 벌이고 싶어 하지는 않았다.

한편, 로이드 조지도 자신의 토지 개혁 제안을 다소 수정할 의사를 밝혔다. 양 측의 이런 유화적 태도로 인해 로이드 조지의 제안들은 1926년 2월 토지개혁회의(Land Convention)에서 당의 정책으로 받아들여졌다. 모처럼 자유당 두 지도자 간에 타협과 합의의 모습을 보인 것이다. 그러나 얼마 지나지 않아 총파업을 둘러싼 갈등으로 이 두

| 1926년 노동조합평의회에 의한 총파업의 모습

지도자 간에 모처럼 이뤄진 합의는 흔들리게 되었고 그것은 예기치 않게 자유당 지도자로서 애스퀴스의 몰락으로 이어졌다.

　노동조합평의회(TUC)는 광부들의 쟁의를 지원하기 위해 1926년 5월 총파업을 단행했다. 애스퀴스와 로이드 조지는 총파업에 대해 보수당 정부의 입장을 지지했다. 그러나 애스퀴스는 총파업을 '헌정적(constitutional)' 위기(Adelman 1995: 55)로 간주했기 때문에, 이런 위기의 와중에 정부에 대한 비판을 자제하고 정부에 협조해야 하며, 총파업의 즉각적인 중단을 요구한 볼드윈의 정책을 전적으로 지지했다. 반면 로이드 조지는 총파업을 초래한 정부의 책임을 강조하는 것은 당연한 것으로 생각했고 총파업의 해결 역시 협상에 의한 타협을 선호했다. 총파업을 바라보는 두 지도자 간의 생각의 차이는 결국 두 사람 간의 갈등으로 다시 표출되었다. 로이드 조지는 5월 10일의 자유당 예비 내각(Shadow Cabinet)의 모임에 참석하는 것을 보란 듯이 거부함으로써 애스퀴스와의 이견을 극적으로 드러내 보였다. 로이드 조지는 힘보다 타협이 중요하다는 점을 강조함으로써 사실상 애스퀴스와의 관계에 종지부를 찍었다. 총파업이 끝이 난 이후인 5월 20일 애스퀴스는 로이드 조지가 예비내각 회의에 참석하지 않은 것을 비난하는 글을 언론에 실었고, 애스퀴스의 측근들은 예비내각으로부터 로이드 조지의 사임을 요구했다.

그러나 로이드 조지는 사임을 거부했다. 애스퀴스가 로이드 조지를 사임시키기 위해서는 전국 당 조직의 도움이 필요했다. 그러나 적어도 이 이슈에 있어서 당원들 다수는 로이드 조지를 지지했다. 당원들 다수는 애스퀴스가 무리하고 경솔하게 로이드 조지의 사임을 강요하고 있다고 느꼈다. 그들이 보기에 애스퀴스는 보수당에 굴종하는 듯이 보였고 이에 비해 로이드 조지는 자유당의 입장에 부합하는 태도를 취하고 있다고 보았다. 이처럼 애스퀴스는 당의 정서를 잘못 파악하고 있었다. 1927년 7월 전국자유당연맹에서 연설을 며칠 앞두고 애스퀴스는 뇌졸중으로 쓰러졌다. 그리고 그해 10월 자유당 당수직을 사임했다. 그리고 당 총무였던 애스퀴스의 측근 굿프리 콜린스 (Sir Goodfrey Collins)도 함께 물러났다.

사실 애스퀴스는 적절하지 못한 시기에 너무 오랫동안 당 지도자의 자리에 앉아 있었다. 그리고 몰락한 자유당의 재건을 담당하기에는 너무나도 과거의 전통에 묶여 있었다. 로이드 조지를 거부했지만 그 스스로 자유당의 새로운 변화를 이끌어 내지도 못했다. 그런 라이벌 의식, 적대감 그리고 그로 인한 당의 분열이 노동당의 부상 이전 시기의 자유당이 시대적 변화를 주도할 수 있게 변모할 수 있는 귀중한 시간을 허비하게 했다. 애스퀴스는 병석에서 회복하지 못한 채 1928년 2월 세상을 떠났다.

마침내 로이드 조지는 당의 리더십을 차지하게 되었다. 그러나 그는 처음부터 앞에 나서지 않고 조심스럽게 당을 이끌었다. 그렇다고 해도 이제 그는 당의 실세였다. 그가 당권을 잡고 난 후 당 조직 내의 애스퀴스 측근들의 영향력은 즉각적으로 제거되었다. 당 의장 비비안 필립스는 로이드 조지에게서 차기 총선에서 500명의 후보자에 대한 재정부담 약속을 받고 그 자리에서 물러났다. 허드슨, 그레이, 런시먼, 글래드스턴 등 애스퀴스파의 중견들도 모두 물러났다. 로이드 조지와 가까운 로버트 허치슨 경(Sir Robert Hutchinson)이 원내 총무가 되었다. 팔레스타인 총독을 마치고 막 돌아온 허버트 사무엘 경(Sir Herbert Samuel)은 '중립적인' 당의장이 되었다(Adelman 1995: 56). 로이드 조지는 당 리더십, 재정, 조직과 관련해서 풀어야 할 당의 현안을 대부분 성공적으로 해결했다. 이러한 리더십과 조직의 재정비와 함께 자유당은 1927년 봄 사우스워크(Southwalk)와 보스워스(Bosworth) 두 곳에서의 보궐선거에서도 승리했다. 자유당이 이제 제자리를 찾아가는 듯이 보였다. 로이드 조지는 이제 당의 정책 분야로 관심을 돌릴 수 있게 되었다.

로이드 조지는 이미 2년 전에 토지 개혁 정책에 대한 그린 북의 출판과 함께 정책 형성과 관련하여 이미 주도권을 장악했다. 그는 이제 영국 산업 전반에 대해서도 유사한 작업을 하고 싶었다. 따라서 그는 램지 뮈르(Ramsay Muir), 월터 레이톤(Walter Layton), 어네스트 사이먼(Ernest Simon) 등 자유당 지식인 그룹이 행하는 영국 산업 재편에 대한 연구 작업을 지원했다. 이들 지식인 그룹은 1921년 시작된 자유당 하계학교(Liberal Summer School)에도 관계했던 이들이었다. 이런 연구 중 역시 제일 주목할 점은 그 당시 금융과 실업 문제 해결에 관해 가히 혁명적이라고 할 수 있는 이론을 개발하고 있던 경제학자 케인즈(J. M. Keynes)가 자유당 하계학교와 관계하기 시작했다는 점이다.

사실 그 이전 케인즈와 로이드 조지는 관계가 좋지 않았다. 농촌 재건을 강조한 로이드 조지에 대해 케인즈는 매우 비판적이었기 때문이다. 그러나 두 사람은 실업 문제에 대해서는 모두 커다란 관심이 있었다. 이에 따라 케인즈는 자유당 하계학교에도 참여하기 시작했다. 케인즈가 그의 동료들과 함께 영국의 산업 문제를 연구할 자유당 내 연구조사팀에 로이드 조지가 재정지원을 하기로 했다. 그리고 로이드 조지 자신은 실업 문제를 다루는 위원회를 직접 주재했다. 이런 과정을 통해 제시된 케인즈 연구팀의 보고서는 『영국 산업의 미래(Britain's Industrial Future)』, 혹은 『옐로우북(Yellow Book)』이라는 이름으로 1928년 2월 출간되었다. 이 보고서에서는 국가투자위원회(National Investment Board)를 통해 국가가 재정부담을 하도록 하는 경제 정책과 대규모 공공사업 프로그램의 필요성을 강조했다. 또한 통화통제와 독점규제 등의 내용을 담고 있었다. 케인즈팀은 이러한 조치들이 산업과 고용을 자극하는 데 도움을 줄 것으로 보았다.

이 보고서가 담고 있는 이러한 정교한 경제 분석에도 불구하고 이 보고서의 내용을 충분히 이해하는 사람은 드물었고 별로 환영을 받지도 못했다. 그러나 이 시기에 자유당이 이러한 장기적인 관점에서의 정책 대안을 마련해 냈다는 것은 로이드 조지의 리더십하에서 자유당이 변화해 가는 모습을 잘 보여주고 있다. 그런 점에서 1928년은 자유당에게 재건의 희망을 느끼게 한해였다. 랭카스터와 세인트 이브즈(St. Ives)에서 행한 두 번의 보궐 선거의 승리도 이러한 당내 변화가 반영된 것으로 보였다.

그럼에도 불구하고 자유당의 정치적 미래는 여전히 불투명했다. 자유당이 승리한 곳은 대부분 농촌지역이었다. 1924년부터 1928년 사이 보궐선거가 치러진 대다수 지역에서 승리한 것은 노동당이었다. 보수당 정부의 인기 하락에 대한 수혜자는 자유당이 아니라 노동당이었다. 자유당은 여전히 스스로 대안이 되기 어려운 소수의 제3당이었다. 그러나 1928년 전당대회에서 로이드 조지는 "우리는 독자적 정당으로 총선에서 싸울 것이다. 그리고 우리는 다음 의회에서도 독자적 정당으로 행동할 것이다"(Campbell 1977: 217)라고 주장했다. 이는 매우 용감한 말이지만(Adelman 1995: 57), 그의 뜻이 이뤄지기 위해서는 곧 다가올 다음 총선에서 자유당이 과거와 같은 지지세를 회복할 수 있어야만 했다. 강력한 지도자, 독창적인 강령, 그리고 500명 이상의 후보자의 출마로 자유당은 이제는 이전의 몇 차례의 총선 때와는 다른 조건을 갖추었다. 다가올 총선은 로이드 조지가 적절히 본 대로, '자유당을 위한 마지막 승부수(a last throw for the Liberal Party)'(Campbell 1977: 220)를 던지는 자리가 될 것이었다.

▌ 패배와 불화

1929년 5월 총선 실시가 발표되기 이전에 이미 로이드 조지는 '우리가 실업 문제를 해결할 수 있다(We Can Conquer Unemployment)'라는 제목의 선거 공약집을 그해 3월 발간하고 선거운동을 본격화했다. 이는 케인즈가 작성한 보고서의 공공사업 제안을 보다 대중적인 형식으로 제시한 것이다. 공약집에 의하면 자유당이 집권하면 도로와 주택 건설 사업을 통해 60만 명의 인력이 일자리를 갖게 될 것이며 그 비용은 2억 5천만 파운드에 달할 것으로 보았다.

로이드 조지는 이처럼 실업해결을 앞세우며 자유당이 집권하면 실업은 일 년 이내에 큰 폭으로 줄일 수 있다고 공약했다. 이에 대해 보수당은 자유당 프로그램이 제대로 작동하지 않을 것이라고 비판했고, 노동당은 자유당의 이런 급진적 주장에 당황해 하며 자유당이 자

| 1929년 총선에서의 자유당 공약집

신들의 아이디어를 훔쳐갔다고 주장했다. 로이드 조지는 5월 30일 선거일이 될 때까지 자유당의 선거 운동을 주도했고, 당내 반대 세력들도 대체로 그에게 협조했다.

자유당은 513개 선거구에 후보를 공천했다. 1924년 340개 선거구에만 후보자를 내세웠던 것과 비교하면 큰 폭의 증가였다. 전체 선거구 가운데 447개 지역에서 보수당, 노동당, 자유당 간의 경쟁이 펼쳐졌다. 로이드 조지와 자유당 지도자들의 열정적인 선거운동에도 불구하고 자유당은 유권자들에게 제대로 받아들여지지 않았다. 자유당은 또다시 선거에서 그들의 한계를 실감해야 했다. 총선 결과 노동당은 288석으로 최대 정당이 되었고 보수당은 260석을 얻었다. 자유당은 이들 정당보다 훨씬 뒤처진 59석을 얻는 데 그쳤다. 자유당이 얻은 의석의 거의 대부분은 농촌 지역구, 특히 전통적인 자유당 강세지역인 스코틀랜드, 웨일즈와 같은 켈틱 프린지(Celtic Fringe), 웨스트 컨트리(West country), 그리고 이스트 앵글리아(East Anglia)에서 보수당으로부터 빼앗은 것이었다.

자유당은 산업 재편과 실업에 대한 그들의 훌륭한 공약에도 불구하고, 공업지대에서는 전혀 지지의 확대를 이뤄내지 못했다. 그리고 오히려 북동부 요크셔, 랑카셔, 그리고 런던 동부에서는 노동당에 지지 기반을 빼앗겼다. 다만 득표율에서는 자유당은 이전 선거보다 나은 결과를 얻었다. 1924년 총선에서 17퍼센트 득표였지만 이번에는 23퍼센트, 즉 500만 표 이상을 얻었다. 그리고 이러한 성적은 비례대표 선거제도로의 선거개혁에 대한 자유당의 입장을 강화시켰다.

그러나 1929년 선거에서 드러난 매우 아픈 현실은, 자유당이 이번 선거에 그들의 모든 정치적 자원을 쏟아 부었고 1차 세계대전 이후의 어떤 선거 때보다 모든 면에서 더 잘 준비했었지만, 별다른 진전을 이뤄내지 못했다는 사실이었다. 전국자유당연맹의 표현대로, 자유당과 로이드 조지로서는 '우리의 희망과 목표를 감안할 때 패배한 전투'(Wilson 1967: 375)였다. 사실 로이드 조지가 열정적으로 준비한 자유당의 선거 강령은 나름대로 유권자의 주목을 받았으며, 실업 문제 해결을 위한 자유당의 정책 대안이나 로이드 조지의 약속의 신빙성에 대해 유권자들이 회의감을 가졌던 것도 아니었다. 그러나 자유당은 선거에서 별다른 진전을 이루지 못했다. 무엇보다 그들에게 문제였던 것은 자유당이 이제는 제3당이라는 사실이었다. 유권자들은 집권 대안 세력으로 자유당의 가능성을 낮게 보았던 것이다. 노동당은 1차 세계대전 이래 자유당과 노동계급과의 전통적 연계를 깨고 그들과의 새로운 연대를 구축해 왔다. 1929년 총선은 자유당으로서는, 집권의 잠재력을 가진 정당으로 재부상하려는 그들의 시도와 관련해서 볼 때, 이제 막다른 골목에 다다르게 된 것을 의미했다.

1929년 총선의 충격에도 불구하고 자유당은 또다시 분열했고 실망스러운 모습을 보였다. 자유당의 어려움은 근본적으로 노동당과의 관계에 있었다. 로이드 조지는 의회에서 자유당의 독자성을 부각시키는 전략을 취했다. 따라서 노동당의 정책 제안을 그들의 관점에서 평가하고, 필요하다면 기권하거나 혹은 반대표도 던질 작정이었다. 그러기 위해서는 무엇보다 당의 단합이 유지되어야 했다. 로이드 조지의 이러한 목표는 곧 수포로 돌아갔다. 자유당 의원들은 1929년에서 1930년 사이 두 차례나 노동당 정부의 석탄법(Coal Bill)에 대해 제각기 찬성, 반대, 기권의 상이한 태도를 취했다.

1930년대 중반부터 로이드 조지는 태도를 바꿔 실업정책과 선거제도 개정에 대한 합의를 이끌어 내기 위해 노동당과 협력하는 방향으로 정책을 바꿨다. 당시 노동당 정부는 대공황의 상황에서 실업 문제를 제대로 해결하지 못했다. 노동당이 처음 집권했을 때 실업률은 10퍼센트 수준으로 약 100만 명 정도의 실직자들이 존재했지만, 1931년 중반이 되면 실업률은 23퍼센트까지 크게 높아졌고 그 수도 300만 명에 달하게 되었다. 특히 석탄, 섬유, 조선, 철강 등 4개 산업부문의 실업률은 19퍼센트에서 45퍼센트로 높아졌고, 조선 산업의 실업률은 60퍼센트에 달했다(고세훈 1997: 197). 이런 상황에서 로이드 조지가 노동당과 실업 문제 해결을 위해 공동으로 협의하자는 제안은 노동당으로서도 매우 매력적인 것이었다.

사실 노동당 맥도널드 수상은 보수당과 자유당 지도자에게 실업 문제 해결을 위한 초당적 협조를 요청했다. 그러나 보수당의 볼드윈은 이 제안을 거절했지만, 로이드 조지는 이에 협조하기로 동의했다.

이렇게 해서 이뤄진 자유당과 노동당 대표자 간의 협의는 우호적 분위기에서 시작되었지만 최종적으로는 실패로 끝이 나고 말았다. 맥도널드는 경제 정책에 대한 자유당의 제안을 받아들일 준비가 되어 있지 않았고, 더욱이 자유당으로서는 중요한 사안인 비례대표 선거제도에 대한 요구는 노동당 내의 큰 반발에 부딪혀 수용될 수 없는 것이었다.

노동당과 협력한다는 로이드 조지의 정책은 자유당 내부에서도 상당한 위험성을 내포하고 있었던 것이었고 그 위험성은 곧 드러났다. 노동당과의 협력에 부정적인 태도를 갖는 의원들이 이에 반발하거나 심지어 보수당 쪽으로 옮겨 가기 시작했다. 1930년 11월 사이먼과 허친슨이 주도한 5명의 자유당 의원들이 한해의 회기를 시작하는 국왕의 연설(King's Speech)에 대한 승인 투표에서 기권하기로 한 당의 결정과는 달리 보수당의 수정안에 찬성표를 던졌다. 이 일로 허친슨은 원내총무직에서 사임했다. 로이드 조지의 정책에 점차 부정적이 된 사이먼은 서서히 보수당 쪽으로 옮겨 갔다. 1931년 6월 사이먼과 그의 추종자들은 마침내 자유당에서 나와 그 자신들을 자유당 국민파(Liberal Nationals)라고 부르는 집단을 결성했다. 그러나 로이드 조지는 맥도널드와의 만남을 계속 이어갔다. 1930년 후반 무렵 자유당 후보자 모임(Liberal Candidates Association)에서 로이드 조지는 노동당과 어떤 협약이나 거래도 없을 것임을 천명했지만, 점차 증대되는 보호주의 요구를 막아낼 수 있는 방어막은 노동당뿐이라고 생각하게 되었다.

1931년 8월 24일 재정 위기를 두고 노동당 내각은 분열했다. 1931년 오스트리아의 한 은행의 부도로 인해 번진 금융위기로 인해 노동당 정부는 금융권의 신용 불안 문제를 해결하기 위해 지출을 줄이는 균형예산을 편성해야 했다. 그러나 이는 실업 지원이나 사회보조금에 대한 지출 규모를 대폭으로 감소해야 한다는 사실을 의미했다. 노조의 반발이 거세리라는 것은 불을 보듯 뻔한 상황이었다. 노동당 정부는 노동운동과 노동세력의 분열을 피하기 위해 사임을 결정했다(고세훈 1999: 200). 노동당 내각 사임 이후 맥도널드는 의회를 해산하고 총선을 치르는 대신 재정위기상황의 해결을 위한 국민정부(National Government)를 구성하겠다고 밝혔다. 노동당 내부의 반발은 컸으며 노동당 의원 대다수는 국민정부 참여를 배신으로 간주하고 불참을 선언했다.

그 전달에 병에 걸려 정치 활동할 수 없게 된 로이드 조지는 국민정부의 구성을 지지했으며 자유당의 지도급 의원들에게 그 정부에서의 자리를 수락하도록 격려했다. 사무엘과 레딩 경은 각각 내무장관과 외교장관직을 맡았으며, 많은 자유당 의원들 또한 국민정부 각료직에 임명되었다. 로이드 조지 자신도 건강이 회복되면 궁극적으로는 내각에 참여할 것으로 예상되었다. 자유당에게 국민정부 참여는 매력적이었다. 그로 인해 내각의 주요 직책을 얻었고 자유당 내부의 분열도 덮을 수 있었다. 무엇보다 재앙적인 결과가 예상되는 즉각적인 총선 실시도 피할 수 있는 듯이 보였다. 그러나 마지막 순간에 그들은 곧 그런 꿈에서 깨어나야 했다. 보수당이 즉각적인 총선 실시를 요구한 것이다. 보수당은 총선이 실시된다면 자유당에서 사실상 이탈한 자유당 국민파와 힘을 합치면 하원을 압도적으로 지배할 수 있을 것으로 보았다. 노동당 다수의 지지를 받지 못해 의회 내 지위가 취약해진 맥도널드는 보수당의 요구에 저항할 수 없었다. 그러나 보수당으로서도 위기상황에서 너무 자신들의 정치적 욕심이 드러나는 것은 주의해야 했다.

보수당의 입장에서는 자유교역을 주장하는 자유당이 탐탁지 않았지만 노동당의 맥도널드는 필요했고 무엇보다 국가적 단결을 보수당이 깼다는 책임을 지고 싶지는 않았다. 그래서 1931년 총선에서 국민정부는 구체적인 정책보다 '의사에 대한 위임(doctor's mandate)'이라는 애매하고 구체성 없는 공약을 내걸었다. 현재 영국은 위기상황이므로 무엇을 하겠다는 구체적인 약속보다 재정 위기를 해결하는 데 필요하다고 인정되는 것이라면 어떤 조치라도 취할 수 있도록 허용해 달라는 공약인 셈이다. 마치 수술을 집도해야 하는 의사가 무엇을 어떻게 하겠노라고 미리 구체적으로 이야기하는 것이 아니라 자신의 책임하에 환자를 모든 방법을 다 동원해서 살리는 것처럼 거국정부도 그렇게 하겠다는 것이다. 그러나 이러한 표현 뒤에는 자유무역을 주장하는 자유당과 보호주의 정책을 중시하는 보수당 간의 입장의 차이를 애매하게 하기 위한 의도가 있었다. '의사에 대한 위임'이라는 공약은 국민정부 내부 구성원들 간의 정책적 입장에 상당한 차이가 있음을 스스로 드러내 보인 것이었다(강원택 2008: 186-187).

그러나 자유당은 이 선거로 인해 보수당의 함정에 빠져들었다. 그들이 다가올 선거에서 노동당에 반대하고 국민정부를 지지하면, 그들은 새로운 '쿠폰' 선거에서 보수당의 들러리가 될 것이고 그것은 '독자적 정당으로서 자유당의 사형 집행 영장에 사인하는 것'(Campbell 1977: 300)을 의미했다. 만약 자유당이 국민정부에 참여하지 않고 야당으로 남는다면 그들은 선거에서 대패할 것이 분명했다. 이런 어려운 상황에서 자유당의 선택은 최악의 것이었다. 보수당과의 차별성이 중요했지만 사무엘과 그의 자유당 각료들은 국민정부에서 사임하기를 거부함으로써 로이드 조지를 불쾌하게 만들었다. 병석에서 로이드 조지는 그들의 행동을 비난하고 사실상 그들과의 관계를 끊고, 노동당에 대한 지지를 선언했다.

자유당은 이제 선거 경쟁에서 매우 처절한 상황에 놓이게 되었다.

겨우 160명의 후보자들만을 내세울 수 있었을 뿐만 아니라 자유당 자체가 세 집단으로 나뉘어져 있었다. 사실상 보수당에 가까운 자유당 국민파, 그리고 노동당에 협조적인 소규모의 로이드 조지파, 그리고 보수당 편향은 아니지만 노동당에는 적대적인 입장을 취하는 사무엘이 주도하는 자유당 그룹이 존재했다. 더욱이 보수당은 국민정부에 참여한 다섯 명의 자유당 각료에 대항하여 후보자를 내세웠다. 보수당에 가까운 자유당 국민파 후보들은 이와 대조적으로 보수당의 도전을 받지 않았다.

1931년 총선은 국민정부라는 이름을 내세웠지만 보수당의 압승이었고, 노동당에는 재앙이었으며 자유당에는 수모였다. 보수당은 473석을 얻었고, 국민정부에 참여하지 않은 '독립' 노동당은 겨우 52석을 건졌다. 자유당은 68석을 획득했다. 그러나 이 숫자는 의미가 없었다. 자유당 국민파인 사이먼이 이끄는 35명 의원은 이제 사실상 보수당의 일원이었기 때문이다. 득표수에서도 자유당은 이제 예전 선거에 비해 지지가 크게 줄어들었다. 자파에 네 명의 자유당 의원들만이 남게 된 로이드 조지는 자유당 당권을 포기해야 했다. 자유당의 새로운 리더는 허버트 사무엘이었다. 사무엘은 국민정부에서 외무장관으로 지명되었다. 1932년 봄 국민정부가 어쩔 수 없이 보호주의 정책을 채택하면서 자유무역을 주창해 온 자유당 각료들의 입장은 어렵게 되었다. 자유당 내에서 이에 대한 비판이 거세지면서 피할 수 없는 상황으로까지 치닫게 되었다. 사무엘과 그의 동료들은 결국 9월에 내각에서 물러났다. 그리고 자유당 의원들은 이제 '독립' 노동당과 함께 야당의 역할을 맡게 되었다. 이와 함께 사이먼파 자유당 의원들은 한걸음 더 나아가 보수당과의 연계를 더욱 강화했다.

몰락 그 이후　제8장

▌2차 세계대전과 처칠의 전시연합 정부

1935년 총선은 자유당의 몰락을 극명하게 확인시켜 주었다. 1931
년 68석이었던 자유당의 의석은 1935년 선거에서는 21석으로 크게
줄어들었다. 득표율은 더욱 충격적으로 6.4퍼센트, 한 자리 숫자로까
지 떨어졌다. 국민정부는 428석, 그리고 노동당은 154석을 얻었다.
당을 이끌었던 허버트 사무엘도 다원(Darwen) 선거구에서 낙선했
다. 허버트 의원의 후임으로 당수가 된 이는 신클레어(Sir Archibald
Sinclair)였다. 그는 당시 45세로 젊은 나이였지만 1922년 이래 의원직
을 수행해 오고 있었고 내각 각료와 자유당 원내 대표직도 경험했다.
하원 원내대표는 런던에서 유일하게 살아남은 퍼시 해리스(Sir Percy
Harris)가 맡게 되었다.

이와 함께 당 재건의 노력이 시도되었다. 자유당 재건위원회(Liberal
Reconstruction Committee)가 1935년 총선 직후 설립되었고, 자유당
전국연맹을 대신할 조직으로 보다 폭넓은 구성을 갖춘 자유당조직
(Liberal Party Organisation)이 설립되었다. 그러나 그 이후의 보궐선

거에서도 자유당은 좋은 성적을 거두지 못했다. 특히 1936년 2월 로스 앤 크로마티(Ross and Cromarty) 보궐선거에서 자유당은 4위를 기록했고 심지어 공탁금도 되돌려 받지 못했다.[23]

이 무렵 영국 국민의 관심은 대외 문제에 쏠려 있었다. 1937년 5월 스탠리 볼드윈 수상이 물러났고 네빌 체임벌린이 그 자리를 이어받았다. 그 무렵 유럽에서의 전쟁은 불가피해 보였다. 체임벌린은 조심스러운 입장이었지만 당내 윈스턴 처칠은 이에 대해 매우 비판적이었다. 노동당 당수 조지 랜즈베리는 유화적인 입장을 취하고 있었지만 1935년 클레멘트 애틀리로 교체되었다.

애틀리는 전쟁에 대해서 랜즈베리와 상이한 태도를 취했다. 자유당 의원들은 필요하다면 독재자를 물리치기 위해서는 전쟁도 불사해야 한다는 인식을 갖고 있었지만 모두가 그런 생각을 가진 것은 아니었다. 그러나 전체적으로 볼 때 보수당의 처칠, 노동당의 애틀리, 자유당의 신클레어 모두 비슷한 입장을 취했고 체임벌린 수상의 유화정책에 대해 비판적이었다. 독일이 1938년 3월 오스트리아를 점령하면서 체코 지역에서의 위기감이 고조되었을 때, 체임벌린 수상은 뮌헨 회담을 통해 합의를 이끌고 돌아왔지만 히틀러는 그 합의를 지키지 않았다. 뮌헨 회담의 실패는 명백해졌다. 체코는 1939년 3월 히틀러에 의해 점령당했다. 그해 8월에는 독소 불가침조약이 맺어졌고 2주일 뒤 독일은 폴란드를 침공했다.

이런 상황에 이르자 영국과 프랑스는 독일에 대한 전쟁을 선포했다. 체임벌린은 야당들에게 연합정부 구성을 제의했지만 노동당은 거

---

23) 1918년 선거법의 규정에 따르면 후보는 150파운드의 공탁금을 내야 하며, 유효 투표의 8분의 1 이상을 득표하지 못하면 되돌려 받을 수 없도록 했다. 1985년에 이 규정은 개정되어 공탁금 액수는 500파운드로 올렸지만 유효 투표의 20분의 1, 즉 5% 이상 득표하면 되돌려 받을 수 있도록 했다.

부했고, 자유당 신클레어 역시 당내에서의 논의 끝에 거절했다. 1940년 5월 8일 유럽 전장에서의 전황이 여전히 독일에 유리하던 무렵 노동당은 체임벌린에 대한 불신임 결의안을 제출했다. 당시 로이드 조지는 "나는 수상에게 희생의 모범을 보일 것을 엄숙하게 요구한다. 이 전쟁에서 승리를 위해 수상이 스스로 그 관직을 희생하는 것보다 더 크게 기여할 수 있는 것은 없다"(Douglas 2005: 244)는 유명한 연설을 했다. 투표 결과 281 대 200으로 수상에 대한 지지표가 많았지만 그 차이는 크지 않았다. 보수당 소속 의원 40명 가까운 숫자가 야당에 동조하여 반대표를 던졌고 60명은 기권했다. 체임벌린은 전쟁 수행을 위해서는 내각의 구성을 확대해야 한다고 생각했지만 노동당은 체임벌린하에서는 참여하지 않겠다는 점을 분명히 했다.

1940년 5월 10일 체임벌린은 마침내 사임을 결정했고 그 후임으로 윈스턴 처칠이 수상이 되었다. 처칠은 모든 당이 참여하는 연합정부를 구성했고 그 핵심인 5명으로 구성된 전쟁 내각(War Cabinet)을 두었다. 자유당은 전쟁 내각에서는 자리를 얻지 못했다. 그러나 신클레어는 전쟁 업무를 직접 담당하는 공군성 장관(Secretary of State for Air)을 맡았고 대부분의 전쟁 내각 회의에 참여하도록 허용 받았다. 이외에 하코트 존스톤(Harcourt Johnstone), 로이드 조지 전 수상의 아들인 귈림 로이드 조지(Gwilym Lloyd George), 딩글 푸트(Dingle Foot) 등이 하위직의 내각 업무를 담당했다. 신클레어가 연합정부 일에 몰두하는 동안 당은 퍼시 해리스가 담당했다.

1939년 전쟁 상황에서 3당은 전쟁 기간 중 정당 간 경쟁을 자제하기로 합의했다. 따라서 보궐선거는 사실상 경쟁 없이 치러졌다. 1941년 버윅-어픈-트위드(Berwick-upon-Tweed) 출신의 자유당 의원 휴 실리(Sir Hugh Seely)가 상원으로 자리를 옮기면서 공석이 되었던 그 자리는 23세의 조지 그레이(George Grey)가 차지하게 되었다. 그러나 조지 그레이는 1944년 참전했고 노르망디 상륙 작전 중 사망했다. 그 뒤를 이어서 런던정경대(LSE) 교수였던 윌리엄 베버리지(Sir William Beverage)가 보궐선거를 통해 그 지역구를 이어받았다. 그 이전인 1941년 6월 베버리지는 사회보험 및 관련 서비스를 연구할 각 행정부의 연락위원회 위원장을 맡으면서 '사회보험 및 관련 서비스(Social Insurance and Allied Services)'라는 이름의 보고서를 제출했다. 베버리지 보고서로 널리 알려진 이 보고서에서는 당시 영국의 여러 사회보장제도를 재점검하고 그 상호관계를 밝혀 개선책을 찾고자 하는 것이었다. 국민건강보험(National Health Service), 보편적 사회보장 등 그가 제안한 정책 중 적지 않은 것이 전쟁 이후 노동당 정부 하에서 실제로 실현되었다. 이후 그는 자유당에 입당하여 1944년 보궐선거에서 당선된 것이다.

한편 1931년부터 자유당 국민파를 이끈 사이먼은 1940년 상원의장(Lord Chancellor)이 되면서 하원을 떠나게 되었고 그 뒤를 어네스트 브라운(Ernest Brown)이 맡았지만 사실 사이먼만큼의 강력한 리더십을 발휘할 수는 없었다. 몇몇 자유당 국민파 의원들이 자유당으로 복귀했는데 클레멘트 데이비스(Clement Davies), 호어-벨리샤(Hore-Belisha), 헨리 모리스-존스(Sir Henry Morris-Jones), 에드가 그랜빌(Edgar Granville) 등이 그들이었다. 1943년에는 자유당 국민파와 자유당 사이에 합당을 위한 논의가 있었지만 결국 결렬되고 말았다. 한편, 풍운의 한 시대를 보낸 로이드 조지는 1945년 3월 세상을 떠났다.

히틀러의 자살과 함께 유럽에서의 전쟁이 종막을 고하게 됐다. 처칠은 1945년 5월 18일 애틀리, 신클레어, 브라운에게 서한을 보내 총선을 조금만 더 연기하자고 제안했지만, 노동당의 애틀리뿐만 아니라 자유당의 신클레어도 이 제안을 거부했다. 이제 전시 연합정부는 종식을 고하고 1935년 이후 10년 만에 다시 총선을 치르게 되었다.

▌나락

1945년 7월 5일 치러진 총선은 자유당의 몰락을 여지없이 재확인시켜 주었다. 자유당은 640석 가운데 306개 선거구에 후보자를 내세웠다. 이전의 두 차례 선거보다 많은 수의 후보자였다. 그러나 자유당은 불과 12명의 당선자만을 낼 수 있었다. 노동당은 393석이라는 압도적인 의석으로 집권당이 되었고 보수당은 213석을 얻었다. 신클레어, 베버리지, 해리스와 같은 당내 유명 인사들도 다 낙선했다.

이후 자유당은 그 정치적 존재감이 사실상 사라졌다. 특히 1950년대는 명실상부하게 보수당과 노동당의 양당지배시대였다. 이 시기에 보수당과 노동당은 정치의 두 축을 담당하며 안정적인 양당제를 유지해 왔다. 자유당은 거대한 두 정치 세력 사이에서 겨우 명맥을 유지해 왔다고 해도 될 만큼 어려운 상황이 계속되었다.

1951년 선거에서 보수당과 노동당은 득표율의 96.8%, 의석의 98.6%를 차지하였고, 1955년에는 96.1%의 득표율, 98.7%의 의석점유율, 1959년에는 93.2%의 득표율, 98.9%의 의석점유율을 나타냈다. 제3당인 자유당은 독립된 정치세력으로서 존립 자체가 위태로운 상황으로까지 내몰리게 되었다. 자유당은 1950년 총선에서는 9석으로 의석이 더욱 줄어들었고 1951년, 1955년, 1959년 총선에서는 겨우 6석을 얻는 데 그쳤다. 득표율에서도 1951년 총선에서는 2.5%에 그쳤으며, 1955년에는 2.7%에 머물렀다. 이 시기 자유당은 정당으로서의 생명이 거의 다한 막다른 지점까지 근접했던 것이다.

한편, 1951년 총선 후 321석으로 295석의 노동당에 앞선 보수당의 처칠은 자유당 당수 클레멘트 데이비스에게 보수당 정부에 각료로 참여해 달라고 요청했다. 자유당 의석이 6석에 불과했고 보수당이 26석 앞서 있는 상황이었기 때문에 이는 매우 호의적인 제안이었다(Cook 2002: 134). 더욱이 1951년 자유당이 얻은 여섯 석 가운데 한 석을 제외하면 모두 보수당이 후보자를 내지 않은 곳에서 의석을 얻었다. 그러나 당내의 오랜 논의 끝에 데이비스는 이 제안을 거절했다.

1955년 총선 이후 데이비스는 당수직을 사임했고 1956년 조 그리몬드(Jo Grimond)가 후임이 되었다. 1957년 2월에는 자유당 의원이었던 홉킨 모리스(Hopkin Morris)가 급서하면서 보궐선거가 실시되었다. 이전 자유당의 부당수였고 로이드 조지 전 수상의 딸인 메간 로이드 조지(Megan Lloyd George)는 이번에는 노동당 소속으로 그 보궐선거에 출마해서 당선되었다. 이제 자유당 의석은 5석으로 줄어들었다. 이런 상황에서 자유당이 명맥을 유지할 수 있었던 것은 스코틀랜드와 웨일즈 농촌 지역의 몇몇 선거구에서 그나마 지지를 유지하고 있었기 때문이다.

그러나 조 그리몬드의 리더십하에서 자유당은 조금씩 나락에서 벗어나기 시작했다. 1959년 총선에서도 의석은 6석에 불과했지만 득표수로는 1,638,571표로 72~73만 표에 불과했던 이전 두 차례 총선과 비교하면 100만 표에 가깝게 늘어났고 득표율도 5.9%로 높아졌다. 또한 1962년 3월 런던 교외 지역인 오핑턴(Orpington)에서의 보궐선거에서 자유당은 그 지역 지방의회 의원인 에릭 루복(Eric Lubbock)을 공천했는데 예상외로 보수당을 누르고 승리했다. 자유당은 이 보궐선거를 통해 1935년 이후 처음으로 그 지역에서 당선자를 배출했고 이 의외의 승리는 언론을 통해 자유당의 존재감을 일반 유권자들에게 알리는 데 큰 도움을 주었다. 조 그리몬드는 영국 정당 가운데 처음으로 유럽경제공동체(European Economic Community)의 가입을 주장하면서 노동당과 차별화될 수 있는 당의 정체성을 부각시켰고, 대학생들과 젊은 유권자들에게 다가가면서 2차 세계대전 이후의 새로운 자유주의를 강조했다. 이런 노력으로 자유당에 대한 지지는 이전에 비해 조금씩 높아졌다. 1964년 총선에서는 의석이 9석으로 늘었고 득표수는 이전에 비해 거의 두 배 가까이 늘어난 300만 표에 달했다. 득표율은 11.2%였다. 이 선거에서 자유당은 2차 세계대전 이후 처음으로 10% 이상의 득표를 기록했다.

그러나 1966년 총선에서 자유당은, 득표율 8.5%로 지지가 다시 낮아졌고 1970년 총선에서는 7.5%로 더 낮아졌다. 이렇게 자유당의 지지도가 다시 낮아지게 된 중요한 이유 중 하나는 자유당의 전통적 지지 기반이었던 스코틀랜드와 웨일즈 지방에 문화적 · 정치적 정체성을 강조하는 민족주의 정당이 등장하면서 자유당의 지지를 약화시켰기 때문이다. 스코틀랜드 민족당(Scottish National Party)과 웨일즈 민족당(Plaid Cymru)은 1959년부터 선거에 참여하기 시작했다. 스코틀랜드 민족당의 경우 1959년 득표수는 21,738표였는데 1970년에는 306,802표로 늘어났고, 웨일즈 민족당도 1959년 77,571표에서 1970년에는 175,016표로 지지가 늘어났다.

한편 조 그리몬드는 1966년 총선 이후 사퇴 의사를 밝혔고 1967년 제레미 소프(Jeremy Thorpe)가 그 뒤를 이어 자유당을 이끌게 되었다. 1972년 가을부터 보궐선거에서 자유당 후보가 잇달아 당선되었다. 1970년부터 1974년 의회 기간 동안 자유당은 5석을 보궐선거를 통해 얻었다. 보궐선거에서 자유당의 이런 성적은 1930년대 이후 처음 있는 일이었다. 1962년 오핑턴 이후 처음으로 다시 자유당이 세간의 주목을 받게 되었다. 1972년에만 자유당은 세 곳에서의 보궐선거에서 승리했다. 지방선거에서도 자유당에 대한 지지가 높아졌다. 1973년 리버풀 지방의회 선거에서는 자유당이 48석을 얻어 42석을 얻은 노동당과 9석을 얻은 보수당을 제쳤다. 이와 함께 자유당이 언론의 커다란 주목을 얻게 되었고 유권자들의 관심도 높아지면서 여론조사에서의 지지율도 크게 높아졌다.

전국탄광노조(National Union of Mineworkers)의 파업과 함께 당시 보수당 정부의 수상이던 에드워드 히스(Edward Heath)가 갑작스럽게 1974년 1월 의회를 해산하고 총선을 실시하기로 했다. 이 총선에서 자유당은 517명을 공천했는데 이는 1906년 이후 최대의 후보자들이었다. 선거결과 자유당은 득표수에서 이전보다 거의 세 배 가까이 늘어난 600만 표 이상을 얻었다. 득표율로는 19.3%로 크게 높아졌다. 당선자도 이전 6명에서 14명으로 늘어났다. 그러나 의석 점유율은 전체 630석 가운데 2.2%에 불과했다. 기존 단순다수제 선거제도하에서는 자유당의 정치적 재도약이 쉽지 않다는 사실이 다시 확인되었다. 그러나 선거결과는 분명한 승자를 만들지 못했다. 보수당은 297석을 얻었고 노동당은 301석을 얻어 두 정당 모두 과반의석을 차지하지 못했다. '매달린 의회'가 다시 만들어질 것이다.

보수당 정부를 계속 유지하고 싶어 했던 에드워드 히스는 자유당 당수 제레미 소프에게 내각에 각료로 참여해서 연립정부를 구성하자고 제안했다. 제레미 소프는 참여 조건으로 비례대표제 선거제도의 추진을 내걸었다. 히스는 비례대표제의 도입을 논의할 하원의장 위원회(Speaker's Conference) 설립을 약속했다. 그러나 자유당 내에서의 강한 반대로 연립정부 참여는 무산되었고 결국 노동당의 해롤드 윌슨(Harold Wilson)이 내각을 구성했다. 그러나 노동당 역시 안정적인 의석을 확보하지 못했기 때문에 얼마 지나지 않아 내각을 해산하고 다시 총선을 실시했다. 1974년 10월 같은 해 두 번째 치러진 선거에서 노동당은 319석, 보수당은 277석을 얻었다. 자유당은 13석, 득표율로는 18.3%를 얻었다. 1월 선거보다는 지지도가 다소 낮아졌지만 그래도 예전과는 달리 비교적 높은 지지를 유지했다.

1976년 1월 자유당 지도자인 제레미 소프가 동성애에 관련되었다는 주장이 제기되었다. 소프는 이를 강하게 부인했지만 결국 정치적 논란 속에 당수직에서 물러날 수밖에 없었다. 그 뒤를 이어 데이비드 스틸(David Steel)이 당수가 되었다. 그해 겨울 해롤드 윌슨이 수상직에서 스스로 물러나기로 결정하면서 제임스 캘러헌(James Callaghan)이 후임 노동당 정부의 수상이 되었다. 그 무렵 노동당은 어려운 처지에 놓여 있었다. 경제적으로 어려웠고 인플레도 높았다. 더욱이 그해 두 명의 노동당 의원이 스코틀랜드 민족당으로 당적을 바꿨고 그해 11월 두 곳의 노동당 의석에서 실시된 보궐선거는 보수당이 모두 승리했다. 에드워드 히스를 내몰고 보수당의 당수가 된 마가렛 대처(Margaret Thatcher)는 의회를 해산하고 총선을 실시하라고 압박했으며 1977년 3월 23일 내각 불신임 안을 상정했다. 제임스 캘러헌 수상은 데이비드 스틸 자유당 당수에게 도움을 요청했고 데이비드 스틸은 자유당의 주요 정책에 대한 수용과 비례대표제에 대한 의회 내 자유투표 실시 등을 조건으로 이를 수락했다. 이른바 자유당-노동당 협약(Lib-Lab Pact)이 다시 성사된 것이다.

자유당이 우위에 있던 과거와 달리 이제는 노동당의 주도하에 이런 협약이 이뤄졌다. 그 결과 보수당이 낸 불신임 투표는 322 대 298로 부결되었다. 그러나 자유당-노동당의 협력은 그리 오래 가지 못했다. 자유당이 강하게 요구한 비례대표제 도입에 대해서는 노동당의 대다수 의원이 반대했다. 또한 정책 협의도 제대로 이뤄지지 않았는데 두 당의 정책 협의자였던 노동당 재무장관 데니스 힐리(Denis Healy)와 자유당 대표 존 파도(John Pardoe)는 서로에게 매우 적대적이었다. 더욱이 두 당의 협력기간 동안 자유당의 보궐선거에서의 성적은 오히려 나빠졌다. 1979년 3월 보수당의 대처 당수는 다시 불신임 결의안을 제출했고 이번에는 자유당도 이에 호응했다. 스코틀랜드 민족당과 웨일즈 민족당까지 찬성에 가세하면서 캘러헌 내각에 대한 불신임안이 311 대 310으로 가결되었다.

불신임 가결 이후 치러진 1979년 총선에서 자유당은 11석으로 의석이 줄어들었고 득표수도 이전보다 100만 표가량 줄어들었다. 득표율도 13.8%로 1974년 두 차례 선거에서 18~19% 수준이던 것에 비하면 많이 낮아졌다. 선거결과는 보수당의 압승이었다. 보수당은 339석으로 단독 과반의석을 확보했고 노동당은 269석을 얻었다. 마가렛 대처는 수상이 되었다. 향후 18년간 지속될 보수당 장기 집권의 시작이었다. 한편 총선에서 패배한 노동당은 이후 급진 좌경화 움직임으로 당내 분란이 거세졌고 이는 자유당에게도 중대한 정치적 영향을 미쳤다.

▮ 자유당에서 자유민주당으로

총선에서 패한 이듬해 1980년 10월 캘러헌은 노동당 당수직에서 물러나기로 결정했고 후임자로는 마이클 푸트(Michael Foot)가 선출되었다. 마이클 푸트가 당수가 된 이후 노동당은 매우 급진적인 형태로 좌 편향해 갔다. 이런 이념적 편향은 노동당 내에서 심각한 분란을 일으켰고 결국 당내 온건파를 대표하는 셜리 윌리엄스(Shirley Williams), 빌 로저스(Bill Rogers), 데이비드 오웬(David Owen)이 탈당을 결행했다.

이들은 모두 이전 노동당 정부에서 각료로 일했던 중견 정치인들이었다. 이들이 탈당한 이후 또다시 로이 젠킨스(Roy Jenkins)가 탈당했는데 그는 윌슨과 캘러헌 내각에서 내무장관과 재무장관을 역임한 거물이었다. 이들 네 명은 당시에 '4인방(Gang of Four)'으로 불렸다. 1981년 3월에는 이들 네 명과 또 다른 12명의 노동당 의원, 그리고 한 명의 보수당 의원이 가세하여 사회민주당(Social Democratic Party)을 창당했다. 사회민주당 창당 이후 또 다른 일군의 노동당 의원들이 합세하여 의원 수는 모두 27명에 달했다. 노동당이 분열된 것이다.

이러한 정치적 상황의 변화를 보면서 자유당은 사회민주당과의 협력 여부를 고민했다. 결국 그해 5월 사회민주당의 셜리 윌리엄스와 자유당의 데이비드 스틸이 만나 두 당 간의 협력을 약속했다. 그 이후에 실시된 여러 보궐선거에서 두 정당은 상호 협력을 통한 연대감을 보여주었다. 이러한 두 당의 연대는 이념적 편향으로 신뢰를 잃은 노동당을 대신하여 여론에서 매우 높은 지지로 나타났고 집권에 대한 기대감까지 갖도록 해 주었다.

1983년 6월 보수당 대처 수상은 의회를 해산하고 총선을 실시하기로 결정했다. 바닥을 치던 경제가 조금씩 회복되기 시작했고 아르헨티나와 치른 포클랜드 전쟁에서의 승리 여파로 보수당에게 유리한 상황이 조성되었다고 판단한 것이다. 이 총선에서 자유당은 사회민주당과 선거 동맹(Alliance)을 맺었다. 선거 분위기는 이들에게 나쁘지 않았지만 선거결과는 실망스러운 것이었다.

선거결과 보수당은 397석이라는 압도적 승리를 거뒀다. 노동당은 209석으로 1945년 이래 가장 저조한 성적을 거뒀다. 자유당과 사회민주당의 선거 동맹은 자유당이 13.7%, 사회민주당이 11.6%를 얻어 둘을 합하면 25.4%라는 인상적인 득표율을 보였다. 27.6%를 얻은 노동당과 불과 2.2%의 차이밖에 나지 않았다. 그러나 의석수에서는 자유당이 17석, 사회민주당이 6석으로 이들은 모두 23석밖에 얻지 못했다. 노동당과 득표율에서는 2.2% 차이였지만 의석수에서는 무려 186석의 차이를 보였다. 자유당과 사회민주당은 제3당에게 불리함을 주는 영국의 선거제도로 인한 불리함을 감수해야만 했던 것이었다. 무엇보다 전국적으로 고른 지지를 얻더라도 특정 지역에 지지가 편중

되어 있지 않으면 당선자를 내기 어려운 선거제도에 피해를 입었던 것이다.

4년 뒤인 1987년 선거 역시 비슷한 형태로 진행되었다. 두 정당 간 선거 연대는 지속되었지만 선거결과는 4년 전에 비해 다소 나빠졌다. 자유당이 17석, 사회민주당이 5석을 얻었고 득표율도 자유당이 12.8%, 사회민주당이 9.7%로 합쳐 22.5%를 얻었다. 보수당은 376석으로 여전히 압도적 승리를 거뒀고 노동당은 30.8%로 229석을 확보했다. 두 차례 선거 동맹 결과 두 정당의 한계가 분명해 보였다. 특히 사회민주당은 역부족을 실감해야 했다.

1987년 선거가 끝난 후 두 정당의 합당에 대한 논의가 일기 시작했다. 사회민주당의 데이비드 오웬은 합당에 반대 입장을 분명히 했다. 그러나 로이 젠킨스와 셜리 윌리엄은 합당에 찬성 의사를 밝혔고 자유당의 패디 애쉬다운(Paddy Ashdown)도 이에 동조했다. 얼마 후 자유당 당수 데이비드 스틸은 두 정당의 합당을 제안했고 이는 모든 자유당 의원의 동의를 얻었다.

이에 비해 사회민주당 쪽은 어려움을 겪었다. 사회민주당 전국위원회(SPD National Committee)에서는 18 대 13으로 합당을 거부했고, 5명의 의원 중 오웬을 포함한 네 명이 반대했다. 그러나 사회민주당 의원 중 찰스 케네디(Charles Kennedy)는 합당에 찬성했고 사회민주당 창당 주역 '4인방' 중 오웬을 제외한 나머지 세 명이 합당에 동조했다. 데이비드 오웬의 반대에도 불구하고 사회민주당 일반 당원 투표에서도 57.4%로 합당에 대한 찬성의 비율이 높았다. 이후 양당의 합당은 두 정당의 전당대회에서 승인되었다. 1988년 3월 3일 자유당은 마침내 사회민주당과 합당하였고 당의 명칭을 사회-자유민주당(Social and Liberal Democratic Party)으로 정했다.

휘그파에서 시작된 오랜 역사를 가진 자유당이라는 이름은 이제 사라지게 되었다. 사회-자유민주당이라는 명칭은 얼마 지나지 않은 1989년 10월부터 지금과 같은 자유민주당(Liberal Democratic Party: Lib-Dem)로 개칭하여 사용되고 있다.

▌보수당과의 연립정부

합당 이후에도 한동안 자유민주당에 대한 지지는 별로 달라지지 않았다. 1989년 유럽의회 선거에서 자유민주당은 겨우 6.2%를 득표했고 의석은 한 석도 건지지 못했다. 자유민주당은 심지어 이 선거에서 돌풍을 일으키며 15%를 득표한 녹색당에 밀려 4위를 했다. 이후 지방선거에서나 보궐선거에서 조금씩 나아지는 기미를 보였지만 1992년 총선에서도 자유민주당의 성적은 그다지 좋지 않았다. 이 선거에서 자유민주당은 17.8%를 득표했고 20석을 획득했다. 20석은 자유당이 1945년 이후 얻은 의석 수 가운데 가장 많은 것이지만 사회민주당과 합당 이전 선거 동맹 시절 얻었던 의석수에는 미치지 못하는 수준이었다.

그러나 또 한편으로는 1983년 이후 선거 동맹과 합당으로 자유민주당은 그 이전과는 확실히 구분되는 유력한 제3당으로 부상했다는 사실이 입증되었다. 1974년의 두 총선에서 1992년보다 높은 득표율을 기록했지만 그것은 사실 일시적인 일이었고 의석수도 13~14석에 불과했다. 그러나 1983년, 1987년 그리고 1992년 세 차례 총선에서 연속으로 20석 이상을 획득해 냈기 때문에 특히 합당 이후 첫 총선 결과가 의미하는 바는 적지 않았다.

1997년 총선은 보수당의 18년 집권에 종지부를 찍었고 토니 블레어(Tony Blair)가 이끈 노동당은 419석이라는 압도적 의석을 차지하며 승리를 거뒀다. 보수당은 376석에서 165석으로 크게 줄어들었다. 한편, 자유민주당은 이 선거에서 의미 있는 성과를 거두었다. 자유민주당은 득표율에서는 16.8%로 5년 전보다 다소 낮아졌지만 의석수는 46석으로 크게 늘었다. 자유민주당의 의석이 크게 늘어난 것은 보수당을 견제하려는 유권자들의 전략 투표와 승리 가능성이 높은 곳에 선별적으로 당력을 집중했기 때문이었다.

사실 토니 블레어가 1994년 7월 노동당 당수가 되었을 때 자유민주당의 패디 애쉬다운은 만약 차기 총선에서 어느 정당도 과반 의석을 획득하지 못한다면 자유민주당은 노동당과 연립정부를 구성해서 보수당의 장기집권을 막기로 토니 블레어와 합의했다. 이러한 두 정당의 협약은 노동당의 압승으로 무산되고 말았지만 자유민주당 역시 반(反)보수당 정서에 도움을 입었던 것이다. 1997년 총선에서 자유민주당은 1935년 이래 가장 많은 의석을 얻었다.

1988년 7월 이후 자유민주당을 이끌던 패디 애쉬다운이 1999년 1월 당수직에서 사임하면서 찰스 케네디가 새로이 당을 이끌게 되었다. 케네디는 합당 이전 사회민주당 소속 의원이었다. 새로운 총선은 2001년 6월 7일에 실시되었다. 2001년 총선은 비교적 큰 쟁점 없이 치러진 조용한 선거였다. 투표율은 59.4%로 1918년 이래 가장 낮았다. 노동당은 403석을 차지해 여전히 압도적인 우위를 보였고 보수당은 165석에 머물렀다.

한편 이 선거에서 자유민주당은 큰 진전을 보였다. 자유민주당은 18.3%로 득표율은 이전과 큰 차이를 보이지 않았지만 의석수는 51석으로 크게 증가했다. 무엇보다 블레어 정부가 지원하는 이라크 전쟁에 대한 분명한 반대와 시민적 자유에 대한 강조가 전쟁 가담에 반대하는 진보적인 입장의 유권자들에게 어필했고, 보수당 장기지배에 대한 반작용도 자유민주당에게 도움을 주었다. 자유민주당은 총선 이후 2003년 브렌트 이스트(Brent East), 2004년에는 레스터 사우스 (Leicester South) 보궐선거에서도 노동당으로부터 의석을 빼앗았다.

자유민주당의 선전은 계속되어 2005년 총선에서 또다시 의석을 늘렸다. 2005년 5월 5일 실시된 총선에서 토니 블레어가 이끄는 노동당은 세 번째 연속 집권에 승리했지만 의석수는 4년 전 403석에서 이번에는 355석으로 상당히 줄어들었다. 보수당은 165석에서 198석으로 늘어났지만 여전히 의석수에서 큰 차이를 보였다. 자유민주당은 51석에서 62석으로 다시 의석을 크게 늘렸다. 득표율도 18.3%에서 22.0%로 높아졌다. 특히 중요한 점은 2005년 총선을 통해 많은 대도시 지역 선거구에서 자유민주당이 이제 보수당 대신 주요 경쟁자로 부상했다는 사실이다. 실제로 100명이 넘는 자유민주당 후보가 이런 지역에서 노동당 후보에 이어 2위를 차지했다.

한편, 자유민주당 당수인 찰스 케네디는 2006년 1월 소문으로 떠돌던 자신의 알코올 중독을 시인하고 재신임을 묻기 위해 당수직에서 물러났지만, 의원들의 지지를 얻지 못해 결국 재출마하지 못했다. 케네디의 뒤를 이어 멘지스 캠벨(Sir Menzies Campbell)이 당수가 되었지만 그의 지도력하에서 자유민주당에 대한 지지율은 20%에 미치지 못했고 결국 얼마 지나지 않아 당수직에서 물러났다.

캠벨의 뒤를 이어 2007년 12월 닉 클레그(Nick Clegg)가 당수가 되었다. 그의 리더십하에서 자유민주당은 새로운 활기를 찾았다. 그는 존 케인즈, 윌리엄 베버리지, 조 그리몬드, 데이비드 로이드 조지, 존 스튜어트 밀과 같은 과거 자유당의 중요 인물들을 언급하면서 급진적 중도주의적(radical centre) 입장을 강조했다. 국가에 집착하는 좌도, 시장을 숭배하는 우도 아닌 중도적 입장이 자유민주당이 나아가야 할 길임을 강조했다. 2010년 5월 6일 총선이 실시되었다. 이 선거에서는 영국 역사상 처음으로 TV 토론이 실시되었다. 노동당 당수이

자 수상인 고든 브라운(Gordon Brown), 보수당 당수 데이비드 카메론(David Cameron), 그리고 자유민주당 당수 닉 클레그 간 세 차례의 TV 토론이 실시되었다. 닉 클레그는 매우 인상적인 토론을 했고 그 결과 유권자들에게 좋은 평가를 받았다.

선거결과는 1997년 이후 13년 만에 정권이 보수당으로 교체되었다. 보수당은 306석을 얻어 이전보다 97석을 늘렸고, 반대로 노동당은 이전보다 91석이 줄어든 258석을 얻었다. 자유민주당은 득표율은 23.0%로 이전보다 1% 높아졌지만 의석수는 오히려 57석으로 5석이 줄었다. 그런데 중요한 점은 선거결과 보수당, 노동당 중 어느 정당도 단독으로 과반을 얻지 못했다는 점이다. 보수당이 제일 많은 의석을 얻었지만 과반 의석에는 미치지 못하고, 만약 자유민주당이 노동당과 연합을 하게 되면 315석으로 보수당을 앞서게 되는 결과가 생겨나게 된 것이다. 1974년 2월 총선 이후 처음으로 영국 정치에서 또다시 '매달린 의회'가 만들어진 것이다.

자연히 누가 집권할 것인가 하는 열쇠는 자유민주당이 쥐게 되었다. 노동당 고든 브라운과 보수당 데이비드 카메론 모두 연립정부를 제안했다. 자유민주당은 논의 끝에 보수당과의 연립정부 구성을 결정했다. 두 정당 대표자들 간에 5일 간 연립정부 구성을 위한 협의가 계속되었고, 자유민주당 공약의 3/4 정도가 집권 강령(Programme for Government)에 포함되었다. 연립정부에 참여하는 결정은 자유민주당 의원들과 전국집행위원회(Federal Executive)의 승인을 받았다. 자유민주당의 닉 클레그는 부수상(Deputy Prime Minister)이 되었고 클레그 이외에도 빈스 케이블(Vince Cable)은 산업혁신기술성 장관이 되었고, 에드 데이비(Ed Davey)는 에너지 기후변화성 장관, 마이클 무어(Michael Moor)는 스코틀랜드성 장관, 대니 알렉산더(Danny Alexander)는 재정부 장관, 그리고 데이비드 로즈(David Laws)는 내각사무국과 학교업무 담당 장관을 맡았다. 각료 회의에 참여하는 6명 이외에도 13명의 자유민주당 의원이 내각에 참여하게 되었다. 자유민주당은 2차 세계대전 때 전시 연합정부 이래 처음으로 다시 내각에 참여하게 되었다.

1945년 이후 거의 정치적 생명이 끝이 난 것 같았던 자유당은 1980년대를 거치면서 자유민주당으로 새롭게 변신하면서 이제 연립정부의 한 축이 되었다. 그러나 이러한 결정이 자유민주당의 미래에 어떤 영향을 미칠 것인지는 두고 보아야 할 것 같다. 실제로 연립정부 참여 이후 자유민주당에 대한 여론의 지지도는 낮아졌고 보궐선거와 지방선거에서도 좋지 않은 결과가 계속되고 있다. 또한 자유민주당이 연립정부 참여의 조건으로 내걸었던 선거제도[24] 개정은 2011년 5월 5일 국민투표에서 부결되었다.

1945년 이후의 자유당의 노력은 정치적 생존을 위한 몸부림이었고, 이제 맨 밑바닥에서 조금씩 올라오기는 했지만 아직까지 자유민주당의 정치적 미래는 불투명해 보인다. 즉 보수당과 노동당이라는 두 거대 정당을 제치고 새로운 대안 세력으로 다시 등장하기에는 여전히 힘이 벅차 보인다. 즉, 자유당이 한때 영국 정치의 한 축을 이뤘던 과거의 영화로운 시대로의 복귀는 아직은 현실적으로 가능해 보이지 않는 것이다. 정치세력이 유권자들로부터 정치적인 신뢰를 한 번 잃고 나면 그 회복이 너무나도 어렵다는 사실을 자유민주당의 역사는 잘 입증해 주고 있다.

---

24) 자유민주당이 제안한 선거제도 개정안은 정당 명부식 비례대표제가 아니라 호주에서 사용하는 대안투표제(Alternative Vote) 방식으로, 유권자는 출마한 후보자에 대해 선호의 순서를 표시하는 형태로 1인 선거구에서 후보자가 과반의 득표를 해야만 당선될 수 있도록 고안된 방식이다. 1위 순위로 과반 득표자가 없는 경우에는 최소 득표한 후보를 탈락시키고 그 후보의 제2선호를 나머지 후보들에게 배분하는 방식이다.

에필로그: 정당은 어떻게 몰락하나　제9장

한때 영국 정치를 지배해 온 자유당이라는 거대 정당은 1920년대를 거치면서 갑작스럽게 몰락했다. 그리고 그때 이후 오늘날까지도 정치적 추락에서 헤어나지 못하고 있다. 보수당과 함께 영국 정당 정치를 좌지우지해 왔던 자유당은 너무나도 짧은 시간 내에 정치적으로 침몰하고 말았다. 무적함대처럼 보이던 자유당은 어떤 이유로 그렇게 단시간 내에 몰락하고 말았을까?

이에 대한 한 가지 설명은 노동계급의 부상이라는 사회경제적 변화에 따른 '필연적' 결과로 자유당의 몰락을 바라보는 것이다. 산업혁명과 함께 대규모의 노동자 계급이 생성되고 뒤이은 선거법 개정으로 노동계급이 선거권을 획득하면서 이들을 정치적으로 대표하는 노동당이 자유당을 대신하여 양당의 한 축으로 자리 잡게 된 것은 당연한 결과라는 시각이다.

다시 말해 19세기 중반 이후 선거권 부여와 함께 노동계급의 정치적 영향력이 증대된 상황에서 노동조합 운동 등을 통해 이들을 정치적으로 조직하고 대표해 온 노동당의 정치적 부상은 불가피한 일이며, 이런 시대적 변화에 따라 자유당은 정치적으로 쇠퇴할 수밖에 없었다는 것이다.

이런 관점은 자유당의 몰락을 구조적인 변화에 따른 필연적인 결과로 바라보고 있다(Dangerfiled 1935). 산업혁명 이전에는 귀족과 젠트리 등 농촌에 기반을 둔 정치적 이해관계를 대표하는 보수당과 도시와 상공업자의 이익을 대표하는 자유당의 경쟁이 영국 정치의 기반이 되어 왔지만, 노동계급의 정치적 부상 이후에는 자본가 집단과 노동계급이라는 새로운 균열이 부각된 만큼 이런 정치 구도 속에서 자유당이 설 자리가 없어졌다는 것이다. 이러한 관점은 산업혁명이라는 거대한 사회적 변화가 새로운 정치적 균열(political cleavage)을 만들어 내면서 그에 조응하는 형태로 정당체계가 재편되었다는 입장(Lipset and Rokkan 1963)과 맥을 같이 하는 것이다.

사실 노동조합 운동의 활성화와 노동당의 정치적 지지 기반의 확대는 1910년을 전후해서 매우 큰 폭으로 이뤄졌다. 예컨대, 영국 광부연맹(Miners' Federation of Great Britain)이 1909년 노동당에 가입함으로써 광부들과 자유당 간의 정치적 유대가 사실상 단절되었다. 또한 1910년부터 1914년 사이 250만에서 400만 이상으로 노조원의 수가 크게 증가했는데 그들 중 절반 정도가 노동당에 가입했다는 사실이 이러한 구조적 변화로 인한 자유당의 위기를 보여주는 것으로 볼 수 있다.

노조원의 수는 이후 급속히 증가하는데, 1914년 400만 명이던 노조원 수는 1919년에는 약 800만 명으로 늘어나고, 그중 600만 명 이상이 노동당의 모태인 노동조합평의회에 소속되어 있었다. 이러한 노동운동의 활성화, 산업 노동자의 결집의 강화, 그리고 여기에 러시아 혁명의 충격과 자본과 노동 간 갈등의 증대 및 노동 분규의 빈번한 발생이 계급 정치적 속성을 강화시켰다. 이러한 노동 운동의 전반적 강화는 특히 노동계급이 집중되어 있는 공업지대나 대도시 등에서 자유당을 대신하여 노동당의 지지 기반의 확대로 이어졌다. 더욱이 노동조합은 노동당에 재정 지원을 했고 지방 노동조합이나 노동자 클럽의 네트워크가 노동당의 선거 조직의 기반을 구축했다. 예컨대 1918년 총선에 출마한 노동당 후보의 절반 이상이 노조에 의해 재정 지원을 받았다.

그러나 이에 비해 자유당은 이런 계급적 속성이 약했다. 자유당은 모든 계급의 조화와 이익을 강조하는 '무계급(classless) 정당'이며, 계층적으로는 중산층의 정당, 그리고 전통적으로 볼 때는 비국교도(nonconformist)의 정당이었다. 실제로 자유당의 당수였었던 애스퀴스는 "우리는 특정 계급의 정당이 아니다(We are a party of no class)"(Campbell 1977: 55)라고 말한 바 있는데, 계급정치가 중요한 요인으로 부상했다면 자유당의 쇠퇴는 즉각적인 것은 아니더라도 아마도 그리고 궁극적으로는 불가피한 것(Bernstein 1986: 115)이라는 평가가 가능한 것이다.

이와 유사한 또 다른 구조적 변인에 의한 설명은 자유당 정부가 이뤄낸 1911년 의회법 개정에서 찾는 시각이 있다. 의회법 개정으로 변화와 개혁에 저항해 온 보수적인 상원의 권한이 크게 약화되면서 이제 보다 본격적인 대중 민주주의를 향한 마지막 장애물이 제거되었다는 것이다. 따라서 이제는 정치적 해방의 선구자(the herald of emancipation)이며 자본주의의 보호자(the nurse of capitalism)로서의 자유당의 존재 의미는 사라지게 되었다는 것이다. 이제 정치적 해방은 사회주의적 의미를 담게 되었고 여기서 자유당은 좌파와 우파 양쪽으로 분리될 수밖에 없었다는 것이다(Hutchison 1969: 20).

그러나 이런 구조적인 접근 방식은 대체로 두 가지 점에서 한계를 지닌다. 첫째는 결과론적 설명이라는 문제점이다. 새로운 정치적 균열의 등장에 따라 그것을 대표하지 못하는 정치 세력의 도태는 당연하다는 것이지만, 이러한 접근법은 결과적으로 그렇게 되었다는 사실에 주목하고 있을 뿐이며 그 '과정'의 역동적 모습이나 그런 결과를 초래하게 된 미시적 요인에 대해서는 제대로 답을 하고 있지 못하다. 즉 노동당이 자유당을 대신하게 된 과정에서 나타난 정치적 역동성에 대해서 제대로 설명하지 못하며, 이미 알고 있는 '결과'를 사후에 정당화하기 위한 기계적인 설명이라는 비판이 가능하다.

이런 관점의 또 다른 문제점은 이러한 시각으로는 몰락한 정치 세력이 보수당이 아니라 왜 자유당인가를 적절하게 설명하지 못하고 있다. 정치적 균열이 자본가 대 노동계급의 갈등이라는 형태로 재편되었다면, 과거 토지에 기반을 둔 이해관계를 대표해 온 보수당보다는 도시의 상공업자의 지지를 받아 온 자유당이 자본가 집단의 대표로서 노동계급을 대표하는 노동당에 맞서는 주요한 정치 세력이 될 수 있었을 것이라는 가정도 가능하기 때문이다. 그러나 보수당은 살아남았고 자유당은 몰락했다. 새로운 정치적 균열의 등장이 자유당의 몰락으로 '자연스럽게' 이어질 수밖에 없었다는 해석은 이런 점에서 한계를 지닐 수밖에 없다.

사실 1차 세계대전 발발 전까지 자유당이 쇠퇴하고 있었다고 보기는 어렵다. 선거에서의 지지도, 정당의 단결도, 국정 운영 능력, 정치적 강령 등에서 자유당은 노동당에 상대가 되지 않을 정도로 앞서 있었고 총선에서도 계속해서 승리해 왔다. 자유당은 1906년 총선에서 400석을 얻어 집권당이 되었다. 이 선거에서 보수당은 157석을 얻었고 노동당은 30석을 얻었다. 1910년 1월 총선에서는 의석이 줄어들기는 했지만 자유당은 275석을 얻어 계속 집권할 수 있었고, 노동당은 40석에 불과했다. 1910년 12월 선거에서도 272석으로 자유당은 보수당과 같은 수의 의석을 얻었지만 집권을 유지했고 당시 노동당은 42석을 얻었다.

자유당은 1차 세계대전 발발 이전의 세 차례 선거에서 모두 승리했고 의석수에서 보듯이 노동당은 자유당에 대적할 수 있는 정치 세력이 아니었다. 이런 이유로 그 무렵에는 다음의 인용문에서 보듯이 자유당의 미래에 대한 낙관적인 전망이 우세했다. "현 자유당 정부는 세 번의 총선을 잇달아 승리하면서 근대 이후 각 정부가 세운 모든 기록을 깨트렸다. 우리는 다음 총선 때에는 우리가 연속 네 번째의 승리를 차지할 것으로 믿는다"고 한 자유당 의원은 기대감을 표명했다(Clarke 1971: 394).

이처럼 창당 초기에 노동당이 자유당에게 맞설 정도의 역량을 갖고 있었다고 보기는 어려웠다. 오히려 노동당은 자유당의 도움을 필요로 했고 자유당은 노동당을 자신의 영향력 내에 묶어둘 수도 있었다. 사실 1906년 무렵 노동당은 여전히 독립적인 정당보다는 급진적 자유주의 이념(Radical ideology)에 기반한 노동조합 정치의 속성을 많이 담고 있었으며, 사회주의자라기보다는 자유당 내의 사회주의적 (more socialistic) 성향이 강한 분파가 될 수 있는 가능성도 존재했다 (Beer 1969: 34-35). 창당 이후에도 노동당은 여전히 노동조합 운동적인 특성을 유지하고 있었고 자유당과의 연대와 협력을 통해 주요 관심 정책을 실현하고자 했다. 노동당이 사회주의를 당 강령에 포함시키고 '편협한 노동조합당'이라는 인식에서 벗어나기 위한 국민 정당으로의 변신을 강조하기 시작했던 것은 1918년이 되어서였다(Cliff and Gluckstein 2008: 120-121).

이처럼 제1차 세계대전 발발 이전까지 노동당이 자유당에게 위협적인 경쟁 상대였다고 보기는 어렵다. 1910년 두 차례 총선, 그리고 1914년까지의 보궐선거에서 자유당은 성공적으로 노동당을 선거에서나 심리적으로나 봉쇄해 왔다. 즉 노동계급의 지지를 자유당이 받아왔던 것이다. 따라서 노동계급의 성장이나 계급정치의 등장이 자유당에 대한 지지를 '저절로' 약화시켰다고 보기는 어려운 것이다.

1906년 총선에서 대승을 거둘 무렵 자유당은 자유방임 경제와 최소 정부라는 빅토리아 시대의 강령에서 벗어나 사회적 평등에 대해 보다 많은 관심을 표명하고 있었다. 자유당은 국가가 국민의 일자리, 보건, 주택, 교육 등의 문제에 적극적으로 개입해야 한다고 믿었으며, 최저 임금제와 노령연금제 등을 도입함으로써 공정한 분배를 위해 더욱 노력해야 한다고 믿었다(나종일 · 송규범 2005b: 701-702). 캠벨-배너만 수상 시절의 노동쟁의법이나 노동자 배상법, 애스퀴스 내각하에서 로이드 조지 등이 추진한 실업노동자법안, 직업소개소법안, 노령연금법안, 그리고 정치적 논쟁의 중심에 놓였던 '인민의 예산' 모두 이러한 자유당 내의 '새로운 자유주의(New Liberalism)'의 흐름을 보여주는 것이다.

1906년에 로이드 조지는 "자유당은 이제… 부(富)로 빛나는 땅에서의 만연된 극빈을 제거하기 위해서… 빈곤의 주 요인, 즉 지주와 귀족 등에 대한 공격을 감행해야 할 것"이라고 말한 바 있다(고세훈 1999: 105). 이처럼 로이드 조지나 처칠 등은 국가 지원의 사회개혁에 기반을 둔 급진적 자유주의를 주창했고 따라서 노동계급의 다수는 자유당을 지지했다(Adelman 1995: 63). 이 시기의 자유당 역시 나름대로 노동계급의 부상과 변화된 시대 상황에 적극적으로 대처해왔던 것이다. 그런 점에서 볼 때 노동계급의 부상이 '필연적으로' 자유당의 몰락과 노동당의 부상을 가져왔다고 결론짓는 것은 한계가 있다.

자유당의 몰락이 운명적인 것(fate)이 아니라면 결국 자유당 몰락의 책임은 그 스스로에게 물어야 할 것 같다. 즉, 자유당의 몰락은 자멸(self-destruction)이라는 것이다. 무엇이 잘못되었던 것일까?

자유당의 쇠퇴와 관련하여 매우 중요한 사건은 제1차 세계대전의 발발이다. 앞에서 본 대로, 제1차 세계대전이 발발하면서 당시 집권당이었던 자유당은 보수당과 1915년으로 예정된 총선을 연기하기로 했다. 더욱이 전선의 확산과 군사적 불리함으로 인한 국내 여론의 압력으로 인해 두 정당은 1915년 5월 전시 연립내각을 형성하게 되었다. 그러나 전시 연립내각은 두 정당 간의 진정한 협력을 이뤄내지 못했으며 특히 야당이었던 보수당 내에서 반발이 점차 고조되어 갔다. 특히 자유당 애스퀴스 수상에 대한 보수당 의원들의 반발이 거세지면서 보수당 당수 보나 로는 애스퀴스가 이끄는 연립정부에서 탈퇴하기로 결정했다. 이에 따라 1916년 12월 연립정부는 붕괴되었다.

그런데 이때부터 문제가 꼬이기 시작했다. 보수당은 애스퀴스 대신 자유당의 로이드 조지를 수상으로 하는 새로운 연립정부의 발족을 지원했다. 그러나 로이드 조지가 이끈 전시 연립정부의 출범은 자유당을 분열시켰고 대다수 자유당 의원들은 애스퀴스와 함께 야당으로 남게 되었다. 보수당과의 연립정부 형성이 자유당을 쪼개놓은 것이다. 더욱이 1차 세계대전이라는 전대미문의 총력전을 경험하면서 전쟁 수행을 위해 자유당이 전통적으로 주장해 온 국제적 화해와 조정, 개인의 자유, 자유무역, 사회개혁, 아일랜드에 대한 유화책, 자발적 군 복무 등과 같은 전통적인 자유주의 원칙들을 부정하거나 포기할 수밖에 없게 만들었다(홍석민 2008: 275).

이처럼 제1차 세계대전은 자유당에 애스퀴스와 로이드 조지 간의 분열뿐만 아니라 그동안 지켜온 전통적인 신념에 대한 당 내부의 갈등을 불가피하게 만들었던 것이다. 따라서 이러한 관점에서 보면, 자유당의 몰락은 제1차 세계대전과 전시 연립의 형성, 그리고 그로 인한 애스퀴스와 로이드 조지라는 당 지도층의 분열이 중요한 영향을 미친 것이다. 결국 제1차 세계대전의 발발이 자유당을 분열의 과정으로 이끌었고 1918년의 몰락으로 이어졌다는 것이다(Wilson

1968: 23).

애스퀴스와 로이드 조지 간의 개인적인 불화는 조직적인 면에서 당에 큰 해를 끼친 것이 사실이다. 전쟁 수행이라는 중차대한 과업을 이끄는 데에는 로이드 조지가 애스퀴스보다 뛰어난 역량을 보였고 그때문에 로이드 조지를 중심으로 한 연립정부 형성이 가능했던 것이었다. 그러나 애스퀴스는 수상직에서 내몰린데 대해 로이드 조지에 대해 사적인 반감을 갖게 되었고 그러한 관계는 그 이후 결코 해소되지 않았다. 로이드 조지는 국민 다수로부터는 인정받는 지도자였지만 자유당 당 조직은 애스퀴스가 장악하고 있었다.

그러나 자유당이 연립정부 형성이라는 문제를 두고 당내 엘리트가 분열하면서 몰락하게 되었다는 것 역시 너무 단순한 설명으로 보인다. 1차 세계대전 참전 문제는 자유당에서뿐만 아니라 노동당에서도 마찬가지로 당내 갈등을 불러온 사안이었다. 민족보다 계급을 우선시하는 사회주의 정당의 입장에서도 1차 세계대전 참전은 당의 전통적 이념과도 관련된 사안이었을 것이다. 그러나 노동당은 분열되지 않았다.

애스퀴스와 로이드 조지라는 두 걸출한 당내 지도자 간의 갈등이 자유당에서만 나타난 특별한 현상이라고 보기는 어렵다. 사실 영국 정당의 역사 속에서 엘리트의 분열이나 당의 분열은 1920년대 자유당 이외에도 여기저기서 찾아볼 수 있다. 보수당 역시 1846년 로버트 필이 주도한 곡물법 폐지를 둘러싸고 극심한 당내 내홍과 분열을 겪었으며, 1900년 대 초 체임벌린이 주도한 관세개혁을 두고 또다시 심각한 당 내부의 갈등을 겪은 바 있다. 그러나 보수당은 이 두 번의 심각했던 당 내부의 갈등에도 불구하고 이것이 당의 항구적인 분열이나 정치적 몰락으로 이어지지 않았다.

뿐만 아니라 자유당 역시 아일랜드 독립 문제를 두고 분열을 경험한 바 있다. 아일랜드 독립에 반대하는 이들은 자유당에서 탈당하여 자유당 연합파를 결성하였고, 상당 기간 동안 보수당과 협력 관계를 유지하다가 나중에 보수당과 정식으로 합당하면서 보수당의 일부가 되었다. 그러나 당시 자유당 연합파의 탈당이 자유당의 몰락이나 약화로 이어지지는 않았다. 그런 점에서 볼 때 자유당의 분열이 곧 몰락의 직접적 원인이었다고 바라보는 것도 표피적인 해석일 수 있다.

결국 자유당의 몰락은 자유당 스스로에게서 찾아야 할 것 같다. 자유당 몰락의 원인은 정치적으로 매우 중차대한 시기에 자유당이 변화된 사회적 요구에 적시에 대응하지 못했다는 점이다. 1차 세계대전을 전후한 시기는 영국 사회 내부에서 매우 중요한 변화가 발생하고 있던 때였다. 노동계급의 부상, 참정권 확대, 아일랜드 독립, 상원권한 축소, 그리고 여기에 노동운동, 생디칼리즘 등 좌파의 거센 도전 등이 동시에 나타났던 시기였다. 국제적으로는 러시아 혁명이 성공했고 1차 세계대전이 발발했다. 그 이전 시기에 비교할 수 없는 상이한 상황에 놓이게 된 것이다.

따라서 자유당은 그동안 지켜온 전통적 가치를 수정해서 새로운 가치를 제시해야 하는 상황이었다. 로이드 조지로 대표되는 급진적 자유주의(radicalism) 혹은 '새로운 자유주의'는 그런 점에서 매우 의미 있는 대안일 수 있었다. 로이드 조지를 중심으로 자유당이 결집했다면 노동당이 쉽사리 자유당에 위협적인 존재로 부상할 수는 없었을 것이었다. 로이드 조지는 제1차 세계대전에서 영국을 승리로 이끈 대중적으로 높은 지지를 받는 전쟁 지도자였을 뿐만 아니라, 보다 과감한 사회적, 경제적 개혁을 요구한 급진적 자유주의의 주창자였다. 더욱이 그 스스로의 출신성분도 상층 귀족이 아니었으며 그런 점에서 노동당과의 대화와 협조도 가능했던 인물이었다.

그러나 애스퀴스와의 불화로 새로운 자유주의가 당의 전면에 나서게 되지 못했고 당 내부에 제대로 체화되지 못했다. 더욱이 전통적으로 자유당은 변화를 상징하는 진보세력이었다. 기존 질서를 지킨다는 보수당에 비해서 자유당은 더욱더 이러한 변화의 요구를 적극적으로 수용해야만 했던 정당이었던 것이다. 그러나 자유당이 그런 변화의 요구를 충분히 반영하지 못한 채 기존 질서에 머물러 있게 되면서 자유당은 더 이상 변화, 진보, 혁신의 정당이 될 수 없었다. 그렇다고 해서 기존 질서를 대표하는 정당으로 남을 수도 없는 일이었다. 그것은 어차피 처음부터 보수당의 몫이었다. 노동당이 전면적 사회주의 건설과 같은 내용을 당헌에 포함하고 있었지만 의례적이고 상징적인 의미였을 뿐 실제로는 자유당이 지니고 있던 급진적 자유주의를 차지해 버렸고, 그들의 정서와 관점에 의해 보다 매력적인 것으로 바꿔 제시해 버렸다. 그러면서 이제 진보의 정치세력은 노동당이 되어 버렸다.

어떤 면에서 본다면 자유당의 급진주의를 대표했던 조세프 체임벌린이 아일랜드 문제나 제국주의 문제를 두고 자유당 연합파로 분리되어 나아간 것 역시 돌이켜 볼 때 자유당으로서는 아쉬운 부분이었다. 그 당시 자유당 내의 정치적 논쟁이 제국주의가 아니라 급진주의적 정책이나 강령, 나아가 사회주의 이념을 수용하는 문제를 두고 이뤄졌다면 그 이후 자유당의 모습은 크게 달라졌을 지도 모를 일이다 (Jennings 1969: 23). 그 이후 로이드 조지나 윈스턴 처칠이 급진적 자유주의를 주창하고 나섰지만 제1차 세계대전의 개전과 함께 파묻히고 말았다.

그래서 자유당 몰락의 일차적 책임은 중요한 시기에 자유당을 이끈 애스퀴스에게 물어야 할 것 같다. 그는 중차대한 시기에 사회적, 경제적 정책에 있어서 너무 평범하고 교조적 사고(Adelman 1995: 71)에 머물러 있었다. 애스퀴스와 그의 측근들은 자유무역과 같은 자유당의 전통적 이념의 열렬한 지지자였지만, 변화하는 세계에서 새로운 가치를 제시하지 못한 채 옛 가치에 매몰되어 있었다. 아일랜드, 자유무역, 비국교도 등 기존의 가치에 묶이지 말고 새로운 변화에 맞서 당의 새로운 정체성 확립을 위한 노력이 필요한 시점이었지만 애스퀴스는 그런 변화를 만들어 내지 못했다.

급진적 자유주의를 대표하는 로이드 조지는 그런 변화의 흐름에 자유당을 변화시킬 역량을 갖춘 지도자였지만, 애스퀴스와의 불화와 개인적 권력욕으로 인해 자유당을 새롭게 변화시킬 수 없었다. 애스퀴스하의 자유당은 새로움을 보여줄 수 없었고, 변화를 이끌 수 있던 로이드 조지는 자유당 주류로부터 소외되어 있었다. 자유당의 불운은 당이 절박하게 변화되어야 할 시점에 당의 두 지도자가 분열하였고 그런 분열이 전환기의 정치적 환경 속에서 정당이 스스로 변혁해야 할 타이밍과 리더십을 상실하게 했다는 점이다. 로이드 조지가 당을 맡았을 때는 시기적으로 너무 늦었고 돌이킬 수 없는 상황에까지 도달해 있었다.

1926년 이후 보여준 로이드 조지라는 훌륭한 리더십, 충분한 정치자금과 창의적인 정책 대안도 제3당이라는 지위에 한번 떨어지고 난 이후에는 회복될 수 없었다. 그런 점에서 자유당을 되살릴 수 있었던, 혹은 몰락을 막을 수 있었던 급진적 자유주의의 힘은 무감각, 부진, 분열에 의해 점차 약화되어 갔다(Tanner 1990: 380).

자유당은 노동계급의 이익을 대표하고 그들의 불만을 해소해주는 데 실패했다. 특히 노동조합과 같이 조직화된 노동계급의 이익을 효과적으로 대표하지 못했다. 자유당에 대한 환상이 깨지면서 노동조합은 본격적인 정치세력화를 통해 변화를 모색하기 시작한 것이었다. 즉 자유당은 스스로 변화를 주도하면서 떠오르는 새로운 세력을 당 내부로 끌어안을 수 있었던 것이었다. 그러나 과거적 질서와 관행에 안주하였고 시대적 변화에 예민하게 반응하지 못하면서, 노동당이라는 대안적 세력이 자유당의 자리를 대신하게 된 것이다. 일단 자유당이 약화되는 모습을 보이게 되면서, 노동계급 유권자는 노동당 쪽으로, 중산층 유권자는 보수당 쪽으로 옮겨갔다. 대안 세력이 등장한 마당에 유권자들은 자유당이 변화되어 돌아오기를 그리 긴 시간 기다려주지 않았다. 그와 함께 자유당은 이제 현실 정치적으로 별 의미를 주지 못하는 죽어가는 정당(an irrelevant and dying party) (Adelman 1995: 72)으로 변모해 간 것이다.

시대의 평가, 유권자의 평가는 언제나 매우 냉혹하다. 정당이 시대적 변화에 맞춰 끊임없이 변화하려는 노력, 항상 깨어 있어 변화의 타이밍을 놓치지 않으려는 노력이 뒤따르지 않는다면 한 정치 세력의 정치적 운명은 급격하게 달라질 수 있는 것이다. 한때 아무리 '위대한 정당'이었다고 해도 그 정당이 대중의 신뢰와 기대감을 잃게 되면 정치적인 몰락은 불가피한 것이다. 그리고 그 몰락은 그리 오랜 시간이 걸리지도 않는 것이다.

[부록]

※ 영국 근현대사 시기의 주요 연표(年表): 1625년 ~ 2010년

1625	찰스 1세 즉위
1642	의회파와 왕당파 간의 내전 발발
1649	찰스 1세 처형됨, 공화국(the Commonwealth) 수립
1653	올리버 크롬웰, 호국경(the Protectorate) 취임
1658	크롬웰 사망
1660	찰스 2세 복위
1671	심사법 제정
1685	제임스 2세 즉위
1688	오렌지 공 윌리엄 잉글랜드 침공
1689	메리와 윌리엄 3세 즉위. 권리장전 제정
1702	앤 여왕 즉위
1714	조지 1세 즉위
1721	월폴 내각 출범
1727	조지 2세 즉위
1743	펠럼 내각 출범
1754	뉴카슬 내각 출범
1760	조지 3세 즉위
1762	뷰트 내각 출범
1766	크래프턴 내각 출범
1770	노스 내각 출범

1773	보스턴 차 사건
1776	미국 독립 선언
1789	프랑스 혁명
1801	아일랜드 통합
1807	노예 무역 폐지
1811	러다이트 운동
1812	리버풀(Liverpool) 내각 출범(~1827, 토리/보수당)
1815	곡물법 제정
1819	피털루 학살
1820	조지 4세 즉위
1823	다니엘 오코넬, 가톨릭협회 조직
1828	심사법 폐지
1829	가톨릭해방법 제정
1830	윌리엄 4세 즉위
1832	개혁법 통과
1837	빅토리아 여왕 즉위
1839	차티즘 운동, 반곡물법 연맹 결성
1841	보수당 로버트 필 내각 출범(~1846)
1845	아일랜드 대기근
1846	곡물법 폐지
1855	파머스턴(Palmerston) 1차 내각 출범(~1858, 휘그/자유당)
1858	더비 2차 내각 출범(~1859, 보수당)
1859	자유당 결성, 파머스턴 2차 내각 출범(~1865, 자유당)

1865	자유당 존 러셀 2차 내각 출범(~1866)
1867	제2차 개혁법
1868	보수당 디즈레일리(Disraeli) 1차 내각 출범
1868	자유당 글래드스턴(Gladstone) 1차 내각 출범(~1874)
1869	아일랜드 국교회 폐지
1870	아일랜드 토지법 제정
1874	디즈레일리 2차 내각(~1880)
1875	디즈레일리 내각 수에즈 운하 주식 매입
1876	빅토리아 여왕 인도 여제 옹립
1877	전국자유당연맹 결성
1880	자유당 글래드스턴 2차 내각(~1885)
1880	제1차 보어 전쟁
1884	제3차 개혁법 통과
1885	보수당 솔즈베리(Salisbury) 1차 내각(~1886)
1886	글래드스턴 3차 자유당 내각, 아일랜드 자치법 부결, 자유당 분열
1886	솔즈베리의 2차 내각(~1892). 연합파 자유당과 보수당 연대
1892	글래드스턴의 4차 내각(~1894)
1893	아일랜드 자치법 상원에서 부결
1894	자유당 로즈베리(Rosebury) 내각 출범(~1895)
1895	보수당 솔즈베리 3차 내각 출범(~1902)
1899	제2차 보어 전쟁 발발
1900	카키 선거. 노동자대표위원회(LRC) 결성
1901	에드워드 1세 즉위

1902	밸푸어(Balfour) 보수당과 연합파 자유당 내각 출범 (~1905)
1905	자유당 선거 대승. 캠벨-배너만(Campbell-Bannerman) 정부 출범(~1908)
1908	애스퀴스(Asquith) 자유당 정부 출범(~1916)
1908	노령연금법 제정
1909	로이드 조지, 인민의 예산 제출
1910	조지 5세 즉위
1911	의회법 제정. 상원 권한 약화됨
1912	아일랜드 자치법 통과, 이후 전쟁으로 실시 보류
1914	제1차 세계대전 발발
1915	전시연립 내각 구성
1916	애스퀴스 대신 로이드 조지(Lloyd George)가 연립 내각 수상으로 취임(~1918/1922). 자유당 분열
1918	제1차 세계대전 종전, 쿠폰 선거, 선거권 확대
1919	베르샤유 조약
1922	전시연립내각 붕괴. 로이드 조지 실각. 보수당 보나 로 내각 출범(~1923년 5월)
1923	보수당 볼드윈(Baldwin) 내각 출범(~1924년 1월)
1924	맥도널드(Ramsay MacDonald)가 이끄는 노동당 첫 집권 했으나 곧 실각. 보수당 볼드윈 2차 내각 재집권(~1929)
1926	최초의 노동자 총파업. 로이드 조지 자유당 당수로 선출
1928	여성 투표권 부여
1929	총선. 자유당 "우리가 실업을 해결할 수 있다"는 구호. 그러나 59석 획득. 노동당 맥도널드 두 번째 정부 구성 (~1931)

1931	대불황 시작, 맥도널드 거국내각 결성. 자유당 거국내각 결성 두고 분열
1935	보수당 총선 승리. 볼드윈 재집권. 자유당 신클레어로 당수 교체
1936	조지 6세 즉위
1937	보수당 체임벌린 내각 출범
1939	제2차 세계대전 발발
1940	처칠 수상 취임, 전시연립정부 구성. 자유당 신클레어 공군성 장관으로 참여
1942	베버리지 보고서 출간
1944	자유당 베버리지 보궐선거 당선
1945	제2차 세계대전 종전. 애틀리의 노동당 정부 출범. 클레멘트 데이비스 자유당 이끎
1950	한국전쟁 발발
1951	처칠의 보수당 내각 출범
1952	엘리자베스 2세 즉위
1955	보수당 총선 승리. 이든 내각 출범
1956	조 그리몬드 자유당 당수로 취임
1957	보수당 맥밀란 내각 출범. 자유당 보궐선거 의석 상실로 5석. 사상 최저 의석
1959	총선. 보수당 압승, 맥밀란 재집권
1964	노동당 해롤드 윌슨 정부 출범
1967	제리미 소프 자유당 당수로 선출
1970	보수당 총선 승리. 히스 내각 출범. 자유당 6석 획득
1973	영국 EEC 가입
1974	광부 파업. 히스 수상 총선 결정. 해롤드 윌슨의 노동당 2월, 10월 두 차례 선거에서 모두 승리

1976	노동당 캘러헌 수상 취임. 데이비드 스틸 자유당 당수로 교체
1978	불만의 겨울
1979	총선. 보수당 승리. 마가렛 대처의 첫 내각 출범
1980	노동당 강경 좌파 마이클 푸트 당수로 선출
1981	노동당 내 온건파 '4인방' 노동당에서 탈당. 사회민주당 창당
1983	보수당 선거에서 압승. 대처 2기 내각 출범. 데이비드 오웬 사회민주당 당수로 교체
1987	보수당 총선 승리로 대처 3기 내각 출범. 자유당 당수 스틸, 사회민주당에 합당 제안
1988	자유당과 사회민주당 합당. 사회자유민주당 창당 (이후 자유민주당으로 개칭)
1990	보수당 존 메이저 내각 출범
1992	총선 보수당 승리. 메이저 재집권. 자유민주당 20석 획득
1994	토니 블레어 노동당 당수로 선출. 패디 애쉬다운 자유민주당 당수 블레어와 차기 총선에서 연정 가능성 논의
1995	자유민주당 지방의회에서 노동당 다음으로 많은 의석 차지
1997	블레어 노동당 정부 출범. 자유민주당 46석 당선
1999	찰스 케네디 자유민주당 당수로 선출
2001	노동당 총선 승리로 블레어 2차 내각 출범. 자유민주당 52석 획득으로 1920년대 이후 최다의석 확보
2005	총선 승리로 블레어 3차 내각 출범. 자유민주당 22 퍼센트 득표에 62석 획득
2006	멘지스 캠벨 자유민주당 당수 선출
2007	닉 클레그 자유민주당 당수 선출
2010	총선 결과 '매달린 의회'. 자유민주당 23 퍼센트 득표에 57석 획득. 자유민주당, 보수당과 연립정부 구성에 합의. 자유민주당 전후 최초로 집권에 참여

참고문헌

강원택. 2008. 『보수 정치는 어떻게 살아남았나: 영국 보수당의 역사』. 동아
    시아 연구원.

고세훈. 1999. 『영국노동당사: 한 노동운동의 정치화 이야기』. 나남.

나종일 · 송규범. 2005a. 『영국의 역사』 상. 한울.

_____. 2005b. 『영국의 역사』 하. 한울.

박지향. 1997. 『영국사: 보수와 개혁의 드라마』. 까치.

홍석민. 2008. "영국 자유당의 몰락, 우연인가 필연인가? 계급정치의 한계를
    넘어서 1900-18." 『영국 연구』 20호, pp. 271-298.

Adelman, Paul. 1995. *The Decline of the Liberal Party 1910-1931.* London:
    Longman.

Bebbington, D.W. 1982. *The Nonconformist Conscience: Chapel and Politics
    1870-1914.* Allen and Unwin.

Beer, Samuel. 1969. "Liberals in the Running before 1914." in J. A.
    Thompson (ed.). *The Collapse of the British Liberal Party.* Lexinton,
    M.A.: D.C.Heath and Company, 31-35.

Bentley, Michael. 1974. "The Liberal response to socialism." 1918-29, in
    Essays in *Anti-Labour History* (ed.) Kenneth D. Brown, Macmillan.

_____. 1977. *The Liberal Mind 1914-29*. Cambridge University Press.

_____. 1987. *The Climax of Liberal Politics: British Liberalism in Theory and Practice 1868-1918*. Arnold.

Bentley, R., A. Dobson, M. Grant, and D. Roberts. 2000. *British Politics in Focus*. Second edition. Lancs: Causeway Press.

Bernstein, George L. 1986. *Liberalism and Liberal Politics in Edwardian England*. Allen and Unwin.

Black, Robert. 1995. *The Unknown Prime Minister,* Eyre and Spottiswoode.

Bogdanor, Vernon. 1981. *The People and the party System: The Referendum and Electoral Reform in British Politics*. Cambridge: Cambridge University Press.

Butler, David, and Gareth Butler. 1994. *British Political Facts 1900-1994*. London: Macmillan.

Byrne, Tony. 1994. *Local Government in Britain, 6th edition*. London Penguin.

Campbell, John. 1977. *Lloyd George. The Goat in the Wilderness*. Cape.

Clarke, P. F. 1975. "The electoral position of the Liberal and Labour Parties, 1910-1914." *English Historical Review,* xc.

Clarke, Peter. 1971. *Lancashire and the New Liberalism*. Cambridge University Press.

_____. 1978. *Liberals and Social Democrats*. Cambridge University Press.

Cliff, Tony, and Donny Gluckstein. 2008. *The Labour Party: A Marxist History*. 이수현 옮김. 『마르크스주의에서 본 영국 노동당의 역사』. 책갈피.

Cook, Chris. "Labour and the downfall of the Liberal Party, 1906-14." In *Crisis and Controversy. Essays in Honour of A. J. P Taylor.* (eds.). *Alan Sked and Chris Cook.* Macmillan.

_____. 1975. "The Age of Alignment." *Electoral politics in Britain 1922-29*. London: Macmillan.

_____. 1971. "A stranger death of Liberal England." In *Lloyd George, Twelve Essays (ed.).* A.J.P Taylor, Hamish Hamilton.

_____. 2002. *A Short History of the Liberal Party 1900-2001*. London: Macmillan.

David, Edward. 1970. "The Liberal Party divided 1916-1918." *The Historical Journal,* xiii.

Dockrill, M.L. 1971. "Lloyd George and foreign policy before 1914." *In Lloyd Gorge,* Twelve Essays (ed.). A.J.P Taylor, Hamish Hamilton.

Douglas, Roy. 2005. *Liberals: The History of the Liberal and Liberal Democratics Parties.* London: Hambledon and London.

Emy, H.V. 1971. "The Land Campaign: Lloyd George as a social reformer 1909-14." In *Lloyd George,* Twelve Essays (ed.). A.J.P Taylor, Hamish Hamilton.

Freeden, Michael. 1978. *The New Liberalism.* Oxford University Press.

Fry, Michael. 1988. "Political change in Britain, August 1914 to December 1916: Lloyd George replaces Asquith: the issue underlying the drama." *The Historical Journal,* xxxi.

Garner, R., and R. Kelly. 1998. *British Political Parties Today.* Manchester: Manchester University Press.

Grigg, John. 1976. "Liberals on trial." In *Crisis and Controversy.* Essays in Honour of A.J.P Taylor (eds.). *Alan Sked and Crisis Cook.* Macmillan.

_____. 1976. *The Young Lloyd George.* Eyre Methuen.

_____. 1978. *Lloyd George: the People's Champion.* Eyre Methuen.

_____. 1985. *Lloyd George: From Peace to War 1912-1916.* Methuen.

Halsey, A. H. 1987. "Society and Class." In Martin Burch and Michael Moran (eds.). *British Politics: A Reader.* Manchester University Press, pp.27-41.

Heath, A. R. Jowell, J. Curtice, G. Evans, J. Field, and S. Witherspoon. 1991. *Understanding Political Change: the British Voter 1964-1987.* Oxford: Pergamon Press.

Harrod, Roy. 1951. *The Life of John Maynard Keynes.* Macmillan.

Hart, Michael. 1982. "The Liberals, the war, and the franchise." *English Historical Review,* 97.

Hazlehurst, Cameron. 1970. "Asquith as Prime Minister 1908-16." *English Historical Review,* lxxxv, 1970.

_____. 1968. "The conspiracy myth." *In Lloyd George* (ed.). Martin Gilbert,

Prentice-Hall.

Holton, Bob. 1976. *British Syndicalism 1910-14.* London: Pluto Press.

Hudson, Ray, and Allan Williams. 1989. *Divided Britain.* London: Belhaven Press.

Hutchison, Keith. 1969. "Democratic Franchise Doomed Liberals." In J. A. Thompson (ed.). *The Collapse of the British Liberal Party.* Lexinton, M.A.: D. C. Heath and Company, 9-20.

Ingle, Stephen. 1989. *The British Party System, second edition.* Oxford: Basil Blackwell.

_____. 1993. "Political Parties in the nineties." *Talking Politics,* vol. 6, no. 1.

Jackson, Paul, and Patricia Leopold. 2001. *Constitutional and Administrative Law. Phillips & Jackson (eds.).* London: Sweet and Maxwell.

Jalland, Patricia. 1980. *The Liberals and Ireland. The Ulster Question in British Politics to 1914.* The Harvester Press.

Jenkins, Roy. 1967. *Asquith, Collins.* 1964.

Jennings, Ivor. 1969. "Liberals Ill-Adapted for Change." In J. A. Thompson (ed.). *The Collapse of the British Liberal Party.* Lexinton, M.A.: D.C.Heath and Company, 21-24.

Jones, Tom. 1951. *Lloyd George.* Oxford University Press.

Kavanagh, Dennis, David Richards, Martin Smith, and Andrew Geddes. 2006. *British Politics.* Oxford: Oxford University Press.

Kinnear, Michael. 1973. "The Fall of Lloyd George." *The Political Crisis of 1922.* Macmillan.

Koss, Stephen. 1968. "The destruction of Britain's last Liberal Government." *Journal of Modern History,* xl.

_____. 1976. *Asquith.* Allen Lane.

_____. 1984. *The Rise and Fall of the Political Press in Britain,* vol. 2, Weidenfeld and Nicolson.

Laybourn, Keith, and Jack Reynolds. 1984. *Liberalism and the Rise of Labour, 1890-1918.* Croom Helm.

Lowe, Peter. 1971. "The rise to the premiership 19147-16." In *Lloyd George, Twelve Essays,* (ed.). A.J.P Taylor, Hamish Hamilton.

McKibbin, Ross. 1990. *The Ideologies of Class*. Oxford University Press.

Marquand, David. 1977. *Ramsay MacDonald*. Cape.

Middlemass, Keith, and John Barnes. 1969. *Baldwin*. Weidenfeld.

McGill, Barrry. 1967. "Asquith's predicament 1914-18." *Journal of Modern History*, xxxix.

Morgan, David. 1975. *Suffragists and Liberals. The Politics of Woman Suffrage in Britain*. Blackwell.

Morgan, Kenneth. 1997. *The Oxford History of Britain*. 영국사학회 옮김. 『옥스퍼드 영국사』. 한울.

Morgan, Kenneth O. 1970. "Lloyd George's premiership: a study in "prime ministerial government." *The Historical Journal*, xiii.

_____. 1971. *The Age of Lloyd George: The Liberal Party and British Politics 1890-1929*. Allen and Unwin.

_____. 1974. "The new Liberalism and the challenge of Labour: the Welsh experience 1885-1929." In Essays in *Anti-Labour History* (ed.). Kenneth D. Brown. Macmillan.

_____. 1968. "Twilight of Welsh Liberalism: Lloyd George and the "Wee Frees" 1918-35." *Bulletin of the Board of Celtic Studies*, xxii.

_____. 1971. "Lloyd George's stage army: the Coalition Liberals, 1918-22." In *Lloyd George*, Twelve Essays, (ed.) A.J.P Taylor, Hamish Hamilton.

_____. 1979. "Consensus and Disunity." *The Lloyd George Coalition Government 1918-1922*. Oxford University Press.

_____. 1974. *Lloyd George*. Weidenfeld and Nicolson.

Norris, Pippa, and Joni Lovenduski. 1997. "United Kingdom." In Norris (ed.). *Passages to Power: Legislative recruitment in advanced democracies*. Cambridge: Cambridge University Press, pp.158-186.

Norton, Phillip. 1998. "Old Institution, New Institutionalism? Parliament and Government in the UK." In Norton (ed.). *Parliaments and Governments in Western Europe*. London: Cass, pp.16-43.

Pelling, Henry. 1968. "Labour and the downfall of Liberalism." In *Popular Politics and Society in late Victorian Britain*. Macmillan.

Pugh, Martin. 1982. *The Making of Modern British Politics 1967-1939*.

Blackwell.

_____. 1974. "Asquith, Bonar Law and the first Coalition." *The Historical Journal,* xvii.

_____. 1988. *Lloyd George.* Longman.

Ridley, Jasper. 1970. *Lord Palmerston.* London: Constable.

Rowland, Peter. 1971. *The Last Liberal Governments. Unfinished Business 1922-14.* Barrie and Jenkins.

_____. 1976. *Lloyd George.* Barrie and Jenkins.

Russell, A.K. 1973. *Liberal Landslide. The General Election of 1906.* David and Charles.

Searle, G. R. 2001. *The Liberal Party,* 2nd edition. Basingstoke: Palgrave.

_____. 1983. "The Edwardian Liberal Party and Business." *English Historical Review,* 98.

Searle, G.R. 1992. "The Liberal Party." *Triumph and Disintergration, 1886-1929.* Macmillan.

Steinbach, Susie. 2012. *Understanding the Victorians.* London: Routledge.

Sykes, A. 1997. *The Rise and Fall of British Liberalism 1776-1988.* London: Longman.

Tanner, Duncan. 1983. "The Parliamentary electoral system, the "fourth" Reform Act and the rise of Labour in England and Wales." *Bulletin of the Institute of Historical Research,* 56.

_____. 1990. *Political Change and the Labour Party 1900-1918.* Cambridge University Press.

Taylor, A.J.P. 1976. "Lloyd George: rise and fall." In Essays in *English History.* Penguin Books.

Thompson, J. A. 1969. *The Collapse of the British Liberal Party: Fate or Self-Destruction?* Lexington: D.C.Heath and Company.

Turner, John. 1992. *British Politics and the Great war, Coalition and Conflict, 1915-1918.* Yale University Press.

Watts, Duncan. 2002. *Whigs, Radicals and Liberals 1815-1914.* Abingdon: Hodder Murray.

White, S. 2001. *New Labour: The Progressive Future?* Basingstoke: Palgrave.

Wilson, Trevor. 1964. "The coupon and the British general election of 1918." *Journal of Modern History,* xxxci.

_____. 1968. *The Downfall of the Liberal Party 1914-1935.* Collins.

Wrigley, C.J., 1976. *David Lloyd George and the British Labour Movement.* Harvester Press.

_____. 1974. "Liberals and the desire for working-class representatives in Battersea 1886-1922." In Essays in *Anti-Labour History* (ed.). K.D. Brown, Macmillan.

색인

| 지은이 소개 |

강원택(康元澤)

서울대학교 정치외교학부 교수
영국 런던정경대(LSE) 정치학 박사
한국정당학회 회장, 한국정치학회 부회장 역임
『보수 정치는 어떻게 살아 남았나: 영국 보수당의 역사』(동아시아 연구원, 2008)
『한국 선거정치의 변화와 지속』(나남, 2010)
『통일 이후의 한국 민주주의』(나남, 2011) 등 논문 · 저서 다수

정당은 어떻게 몰락하나?
영국 자유당의 역사

초판 1쇄 발행 ㅣ 2013년 12월 15일
초판 2쇄 발행 ㅣ 2014년 7월 10일

지은이 ㅣ 강원택
발행인 ㅣ 부성옥

발행처 ㅣ 도서출판 오름
등록번호 ㅣ 제2-1548호 (1993. 5. 11)

주 소 ㅣ 서울특별시 서초구 서초1동 1420-6
전 화 ㅣ (02)585-9122, 9123   팩 스 ㅣ (02)584-7952
E-mail ㅣ oruem9123@naver.com
URL ㅣ http://www.oruem.co.kr

ISBN 978-89-7778-409-3   93340

이 도서의 국립중앙도서관 출판시도서목록(CIP)은 서지정보유통지원시스템 홈페이지
(http://seoji.nl.go.kr)와 국가자료공동목록시스템(http://www.nl.go.kr/kolisnet)에서
이용하실 수 있습니다.(CIP제어번호: CIP2013026524)